DIGITAL ECONOMY AND ORGA
DIGITAL TRANSFORMA

数字经济与组织数字化转型

[百问百答]

于君 王洋 著

山西出版传媒集团
山西经济出版社

图书在版编目（CIP）数据

数字经济与组织数字化转型：百问百答 / 于君，王洋著. -- 太原：山西经济出版社，2024.7. -- ISBN 978-7-5577-1331-7

Ⅰ．F272.7-44

中国国家版本馆CIP数据核字第2024QQ3811号

数字经济与组织数字化转型：百问百答
SHUZI JINGJI YU ZUZHI SHUZIHUA ZHUANXING BAIWENBIDA

著　者：	于君　王洋
出版人：	张宝东
选题策划：	李春梅
责任编辑：	程胜鑫
内文设计：	华胜文化
封面设计：	张永文
出版者：	山西出版传媒集团·山西经济出版社
地　址：	太原市建设南路21号
邮　编：	030012
电　话：	0351—4922133（市场部）
	0351—4922085（总编室）
E-mail：	scb@sxjjcb.com（市场部）
	zbs@sxjjcb.com（总编室）
经销者：	山西出版传媒集团·山西经济出版社
承印者：	山西出版传媒集团·山西人民印刷有限责任公司
开　本：	880mm×1230mm　1/32
印　张：	12.375
字　数：	260千字
版　次：	2024年7月　第1版
印　次：	2024年7月　第1次印刷
书　号：	ISBN 978-7-5577-1331-7
定　价：	48.00元

自 序

在本书撰写过程中，笔者曾犹豫是否应该采用"叙述体"而非"问答体"的形式来呈现。"叙述体"或许在形式上更具逻辑连贯性，但是回归写书的初心，我们希望本书能够更便于个人碎片化学习或组织短期交流培训使用，最大限度引导读者触发思考。因此，最终决定采用"问答体"的表达形式。另外，我们在每个专题之后附带了一些自测题目供读者巩固理解、加深印象。

笔者尽量选取新近的概念、热点或是提法，在学习实践中边思考边整理。工作之余写书的过程确有枯燥，加之编辑老师的督促也带来了些许压力，但每想到这些文字或许能为读者解答一些困惑，笔者便欣然挑灯执笔。

组织数字化转型离不开新一代信息技术，作为非技术开发人员的项目管理者，并不需要对每一块电路板、每一颗电子器件、每一行程序代码逐一熟悉，但对于这些数字技术效果的正确理解是确保能与开发人员平等对话的基础能力。作为组织数字化转型的倡导者、推动者和实施者，对于数字技术的理解深浅和应用能力高低，直接决定数字经济时代下组织数字化转型将成为"黄金内核"还是"镀金外壳"。

每一种事物都会给予人们一些价值，这些价值或许是物质上的，或许是思想上的，抑或是情绪上的。我们希望这本书的只言片语能够带给您些许价值，也希望这本书能够成为您迈入数字经济时代的敲门砖，为阅读其他经典书籍提供一些基础材料。

"尽信书，不如无书"，技术在发展，认识在升级，书中的内容只是过去和现在的局部理解，希望读者能够合理取舍、自成体系。最后，祝愿每位读者都能够成为所在组织的星火，在数字时代御风而行、燎原而起。

谨此为序。

目 录

第一部分　数字经济 / 001

  1.对数字经济有哪些误解？/ 001

  2.我国数字经济战略推进阶段有哪些发展过程？/ 004

  3.我国数字经济加速协同阶段有哪些发展过程？/ 008

  4.什么是数字经济？/ 013

  5.什么是数字产业化？/ 013

  6.什么是产业数字化？/ 015

  7. 什么是大数据产业？/ 016

  8.数字经济时代如何理解和运用网络效应理论？/ 016

  9.数字经济时代如何理解和运用长尾理论？/ 018

  10.数字经济时代如何理解和运用边际成本理论？/ 019

  11.数字经济时代如何理解和运用多边市场理论？/ 021

12.为什么说数字经济有利于构建无摩擦市场？/ 022

13.数字经济发展环境可以考量哪些方面？/ 023

14.数字经济资源建设可以考量哪些方面？/ 024

15.数字经济发展能力可以考量哪些方面？/ 025

16.数字经济融合应用可以考量哪些方面？/ 026

17.什么是知识经济？/ 027

18.什么是共享经济？/ 028

19.什么是"新基建"？/ 029

20.什么是数据产品？/ 030

21.数据商品与传统产品有何异同？/ 031

22.什么是数据商？/ 033

23.什么是算法治理？/ 034

24.如何理解产业和产业链？/ 035

25.什么是配第–克拉克定理？/ 036

26.如何理解静态比较优势到动态竞争优势的发展转变？/ 037

27.如何理解产业基础高级化？/ 038

28.如何理解产业链现代化？/ 038

29.如何理解产业视角的创新生态系统？/ 040

30.如何理解新质生产力与新型工业化？/ 044

31.编制数字产业领域规划包括哪些环节？/ 046

32.数字产业规划的基本框架涵盖哪些方面？/ 047

33.总体规划、区域规划与专项规划的区别是什么？/ 048

数字经济 · 专题自测 / 049

第二部分　组织数字化转型 / 056

  34.数字化转型统筹规划阶段有哪些误区？/ 056

  35.数字化转型组织实施阶段有哪些误区？/ 057

  36.数字化转型运营优化阶段有哪些误区？/ 058

  37.为什么要做数字化转型？/ 059

  38.组织在数字化转型过程中面临的最大挑战是什么？/ 059

  39.有哪些常见的数字化转型"心理障碍"？/ 061

  40.有哪些常见的数字化转型"技术问题"？/ 062

  41.传统企业数字化转型需要经历哪些阶段？/ 064

  42.数字化转型"转"的手段有哪些？/ 066

  43.企业内生数字化转型创新组织建设有哪些难点？/ 067

  44.企业内生数字化转型创新组织有哪些发展模式？/ 069

  45.企业如何培养大数据能力？/ 071

  46.如何理解大数据思维？/ 072

  47.如何理解互联网思维？/ 074

  48.如何理解协同驱动下的组织数字化转型？/ 075

  49.在制造业领域如何开展数字化转型融合应用？/ 078

  50.在农业领域如何开展数字化转型融合应用？/ 081

  51.在酿造行业如何开展数字化转型融合应用？/ 083

  52.在食品加工行业如何开展数字化转型融合应用？/ 085

53.在玻璃器皿（陶瓷）行业如何开展数字化转型融合应用？/ 088

54.数字技术如何助力出版行业智能化发展？/ 090

组织数字化转型 · 专题自测 / 092

第三部分 基础软硬件系统 / 097

55.什么是芯片？/ 097

56.如何生产制造芯片？/ 098

57.什么是中央处理器？/ 099

58.什么是人工智能芯片？/ 100

59.CPU指令集有哪些类型？/ 102

60.什么是电路板？/ 103

61.什么是金手指？/ 105

62.什么是南桥芯片、北桥芯片？/ 106

63.什么是通用串行总线？/ 107

64.什么是嵌入式系统？/ 108

65.什么是计算机（整机）？/ 109

66.什么是计算机的外设和基础软件？/ 110

67.什么是"流版签"软件？/ 111

68.什么是服务器？/ 112

69.什么是服务器定制？/ 113

70.服务器资源类性能指标考量哪些方面？/ 114

71. 服务器业务类性能指标考量哪些方面？/ 115

72. 什么是路由器？/ 116

73. 什么是数据库？/ 116

74. 什么是分布式数据库？/ 117

75. 什么是中间件？/ 117

76. 什么是应用程序接口？/ 118

77. 什么是软件开发工具包？/ 118

78. 如何进行功能点描述？/ 119

79. 软件系统开发一般包括哪些环节？/ 120

80. 什么是3C认证、3C认证派生？/ 122

基础软硬件系统 · 专题自测 / 124

第四部分 互联通信与物联网技术 / 129

81. Web 1.0、Web 2.0和Web 3.0分别是什么？/ 129

82. 什么是移动通信技术？/ 132

83. 什么是光通信技术？/ 133

84. 什么是量子通信技术？/ 134

85. 什么是虚拟专用网技术？/ 135

86. 什么是网络运维技术？/ 136

87. 对物联网技术的误解有哪些？/ 137

88. 什么是物联网技术？/ 140

89. 物联网架构是什么？/ 142

90.什么是窄带物联网？/ 144

91.LoRa与NB-IoT的区别是什么？/ 144

92.什么是一维码？/ 146

93.什么是二维码？/ 147

94.什么是传感器？/ 149

95.什么是射频识别？/ 150

互联通信与物联网技术 · 专题自测 / 153

第五部分 云计算与算力基础设施 / 158

96.对云计算技术有哪些误解？/ 158

97.什么是云计算？/ 160

98.云计算可以提供哪些服务的模式？/ 160

99.什么是负载均衡技术？/ 161

100.云计算服务有哪些部署方式？/ 162

101.什么是行业云？/ 163

102.什么是数据中心？/ 164

103.数据中心的评价一般考量哪些方面？/ 165

104.什么是超算中心？/ 167

105.什么是智算中心？/ 169

106.什么是边缘数据中心？/ 169

107.各类算力基础设施有何联系及区别？/ 170

108.数字技术如何提升算力基础设施的运营水平？/ 172

109.什么是液冷技术？/ 174

云计算与算力基础设施 · 专题自测 / 176

第六部分 大数据与数据挖掘分析 / 181

110.什么是数据？/ 181

111.如何度量数据的量级？/ 182

112."小数据"和"大数据"有什么区别？/ 183

113.什么是元数据？什么是数据元？/ 184

114.有哪些常见的数据结构类型？/ 185

115.对大数据技术有哪些误解？/ 186

116.信息化和数据化有什么区别？/ 188

117.大数据和云计算是什么关系？/ 189

118.信息化和大数据有什么区别？/ 190

119.大数据全生命周期包括哪些环节？/ 191

120.数据共享有哪些方式？/ 191

121.什么是边缘计算？/ 192

122.什么是流式计算？/ 193

123.什么是隐私保护计算？/ 193

124.对数据分析有哪些误解？/ 194

125.如何获取互联网数据？/ 196

126.工业领域有哪些数据？/ 197

127.政务信息资源包括什么？/ 198

128.数据信息资源共享类型有哪些？/ 199

129.什么是数据的更新周期？/ 199

130.什么是数据脱敏？/ 200

131.什么是数据质量？/ 201

132.什么是数据清洗？/ 202

133.什么是数据链接？/ 202

134.什么是阈值分析？/ 204

135.什么是数据抽取、转换和加载？/ 206

136.什么是数据可视化？/ 206

137.什么是回归分析？/ 207

138.什么是误差分析？/ 208

139.数据分析与数据挖掘有什么区别？/ 210

140.数据挖掘过程环节有哪些？/ 211

141.如何建立数据挖掘模型？/ 212

142.什么是算法？/ 213

143.什么是关联分析？/ 214

144.什么是Apriori算法？/ 215

145.什么是FP-Growth算法？/ 217

146.什么是知识图谱？/ 218

147.什么是聚类分析？/ 219

148.聚类分析方法有哪些？/ 220

149.高维数据聚类分析有哪些新问题？/ 223

150.如何对高维数据进行聚类分析？/ 224

151.什么是群体智能？/ 225

152.什么是蚁群算法？/ 227

153.什么是粒子群算法？/ 228

大数据与数据挖掘分析 · 专题自测 / 230

第七部分 人工智能 / 235

154.对人工智能有哪些误解？/ 235

155.什么是人工智能？/ 236

156.人工智能领域鼓励发展的方向有哪些？/ 237

157.什么是"强人工智能"和"弱人工智能"？/ 238

158.什么是机器学习？/ 239

159.什么是深度学习？/ 241

160.统计学、机器学习和深度学习有什么区别？/ 241

161.什么是机器学习的"过拟合"和"欠拟合"？/ 242

162.什么是自然语言处理？/ 243

163.什么是写作机器人？/ 244

164.什么是数据标注？/ 246

165.什么是文本标注？/ 246

166.什么是语音标注？/ 247

167.什么是图像标注？/ 248

168.什么是视频标注？/ 249

169.什么是计算机视觉？/ 250

170.什么是人脸识别技术？/ 251

171.什么是行为识别技术？/ 254

172.什么是大模型？/ 255

173.大模型和一般算法模型有什么区别？/ 256

174.什么是联邦学习？/ 257

175.什么是AI新基建？/ 258

176.什么是人机交互？/ 260

177.什么是多智能体？/ 261

178.什么是机器人3.0？/ 262

179.什么是知识图谱？/ 263

180.人工智能如何应用于提升数据中心运营管理？/ 265

181.如何对基于AI的自然语言处理工具提出
　　高质量问题？/ 267

人工智能 · 专题自测 / 270

第八部分　区块链 / 276

182.对区块链技术有哪些误解？/ 276

183.什么是区块链？/ 278

184.如何理解区块链中的"区块"与"链"？/ 279

185.区块链与分布式数据库有什么区别？/ 281

186.什么是智能合约？/ 282

187. 什么是区块链的"共识算法"？/ 283

188. 什么是区块链的"哈希函数"？/ 285

189. 区块链有哪些组织结构类型？/ 287

190. 区块链可以解决品质溯源中的哪些问题？/ 288

191. 区块链可以解决金融领域中的哪些问题？/ 289

192. 区块链可以解决版权存证中的哪些问题？/ 290

193. 区块链可以解决能源供应链服务中的哪些问题？/ 291

194. 区块链可以解决电力需求侧响应服务中的

哪些问题？/ 293

195. 区块链可以解决新能源充电服务中的哪些问题？/ 294

196. 区块链可以解决政务数据交换服务中的哪些问题？/ 295

197. 区块链可以解决物流对账中的哪些问题？/ 296

198. 区块链如何应用于电子票据领域？/ 297

199. 区块链如何应用于电子处方领域？/ 298

200. 区块链可替代其他信息技术吗？/ 299

区块链 · 专题自测 / 300

第九部分 X现实技术与元宇宙 / 305

201. 对X现实技术有哪些误解？/ 305

202. 什么是X现实技术？/ 306

203. X现实技术有哪些应用？/ 307

204. 什么是虚拟现实技术？/ 308

205.什么是增强现实技术？/ 310

206.什么是混合现实技术？/ 311

207.虚拟现实、增强现实、混合现实之间有什么异同？/ 312

208.什么是元宇宙？/ 313

209.元宇宙与X现实技术有什么关联？/ 314

210.元宇宙中涉及哪些数字技术？/ 316

211.如何创建一个元宇宙？/ 317

X现实技术与元宇宙 · 专题自测 / 320

第十部分 信息安全 / 326

212.什么是信息安全等级保护？/ 326

213.什么是信息系统后门？/ 328

214.什么是信息系统漏洞？/ 328

215.什么是信息系统补丁？/ 329

216.什么是计算机病毒？/ 329

217.什么是计算机蠕虫？/ 330

218.什么是计算机木马？/ 330

219.计算机木马和病毒有什么区别？/ 330

220.什么是逻辑炸弹？/ 331

221.什么是入侵检测系统？/ 331

222.什么是脆弱性扫描？/ 332

223.什么是物理隔离？/ 333

224.什么是逻辑隔离？/ 334

225.HTTPS协议与HTTP协议有什么区别？/ 335

信息安全 · 专题自测 / 336

第十一部分 相关技术及行业应用 / 343

226.什么是脑机接口技术？/ 343

227.什么是无线充电技术？/ 345

228.什么是生物识别技术？/ 347

229.什么是静脉识别技术？/ 349

230.什么是虹膜识别技术？/ 350

231.什么是全球卫星导航系统？/ 350

232.什么是遥感系统？/ 352

233.什么是能量收集技术？/ 353

234.什么是智能网联汽车？/ 354

235.如何实现自动驾驶？/ 355

236.自动驾驶如何划分自动化等级？/ 356

237.什么是3D打印技术？/ 358

238.什么是反向定制？/ 359

239.什么是人工智能城市？/ 360

240.什么是智能路灯？/ 362

241.什么是智能电网？/ 363

242.什么是灯光指数？/ 365

243.什么是国家级互联网骨干直联点？/ 367

244.什么是国际互联网数据专用通道？/ 367

245."N库一照"包括哪些公共基础数据库？/ 368

246.什么是大中小微企业、规上企业？/ 368

247.什么是"专精特新"中小企业？/ 370

248.互联网服务提供商和内容提供商有什么区别？/ 371

249.什么是专精特新"小巨人"企业？/ 371

相关技术及行业应用 · 专题自测 / 373

第一部分

数字经济

1. 对数字经济有哪些误解?

答:**数字经济仅与互联网科技公司有关**。虽然互联网科技公司有效推动了数字经济的发展进程,但数字经济影响并渗透进入了各行各业,包括制造业、能源、金融、商业、医疗和教育等。

数字经济就是互联网购物。数字经济包括互联网购物,但数字经济的新业态、新模式涉及各行各业,例如在线支付、数字广告、在线教育、电子政务、数字金融等各类数字化社会服务。

数字经济就是移动应用。移动应用是数字经济的一种工具载体形式,数字经济还包括云计算、大数据、物联网、人工智能、区块链等新一代信息技术本身及其各类技术产品和行业解决方案。

数字经济完全是由技术驱动的。数字技术是数字经济发展的重要推动力，但它需要与商业模式相结合，同时要符合政策法规要求和社会经济需求等，数字经济才能释放出强劲的发展活力。

数字经济就是对实体世界的数字化。数字经济不仅是实体世界的数字化，而且催生了生产生活新方式，促进了商业模式创新，例如共享经济、平台经济、社群经济、网红经济和数字货币等。

数字经济只对发达国家有影响。经济全球化背景下的数字经济深刻影响着各国社会经济发展，生产要素质量和资源流转效能的差距加剧了国民经济发展质量差距。因此，发展中国家需要更加积极地融入数字经济，以提升在全球产业链中的质量和效益。

数字经济是一次性的转变结果。数字经济是一个持续的演变过程，而不是一次性的转变结果。随着人们生产生活需求的不断升级，数字技术和行业市场的因素条件会不断变化，组织数字化转型也将不断发生适应性变化。

数字经济的最终结果只是利润。数字经济为商业活动带来了新机遇，与此同时，数字经济在一定程度上还有效解决了社会效率问题、教育公平问题、环境可持续发展问题和生活质量改善问题等，而不是仅仅追求商业利润。

数字经济必须要依靠数字产业。数字产业作为数字经济的核心产业，在数字经济发展中发挥了关键作用。数字经济的创新和增长不仅局限于数字产业化，而产业数字化将更有效地拉动数字产业化，进而形成良性的产业协同共生。

数字经济必须要依赖特定企业。数字经济的成功并不完全依赖于特定企业，特别是在一些细分行业领域，中小企业、初创企业或者个体经营者为数字经济贡献了更多的新理念、新机遇、新模式、新业态和新场景。

数字经济必须要依赖外部技术供应商。外部技术供应商（乙方）通过行业项目实践积累了一定的数字化经验，但作为业务需求方（甲方）仍需明确自己的数字化转型需要，并持续培育内部数字化技术或者业务团队，切忌盲目"照单全收"或者"言听计从"。

数字经济必须要采用最先进的数字技术。数字经济涉及云计算、物联网、大数据、人工智能、区块链、量子技术等数字技术，数字经济中的各类主体采用符合业务需求的成熟技术即可，而不是一味追求"高大上"的数字技术堆砌。

数字经济需要投入大量资金。虽然数字经济领域的数字化项目根据业务覆盖广度和深度会需要不同规模的资金投入，但是只采用局部数字化功能或者数字化平台工具并不需要大量的资金投入即可实现。

数字经济会导致大规模失业。数字经济的发展会导致部分传统职业调整和升级，同时也催生了许多新兴职业和就业岗位，例如数据标注工程师、无人机驾驶员、工业机器人系统操作员、电子竞技运营师等。

数字经济就是要全面数字化。数字经济并不是全领域、全环节的整体数字化。社会各组织（企业）可以根据自身发展阶段需求，合理选择数字化的产品类型、业务环节和服务方式，进而推动组织（企业）资源的价值最大化。

数字经济一定要采用人工智能。 人工智能是数字经济核心产业领域的一种关键数字技术，但并不是所有数字化项目都需要依赖人工智能。组织（企业）选择云计算、大数据、人工智能、区块链等技术应满足业务发展需要，符合资金投入能力。

数字经济是未来趋势，不必操之过急。 数字经济已经渗透至日常经济活动，深刻改变着生产生活方式。各组织（企业）应该尽早调整发展观念、提升数字能力、找准市场定位，尽快适应并融入数字经济变革。

数字经济只有发展，不存在风险。 数字经济为生产生活提供了便捷，为社会经济提供了发展机遇，同时也伴随着数字技术的违规滥用，数据隐私和伦理、网络信息安全、数字信息鸿沟等问题仍需重点关注并及时管理。

2.我国数字经济战略推进阶段有哪些发展过程？

答： 数据的"双向逻辑"，即数据是信息的载体，信息是数据的价值，决定了数据价值的分离性特征，而价值分离使数据需要通过流动和处理分离形成归属于不同权属主体的利益诉求。"价值分离"涉及各类主体，小至个人和组织，中至行业和区域，大至产业和国家。因此，基于数据主权、数据安全的数字经济与实体经济深度融合战略成为全球各国当今及未来持续关注的发展着力点。

2015年8月31日，国务院印发了《促进大数据发展行动纲要》，从数据开放共享、数字经济创新、数据安全保障方面明确提出3项任务，一是加快政府数据开放共享，推动资源整合，提升治理能力；二是推动产业创新发展，培育新兴业态，助力经济转型；三是强化安全保障，提高管理水平，促进健康发展。为了确保任务的有效推进，国家从统筹机制、法规制度、市场机制、标准规范、财金支持、人才培养、国际合作等方面提出了7项政策，一是建立国家大数据发展和应用统筹协调机制；二是加快法规制度建设，积极研究数据开放、保护等方面制度；三是健全市场发展机制，鼓励政府与企业、社会机构开展合作；四是建立标准规范体系，积极参与相关国际标准制定工作；五是加大财政金融支持，推动建设一批国际领先的重大示范工程；六是加强专业人才培养，建立健全多层次、多类型的大数据人才培养体系；七是促进国际交流合作，建立完善国际合作机制。

2016年10月9日，习近平总书记在主持十八届中共中央政治局第三十六次集体学习（主题：实施网络强国战略）时强调，要努力做到"六个加快"，即加快推进网络信息技术自主创新，加快数字经济对经济发展的推动，加快提高网络管理水平，加快增强网络空间安全防御能力，加快用网络信息技术推进社会治理，加快提升我国对网络空间的国际话语权和规则制定权，朝着建设网络强国目标不懈努力。

2017年10月18日，习近平总书记代表第十八届中央委员会向党的十九大作报告时指出"推动互联网、大数据、人工智能和实体经济深度融合""推动新型工业化、信息化、城镇化、农业现代化同步发展""加强互联网内容建设，建立网络综合治理体系，营造清朗的网络空间"等任务要求。

2017年12月8日，习近平总书记在主持十九届中共中央政治局第二次集体学习（主题：实施国家大数据战略）时强调，要推动大数据技术产业创新发展；构建以数据为关键要素的数字经济；运用大数据提升国家治理现代化水平；运用大数据促进保障和改善民生；切实保障国家数据安全；善于获取数据、分析数据、运用数据，是领导干部做好工作的基本功。

2019年10月31日，中国共产党第十九届中央委员会第四次全体会议通过《中共中央关于坚持和完善中国特色社会主义制度、推进国家治理体系和治理能力现代化若干重大问题的决定》，提出健全劳动、资本、土地、知识、技术、管理、数据等生产要素由市场评价贡献、按贡献决定报酬的机制。"数据"被首次明确为生产要素。

2020年4月9日，中共中央、国务院印发了《关于构建更加完善的要素市场化配置体制机制的意见》（以下简称《意见》），《意见》将数据作为土地、劳动力、资本、技术之后的第五类市场要素，同时提出在加快培育数据要素市场方面，推进政府数据开放共享，提升社会数据资源价值，加强数据资源整合和安全保护。《意见》中还提到，要充分体现技术、知识、管理、数据等要素的价值；引导培育大数据交易市场，依法合规开展数据交易；建立健全数据产权交易和行业自律机制；鼓励运用大数据、人工智能、云计算等数字技术，在应急管理、疫情防控、资源调配、社会管理等方面更好地发挥作用。

2020年5月18日，《中共中央 国务院关于新时代加快完善社会主义市场经济体制的意见》对外公布，指出加快培育发展数据要素市场，建立数据资源清单管理机制，完善数据权属界定、开放共享、交易流通等标准和措施，发挥社会数据资源价值；推进数字政府建设，加强数据有序共享，依法保护个人信息。

2021年9月1日，《中华人民共和国数据安全法》正式施行。该部法律坚持总体国家安全发展观，聚焦数据安全领域发展过程中的突出问题，明确了国家数据分类分级保护制度，建立了数据安全的风险评估、报告、信息共享、监测预警、应急处置机制和安全审查制度，指出了各类主体的数据安全保护义务和法律责任。该法律作为我国首部以"数据"命名的法律，对于加快我国数据流动共享、商业开发应用和数字经济发展具有重要作用。

2021年10月18日，习近平总书记在主持十九届中共中央政治局第三十四次集体学习（主题：推动我国数字经济健康发展）时强调，把握数字经济发展趋势和规律，推动我国数字经济健康发展。互联网、大数据、云计算、人工智能、区块链等技术加速创新，日益融入经济社会发展各领域全过程，数字经济发展速度之快、辐射范围之广、影响程度之深前所未有，正在成为重组全球要素资源、重塑全球经济结构、改变全球竞争格局的关键力量。

2021年12月12日，国务院印发了《"十四五"数字经济发展规划》（以下简称《规划》），《规划》指出数字经济是继农业经济、工业经济之后的主要经济形态，是以数据资源为关键要素，以现代信息网络为主要载体，以信息通信技术融合应用、全要素数字化转型为重要推动力，促进公平与效率更加统一的新经济形态。《规划》分析了我国数字经济的发展现状和面临的形势，并展望2035年数字经济将迈向繁荣成熟期，力争形成统一公平、竞争有序、成熟完备的数字经济现代市场体系，数字经济发展基础、产业体系发展水平位居世界前列。在优化升级数字基础设施、充分发挥数据要素作用、大力推进产业数字化转型、加快推动数字产业化、持续提升公共服务数字化水平、健全完善数字经济治理体系、着力强化数字经济安全体系、有效拓展数字经济国际合作等方面提出了重点任务，并指出从加强统筹协调和组织实施、加大资金支持力度、提升全民数字素养和技能、实施试点示范、强化监测评估等方面做好支持保障。

3. 我国数字经济加速协同阶段有哪些发展过程？

答：2022年7月25日，《国务院办公厅关于同意建立数字经济发展部际联席会议制度的函》对外公布，国务院同意建立由国家发展改革委牵头的数字经济发展部际联席会议制度。数字经济发展部际联席会议制度对于进一步加快落实《"十四五"数字经济发展规划》部署要求、加强统筹协调、不断做强做优做大我国数字经济有重要积极意义。

2022年10月16日，党的二十大报告中指出，坚持把发展经济的着力点放在实体经济上，推进新型工业化，加快建设制造强国、质量强国、航天强国、交通强国、网络强国、数字中国；加快发展数字经济，促进数字经济和实体经济深度融合，打造具有国际竞争力的数字产业集群。

2022年12月19日，《中共中央 国务院关于构建数据基础制度更好发挥数据要素作用的意见》对外公布，指出数据基础制度建设事关国家发展和安全大局，明确提出建立保障权益、合规使用的数据产权制度，建立合规高效、场内外结合的数据要素流通和交易制度，建立体现效率、促进公平的数据要素收益分配制度，建立安全可控、弹性包容的数据要素治理制度，并在切实加强组织领导、加大政策支持力度、积极鼓励试验探索、稳步推进制度建设等方面做好支持保障。

2023年2月，中共中央、国务院印发了《数字中国建设整体布局规划》，提出了数字中国"2522"的整体建设布局，即夯实数字基础设施和数据资源体系"两大基础"，推进数字技术与经济、政治、文化、社会、生态文明建设"五位一体"深度融合，强化数字技术创新体系和数字安全屏障"两大能力",优化数字化发展国内国际"两个环境"。

2023年3月,中共中央、国务院印发了《党和国家机构改革方案》,对国家机关的机构设置与职能配置进行了统筹、重组与创设,并明确提出要组建国家数据局。同年10月25日,国家数据局正式揭牌成立,各省数据局也相继组建。国家数据局负责协调推进数据基础制度建设,统筹数据资源整合共享和开发利用,统筹推进数字中国、数字经济、数字社会规划和建设等。

2023年7月10日,国家网信办联合国家发展改革委、教育部、科技部、工业和信息化部、公安部、广电总局联合发布了《生成式人工智能服务管理暂行办法》,该办法是我国面向生成式人工智能产业的首个监管性文件,为生成式人工智能步入商用阶段提供了服务规范,并进一步明确了监督检查和法律责任。

2023年8月1日,财政部印发了《企业数据资源相关会计处理暂行规定》,该规定明确了企业数据资源的会计处理适用范围和准则,促进了企业数据资源向数据资产确认、入表、披露等环节的规范化管理,进一步提升了数字要素价值转化效能。

2023年12月15日,商务部等12部门联合印发《关于加快生活服务数字化赋能的指导意见》,旨在促进数字经济和实体经济融合,通过数字化赋能推动生活服务业高质量发展,助力形成强大国内市场,并从丰富生活服务数字化应用场景、补齐生活服务数字化发展短板、激发生活服务数字化发展动能、夯实生活服务数字化发展基础、强化支持保障措施等5个方面提出了19项具体任务举措，推动提升商贸服务、交通运输、文化旅游、教育、医疗健康等领域数字化水平，加强生活服务数字化基础设施建设，打造数字生活服务社区和街区，建立生活服务数字化标准体系，培育生活服务数字化平台、品牌，加强数字化技术运用、数字化金融支撑和数字化人才培育，以数字化驱动生活服务业向高品质和多样化升级，更好地满足人民日益增长的美好生活需要。

2023年12月23日，国家发展改革委、国家数据局印发《数字经济促进共同富裕实施方案》，从推动区域数字协同发展、大力推进数字乡村建设、强化数字素养提升和就业保障、促进社会服务普惠供给等4方面实施重点举措，并提出到2025年，在促进解决区域、城乡、群体、基本公共服务差距上取得积极进展，数字经济在促进共同富裕方面的积极作用开始显现；到2030年，在加速弥合区域、城乡、群体、基本公共服务等差距方面取得显著成效，形成一批东西部协作典型案例和可复制可推广的创新成果，数字经济在促进共同富裕方面取得实质性进展。

2023年12月31日，国家数据局等17部门联合印发《"数据要素×"三年行动计划（2024—2026年）》，旨在充分发挥数据要素乘数效应，赋能经济社会发展。行动计划强调坚持需求牵引、注重实效，试点先行、重点突破，有效市场、有为政府，开放融合、安全有序等4方面基本原则，明确了2026年底工作目标。行动计划选取工业制造、现代农业、商贸流通、交通运输、金融服务、科技创新、文化旅游、医疗健康、应急管理、气象服务、城市治理、绿色低碳等12个行业和领域，从提升数据供给水平、优化数据流通环境、加强数据安全保障等方面强化保障支撑，从加强组织领导、开展试点工作、推动以赛促用、加强资金支持、加强宣传推广等方面做好组织实施，整体推动发挥数据要素乘数效应，加速释放数据要素价值。

2023年12月31日，财政部印发了《关于加强数据资产管理的指导意见》，明确了坚持确保安全与合规利用相结合、坚持权利分置与赋能增值相结合、坚持分类分级与平等保护相结合、坚持有效市场与有为政府相结合、坚持创新方式与试点先行相结合的基本原则，从依法合规管理数据资产、明晰数据资产权责关系、完善数据资产相关标准、加强数据资产使用管理、稳妥推动数据资产开发利用、健全数据资产价值评估体系、畅通数据资产收益分配机制、规范数据资产销毁处置、强化数据资产过程监测、加强数据资产应急管理、完善数据资产信息披露和报告、严防数据资产价值应用风险等12个方面明确了主要任务。

2024年2月5日，财政部印发了《关于加强行政事业单位数据资产管理的通知》，从明晰管理责任、健全管理制度，规范管理行为、释放资产价值，严格防控风险、确保数据安全等方面加强行政事业单位数据资产管理工作。

4.什么是数字经济?

答:人类社会经历了农业时代、工业时代和信息时代,社会生产力要素也逐步由最初的土地和劳动力向资本、技术、管理和知识演进,随着信息时代向智能时代的升级迭代,数据成为新阶段的新型生产要素。随着云计算、大数据、物联网、移动互联网、人工智能、边缘计算、区块链、量子技术等新一代信息技术的社会化应用,人类社会逐步进入了智能时代的发展新阶段。

数字经济是指以使用数字化的知识和信息作为关键生产要素、以现代信息网络作为重要载体、以信息通信技术的有效使用作为效率提升和经济结构优化的重要推动力的一系列经济活动。

2016年9月,G20杭州峰会通过《二十国集团数字经济发展与合作倡议》,首次将"数字经济"列为创新增长蓝图的一项重要议题。数字经济已经成为一种与工业经济、农业经济并列的经济形态,是信息经济、信息化发展的高级阶段。数字化的知识和信息成为重要的经济要素,数字技术重塑经济与社会。

5.什么是数字产业化?

答:根据国家统计局发布的《数字经济及其核心产业统计分类(2021)》范围界定,数字经济产业包括数字产品制造业、数字产品服务业、数字技术应用业、数字要素驱动业、数字化效率提升业等5个大类。

数字产品制造业、数字产品服务业、数字技术应用业、数字要素驱动业为数字经济核心产业，也称为数字产业化（图1-1）。数字经济核心产业主要是为数字经济提供数字技术、产品、服务、基础设施和解决方案，例如计算机通信和其他电子设备制造业，电信、广播电视和卫星传输服务，互联网相关服务，软件和信息技术服务业等。

数字产品制造业主要包括计算机制造、通讯及雷达设备制造、数字媒体设备制造、智能设备制造、电子元器件及设备制造、其他数字产品制造业。

数字产品服务业主要包括数字产品批发、数字产品零售、数字产品租赁、数字产品维修、其他数字产品服务业。

数字技术应用业主要包括软件开发，电信、广播电视和卫星传输服务，互联网相关服务，信息技术服务，其他

图1-1 数字经济核心产业（数字产业化）

数字技术应用业。

数字要素驱动业主要包括互联网平台、互联网批发零售、互联网金融、数字内容与媒体、信息基础设施建设、数据资源与产权交易、其他数字要素驱动业。

6.什么是产业数字化?

答:数字经济非核心产业主要是指数字化效率提升业,也称为产业数字化,该部分是将数据资源和数字技术应用于传统行业,加速传统行业降本增效和升级提质。数字化效率提升业具体包括智慧农业、智能制造、智能交通、智慧物流、数字金融、数字商贸、数字社会、数字政府、其他数字化效率提升业。

从产业数字化视角来看,数字化是面向各类产业的融入性、工具化生产力。产业数字化实现了数字产业相关技术对其他行业领域上下游的全要素数字化升级、转型和再造的过程。在农业领域,通过传感技术、遥感技术等信息技术对农作物生长环境进行监测控制,识别农田生长态势和病虫害情况。在制造领域,通过边缘计算、虚拟现实技术、5G等信息技术对工业设备运行进行实时监测和按需保养,并提供智能设计、在线测试和柔性化生产。在交通领域,通过道路监控、数据分析对道路运行情况进行拥堵分析、智能引导、应急调度等,实现交通动态分析、科学评估和智能决策。在物流领域,通过射频识别技术、北斗定位、区块链等信息技术对运输车辆进行自动识别、实时定位和无纸化配货，实现仓储物流的自动登记、入库引导和货物溯源。在社会服务领域，将移动互联网、大数据、区块链等信息技术融入在线教育、远程诊疗、慈善救助等社会化智能服务，实现自动阅卷评分、辅助医学阅片、捐赠上链存证等。

7. 什么是大数据产业？

答： 大数据产业是数字经济核心产业（数字产业化）的重要组成部分。根据工业和信息化部《"十四五"大数据产业发展规划》相关表述，大数据产业是以数据生成、采集、存储、加工、分析、服务为主的战略性新兴产业，是激活数据要素潜能的关键支撑，是加快经济社会发展质量变革、效率变革、动力变革的重要引擎。具体而言，大数据产业包括数据资源建设，大数据软硬件产品的开发、销售和租赁活动以及相关信息技术服务。

8. 数字经济时代如何理解和运用网络效应理论？

答： 网络效应理论（Network Effect Theory）是指某种产品或服务所提供的价值会随着使用或者参与到该网络中的人数增加而变化。这种效应在各类数字互联网应用中尤为明显。网络效应既有正向网络效应，也存在负向网络效应，两种类型具体如下：

正向网络效应是指网络的价值随着用户数量的增加而增加，例如社交媒体平台、移动通信网络、共享交换平台等。各类网络或者平台用户的持续增加会提供更多的内容、产品或者其他服务，进而提升网络或者平台所能带来的交互价值。

负向网络效应是指在某些情况下，用户数量的增加可能降低网络或者平台对于现有用户的价值，例如网络用户过多导致的网络服务性能的下降，这些网络延时过长、内容质量低下、同质化信息过多等情况将使用户体验骤降。

网络效应理论不仅解释了某些网络或者平台通过"免费服务""初期补贴"等方式能够在短期内迅速获得大规模的用户，形成市场绝对优势，同时也警示了网络规模扩展、内容质量治理等方面对于保持持续竞争优势的重要性。基于正向网络效应和负向网络效应现象，建议相关企业关注以下方面：

一是有效构建和扩大用户网络。在数字产品或服务推广期，可以通过提供免费服务、引入激励机制等方式快速扩大用户基础规模，形成正向网络效应。

二是持续优化提升用户体验感受。为了保持和扩大用户基础，通过提高界面友好性、增强功能便捷性、持续优化系统性能保持低价值用户驻留，改进高价值用户体验。

三是强化多方互动和社群化建设。在社交媒体、网络平台、共享社区等网络环境中，激励用户与用户、用户与平台之间产生交流互动，进而增强网络效应。

四是基于数据开展个性化分析。利用平台所收集的多源数据来分析用户行为规律和兴趣偏好，优化平台流程、内容呈现和服务延伸,通过个性化服务或产品增加用户的黏性。

五是做好中立平台和发展策略。网络平台的业务模型和商业逻辑需要充分理解和平衡平台上不同用户群体(买家和卖家、内容创作者和内容阅读者等)的需求并做好正确引导。

六是跟踪、适应和引领市场方向。数字经济充分激发了数据信息快速流动所带来的市场开放与激烈竞争,只有保持市场监测敏感性、快速变化适应性和潮流引领带动性,才能保证企业持续发展。

综上所述,在数字经济环境下的网络效应提高了企业构建庞大用户群体的能力。网络效应不仅带来了更加广泛的市场竞争,同时可能带来市场垄断风险以及对新进入市场者的壁垒围墙。

9.数字经济时代如何理解和运用长尾理论?

答:长尾理论是指在数字经济时代,非主流、非热门的产品或者服务能够在市场中占据重要位置,即销售量较小的产品或者服务积累的数量总体上可以超过销售量大的产品或者服务的数量,整体所带来的价值相当可观。企业可以结合长尾理论做好市场培育和组织成长,相关环节方面如下:

一是市场价值环节变化与适应。传统的实体货架和逐级分销的零售模式,分销商更倾向于销售大众化主打产品或者服务。在数字经济环境下,个性化小众产品或者服务的产品存储和渠道销售成本大幅缩减。

二是长尾市场空间崛起与发掘。长尾理论指出，需求量相对较少的产品（"长尾"产品），总体市场规模可以等同或者超越少数畅销产品，这得益于数字经济环境下便捷的广告渠道、精准的客户画像和广泛的链接能力。

三是消费者的多样需求得到释放。数字化和网络化使消费者更容易表达个性需求并寻求同类需求个体，实现个体消费需求共鸣，进而形成高附加值客户构成的利基市场（Niche Market），并进一步推动市场各环节的二次细分。

四是延伸市场营销和定价模式。通过社交媒体、在线社群等群体方式可以延伸"长尾"产品或者服务的用户认知，释放品牌效应。结合用户消费能力画像和产品服务成本，形成更加灵活多样的定价和折扣活动。

在数字经济时代，长尾理论鼓励企业不仅要关注普及化的热门产品或者服务，而且要发掘和培育萌芽期的小众化需求稳定的产品，以满足高价值消费者的多元化个性消费需求。

10. 数字经济时代如何理解和运用边际成本理论？

答：边际成本是指生产额外一单位产品或提供额外一单位服务的成本。在传统经济环境中，成本是指额外一单位产品或者服务所消耗的物料、劳动力或其他额外投入的资源成本。边际成本理论在产品或者服务的价格设置、排产决策和供求分析等方面具有重要作用。

边际成本不同于平均成本，随着传统商品生产量的增加，平均成本通常会在初期由于规模扩大而下降，但由于资源的递增使用、效率降低，边际成本会上升。边际成本与供给曲线也会存在一定的关联，即当边际成本低于市场价格时，企业会增加生产量；当边际成本高于市场价格时，企业则会减少生产量。企业在进行是否增加生产的决策时，会考虑额外的生产是否能覆盖其边际成本，二者之间的差额（利润）将决定企业资源投入的效率。

在数字经济环境下，边际成本的特征发生了明显的变化，特别是以数据要素为核心的数字产品和服务。当数字产品（数据本身、软件工具、数字音乐、电子书等）开发完成时，其复制成本极低，因此额外生产的成本可能接近零，即边际生产成本接近于零。数字产品通常通过网络即可完成产品或服务的交付，因此其交付成本可能也接近零，即边际交易成本接近于零。从商业关联角度来看，数字产品相对更容易进行质量评价、市场渗透、品牌宣传和模式创新，因此更容易建立长期的合作信任，强化客户的黏性价值。

与此同时，边际成本趋于零也会带来一些问题，例如商业模式的可复制性和市场拓展的可竞争性，甚至是由于市场的过度饱和所带来的社会资源的过度消耗问题。因此，企业不仅需要考虑如何发挥边际成本理论的发展优势，同时也要考虑它所带来的业务市场竞争和资源有效统筹问题。

11.数字经济时代如何理解和运用多边市场理论？

答：多边市场是指3个或3个以上的用户群体相互依赖并通过一个共同平台开展交互的市场，这种市场结构模式在数字经济环境下的大型网络平台或者产业生态系统中尤为常见。多边市场理论特征如下：

一是具备多个相互依赖的用户群体。多边市场要有3个或更多的用户群体，且群体通过一个共同的平台产生交互关系。每个群体参与活动的过程将对其他群体和整个平台价值产生影响。

二是每个群体间存在交叉网络影响。在多边市场中，一个用户群体的大小规模、活跃程度会影响到其他群体在平台中获得的价值，进而影响其他群体的参与程度。

三是平台存在复杂的定价和补贴模式。与双边市场相似，多边市场的平台需要合理地设计定价策略，进而平衡平台上各个群体的业务需求和支付意愿，同时通过对某些群体采取补贴等方式来形成正向参与激励。

四是设置合法合规、合情合理的规则。多边市场需要协调多个用户群体的需求和利益，在保持其参与度的基础上避免垄断竞争、价格歧视和市场壁垒等问题。

在数字经济时代，多边市场理论提供了一个思维框架，让企业理解和运用涉及多个互相关联用户群体的网络平台和生态系统。在多边市场环境下，企业科学化决策、创新化组织、差异化服务、个性化产品是保持行业竞争优势的关键，营造良性健康的市场环境是确保多边市场各类主体可持续发展的重要基石。

12. 为什么说数字经济有利于构建无摩擦市场？

答：无摩擦市场理论描述和分析市场中存在的交易障碍和资源效率问题，例如跨域交易壁垒、信息不对称、价格黏性等。这些"摩擦"将导致市场无法达到最优资源调度分配，使交易双方不能完全区分高质量的产品或者服务，使整个交易市场不能形成合理的交易价格，进而导致该领域市场整体质量的降低。

无摩擦市场是一个理想化的市场状态，是指一个没有交易成本、信息完全对称且参与者完全理性的市场，无摩擦市场实现了市场资源的最优化调度和分配。在数字经济环境下，以移动互联网、大数据和人工智能等数字技术为基础的平台化交易方式可以有效减少市场摩擦，例如在线交易比较筛选功能可以推动买卖双方以更低的时间、资金成本达成交易，大数据算法可以更有效地推荐符合买家个性化需求的产品和服务，不同的网络交易平台可以提高商家诚信度、商品性价比、服务品质等方面的透明度。网络交易平台虽然减少了传统市场所存在的"摩擦"损耗，但是也带来了新型"摩擦"，例如数据隐私、数字鸿沟、虚假信息、信息焦虑等。因此，在构建无摩擦市场的过程中，要通过数字技术实现数字监管，不断平衡质量效率关系，降低新型"摩擦"所带来的不良影响。

13.数字经济发展环境可以考量哪些方面?

答: 数字经济发展环境可以综合考量组织机制、政策规划、资金扶持、人才智力、产业前景和宜居环境等方面。

(1)组织机制包括行业管理和行业服务。行业管理是指各级组织机构、工作职责、工作机制、统筹协调等管理层组织机制;行业服务是指专家智库、项目科研、方案论证、技术评测、成果评审、人才评价、商务法务等市场层组织机制和能力渗透。

(2)政策规划是指产业和行业的发展规划、实施意见、行动计划、若干政策等文件,同时考量政策文件的执行度、延伸度和知晓度。

(3)资金扶持是指激活多源资金活力和发挥杠杆作用,从园区、产业、企业、项目、技术、产品等多个层次发挥资金资本的推动作用,关注具有较强内在创新动力的转型升级企业及其支撑企业,同时注重资金效能评价。

(4)人才智力包括人才政策、高校专业、人才需求。人才政策是指外部引入和内部留存(含毕业入职、职场流动)政策、专业人才评价机制、人才职业技能培训、管理人员知识更新工程等,对于欠发达地区要从公共知识科普、行业应用案例、共性技术理解到核心技术讲解实现4个阶段的逐步过渡,实现"看得懂、想得清、讲得出、能讨论"的能力提升;高校专业是指高校学院和专业设置、学科建设、行业支撑能力等;人才需求是指专业人才岗位数、行业薪酬水平、同类区域薪酬竞争力等。

（5）产业前景包括人才流动、市场活跃度、行业活动、行业产值。人才流动是指外部人才流入、内部人才流出情况；市场活跃度是指社会资本流动、网络销售交易、电子支付业务等市场情况；行业活动是指主题创业竞赛、峰会论坛、沙龙会展、技术对接等活动；行业产值是指信息传输、软件和信息技术服务业、传统产业数字化转型等相关行业领域的产值总量、占比、增速等指标特征。

（6）宜居环境包括自然环境、政务服务、交通运输、医疗教育。自然环境是指空气指数、水源质量、气候变化等环境指标；政务服务是指政务服务"一网、一门、一次"规范性、便捷性、事项与受众覆盖度等；交通运输是指城际交通（便捷性、客运量、拥挤度、候车时长等）、市内交通（道路指数、公交指数等）、物流快递等；医疗教育是指每万人拥有医生数、教育发展差异指数等。

14.数字经济资源建设可以考量哪些方面？

答：数字经济资源建设可以综合考量数字基础设施、基础数据资源、数据资源评价和安全管控保障等方面。

（1）数字基础设施包括移动通信网络（4G/5G用户数、通话/流量消费、每百人智能终端数量）、高速宽带网络（用户数、光纤出口带宽、平均速率）、物联网网络（网络覆盖度、终端用户数）、数据中心（面积、机架、用户数等）、IP地址、域名等硬件设施及利用率等实体性指标，数字基础设施相关设计集成商、运营团队能力、规范标准体系、技术支撑能力等支撑性指标，关注点逐步由规模数量型向质量效率型转变。

（2）基础数据资源包括公共数据资源、行业数据资源和数据活跃度。公共数据资源是指社会治理与民生服务领域数字化程度、公共数据资源开放度、公共数据资源管控度等；行业数据资源是指农业、能源、物流运输、工业制造等行业领域数据；数据活跃度是指数据开放共享度、交换获取便利度、专利转化能力、技术（共性技术、关键技术）和市场（供需双方）应用能力和转化成本等。

（3）数据资源评价是指数据质量、数据溯源、数据影响力、数据创新度、数据循环度等。

（4）安全管控保障是指从数据采集传输、存储访问、开放使用到处理销毁等全生命周期的管理制度、技术规范、使用流程、版本发布、防护策略、应急预案等。

15.数字经济发展能力可以考量哪些方面？

答：数字经济发展能力可以综合考量数字消费能力、企业规模能力、企业成长能力、技术支撑能力、产业带动能力和产业支撑能力。

（1）数字消费能力是指企业、个人的通信费指数（费用），传统产业（企业）数字化升级改造需求能力等。

（2）企业规模能力包括领军企业和中小微企业的规模能力，领军企业方面可参考数字经济领域内大型企业承建的项目、营业收入、技术能力、资质奖励等情况；中小微企业可参考中小微企业的数量、规模及能力等情况。

（3）企业成长能力是指企业资金活跃度（收入支出、投融资情况）、技术竞争能力、市场活跃度（商务合作、企业上市等）、行业领域生态力等。

（4）技术支撑能力包括研发经费投入和技术吸收转化。研发经费投入是指高校、研究机构、企业等机构研发经费投入总量、占比、增速、产出比等；技术吸收转化是指数字领域专利技术增量、最新技术可获取度、获取成本和可吸收度等。

（5）产业带动能力是指通过技术合作、实体引入等方式填补或激活区域内（行政区域、产业区域等）产业链条中缺失或者待激活的企业建设情况。

（6）产业支撑能力是指产业基地建设与集聚互动能力、公共服务（产业媒体、开源社区、行业联盟、职业培训、咨询机构、孵化机构、创业竞赛、论坛会展、转化平台、评价服务等）建设情况。

16.数字经济融合应用可以考量哪些方面？

答：数字经济融合应用可按照国家第一产业（农、林、牧、渔业），第二产业（采矿业，制造业，电力、热力、燃气及水生产和供应业，建筑业），第三产业（相关行业服务业）的划分及本区域经济特色产业、发展方向进行适应性选取，重点关注应用建设深度（硬性指标）、获取使用效果（软性指标）等。

在指标体系构建方面，可结合指标关联性、数据可提取性等因素进行灵活选取，通过"同比看发展速度、环比看增长质量"的指标体系形成适宜本地数字经济评价的指标框架结构。在指标种类选取方面，可以采取"行业+产业"的横纵交错方式，即围绕评估对象的优势行业、特色行业选取各类具体指标。在指标属性选择方面，调查数据可以采取调查统计（含统计年鉴数据）与三方数据（例如夜间灯光指数）相结合的方式实现互补验证。在指标时效性方面，可以采取核心指标实时发布与关联指标及时预警相结合的阶段评价和日常管理方式。

17.什么是知识经济？

答： 知识经济（KE，Knowledge Economy）是建立在知识和信息生产、分配、使用基础上的经济。从历史发展过程看，由农业经济、工业经济到知识经济，都是科学技术对经济和社会的作用不断飞跃的过程。经济的增长取决于能源、原材料和劳动力，即以物质为基础。

知识经济的劳动主体是脑力劳动者，核心是知识生产，关键是创新能力，本质是创造性的脑力劳动。以信息资源共享为基础，通过人们的认知思考能力高效产生新的知识。数字化、网络化、数据化、信息化的信息革命为信息共享奠定了坚实的基础，同时也为知识经济形成了高速发展的环境。

知识付费是知识经济的一种典型表现方式，知识付费是内容创造者将书籍、理论知识、信息资讯等知识与自身认知积累融合，并将它进行系统化和结构化，转化成标准化的付费产品，借助知识付费平台所搭建的付费机制与业务模式传递给用户，以满足用户自身认知提升、兴趣爱好等需求的创新产业形态。比较典型的知识付费服务供应商包括喜马拉雅FM、得到、知乎等。

18.什么是共享经济？

答：共享经济（SE, Sharing Economy）是移动互联网、物联网、移动支付、人工智能、智能制造等相关技术发展到一定阶段所产生的经济模式，共享经济是以获得一定报酬为目的，以陌生人对物品的所有权为基础，将使用权暂时转移的经济模式。共享经济的本质是整合线下的闲散物品、劳动力、专业服务等资源。

共享经济实现了整合线下的闲散物品或服务商（含个人），让用户可以以一个较低的价格享受到产品服务。对于服务提供方来说，通过在特定时间内暂时转让物品的使用权来提供服务获得一定的金钱回报；对需求方而言，虽然不直接占有物品的所有权，但可通过租借等共享的方式来获得物品的使用权，例如共享出行、共享空间和共享知识等。

近年来，共享经济发展较快的领域依次为知识技能、生活服务、房屋住宿、交通出行、医疗分享、共享金融。

农业、教育、医疗、养老等领域有可能成为共享经济的新"风口"，这些领域的共同特点是：民生关切、痛点明显、市场需求大、商业模式仍在探索完善之中。

19. 什么是"新基建"？

答："新基建"是指以新发展理念为引领，以技术创新为驱动，以数据要素为核心，以信息网络为基础，面向高质量发展需要，提供数字化转型、智能化升级、融合化创新等服务的基础设施体系。"新基建"主要包括信息基础设施、融合基础设施和创新基础设施3类基础设施的建设（图1-2）。

信息基础设施主要是指基于新一代信息技术演化生成的基础设施，例如以5G、物联网、工业互联网、卫星互联

图1-2 新型基础设施建设（简称"新基建"）

网为代表的通信网络基础设施，以人工智能、云计算、区块链等为代表的新技术基础设施，以数据中心、智能计算中心为代表的算力基础设施等。

融合基础设施主要是指深度应用互联网、大数据、人工智能等技术，支撑传统基础设施转型升级，进而形成的基础设施，例如智能交通基础设施、智慧能源基础设施等。

创新基础设施主要是指支撑科学研究、技术开发、产品研制的具有公益属性的基础设施，例如重大科技基础设施、科教基础设施、产业技术创新基础设施等。

20. 什么是数据产品？

答：数据产品（Data Product）是指以数据为基础，具备对数据的生成、收集、存储、处理、分析和展示等环节中一种及以上功能的产品或者服务。数据产品具有多种形式，包括但不限于如下类型：

（1）数据采集硬件。通过各类传感器或者其他数据采集装置获取环境、设备、网络等对象的状态、操作、分析等方面的数据信息。

（2）数据处理服务。面向数据质量或者格式进行处理，通过API（应用程序编程接口）或数据库等方式为用户提供查询、获取、存储或者分享等相应服务。

（3）数据可视化服务。通过图表、图形等方式对数据进行展示，采用友好交互界面的形式协助用户更加直观地理解数据所蕴含的特征。

（4）数据分析服务。提供具备数据分析和挖掘功能的工具软件、算法平台或者分析报告，支撑用户能够进行更深层次的数据规律探索。

（5）数据建模预测。利用统计建模或者机器学习技术，为用户提供数据预测或者模型训练的功能服务，帮助用户通过数据进行预测预警决策。

（6）态势感知系统。通过实时数据获取和自动数据分析，快速形成生产运营、市场竞争、行业趋势等方面的感知报告，为用户发掘风险机遇和洞察商业演进方向。

（7）数据驱动体验。基于组织内外部用户行为和偏好数据分析个性化或者群体化的业务功能或者信息推荐，进而建立内嵌数据自驱动的持续分析应用。

数据产品的核心目标是为用户提供更好的业务优化、决策支持以及态势洞察。这些数据产品正在应用于各行各业，而且在具有较好数字化基础的行业已经形成了先发优势，例如线上金融、网络零售、电子政务、商业洞察等。优秀的数据产品首先需要充分理解用户需求，然后选择合适的、先进的数字技术和数据科学方法，最终形成良好的用户体验设计和交付合作方式。

21.数据商品与传统产品有何异同？

答：数据商品与传统产品在可复制性、可传递性、生命周期、产品定价、更新交付、用户体验等方面均有差异，具体差异如下：

在可复制性方面，数据商品与传统产品均可以进行复制生产，但是数据商品复制的成本更低，甚至是无限制复制，而传统物质产品是有限的。

在可传递性方面，数据商品可以通过文件传输、电子邮件等方式进行低成本传输，传统物质产品需要通过物流运输的方式在物理空间进行输送。

在生命周期方面，数据商品通常具有持续长期的生命周期，可以随时更新维护；传统产品会在运输和使用过程中产生磨损消耗，寿命有限且需要局部更换以确保整体可用。

在产品定价方面，数据商品一般受采集整理成本、市场需求、供给关系等因素影响；传统产品除了受市场需求影响之外，还受生产成本、供应链风险、人力成本等因素影响。

在更新交付方面，数据商品具有实时生成、网络传递、自动更新的特点，用户可以及时获得最新的变化情况，而传统产品的更新需要更加复杂的生产工序和流转时间。

在用户体验方面，数据及其衍生商品的质量和应用水平将直接影响用户的体验，传统产品则直接为用户提供物质实体所带来的感官体验。

在知识产权方面，数据商品可能会涉及数据安全、算法专利等方面的知识产权保护，而传统产品一般涉及外观设计、结构设计、生产工艺等方面的知识产权保护。

在个性定制方面，数据商品因其无形性、低成本等特征更易于进行需求定制，满足个性化服务或者信息供给，而传统产品的定制效率受设计、生产、运输等因素影响。

上述反映了数字经济环境下数据商品与传统产品的各方面差异，随着数字技术与传统生产、制造类行业的深度融合，传统产品正在逐步具有数字化的新特征。

22.什么是数据商？

答：数据商也称为数商，是指通过合法来源及方式收集、维护和处置数据的组织或者机构。根据上海数据交易所发布的《全国数商产业发展报告》来看，数商企业包括数据采集、数据治理、数据安全、数据产品开发/资产管理、数据发布、数据中介（数据经纪）、数据交付、数据资产应用、数据合规评估、数据资产审计与评估、数据质量评估、数据风险评估等12类企业。

第三方数据市场服务机构在数据权益人和数据使用人之间发挥着重要的作用，这类机构为数据市场两端客户提供面向数据交易活动的法律咨询、资产评估、质量安全、业务培训甚至技术支撑等业务。其中，数据经纪人在数据市场服务机构中承担着重要角色，可以提供数据质量评估、数字资产估价、数据风险评估、业务合规交付等服务，让分散在不同行业领域、不同平台系统的数据标准化和可用性更高，助力数据要素高效流通。数据经纪人大致分为以下3类：

（1）平台服务型数据经纪人。平台服务型数据经纪人并不直接拥有数据，而是通过面向数据交易的技术平台，辅助数据权益人和数据使用人建立对接合作关系。

（2）受托行权型数据经纪人。受托行权型数据经纪人自身不直接拥有数据，而是代表数据权益人行使数据权力，并为之争取数据权益。

（3）数据赋能型数据经纪人。数据赋能型数据经纪人将自身拥有的数据资源与数据权益人所拥有的数据资源进行整合，满足数据使用人的个性化需求。

数据商的12类企业主体，构建形成了强大且具有创新活力的数据要素市场生态系统，并发挥着各自的数据功能价值，为数据赋能行业新兴增长点提供了发展机遇，对数字经济发展产生了积极作用。

23.什么是算法治理？

答：算法治理重点关注算法决策过程的监管，以确保算法运行后的最终结果满足公平透明、正当有效、责任伦理等方面的要求。算法治理的必要性和重要性主要体现在以下方面：

一是避免数据偏见和决策误判。个体数据偏见（区域、性别、种族、年龄等）或者算法设计缺陷，会导致算法运行结果中存在错误或者歧视性的决策。

二是提高智能系统决策信任度。综合考虑不同利益方的视角和诉求，提升算法原理、代码设计、数据使用的透明性，进一步增强使用者和受影响者对算法决策的信任程度。

三是遵守法律法规和伦理合规。随着各类算法在医疗、司法、金融等关键领域的融合应用,电子证照、电子签名、电子签章、电子文书、电子合同等同样具有法律效用。

四是兼顾问责机制与包容机制。当算法出现错误或者造成不良影响时,要对算法进行第三方鉴定,区分主观性故意和客观性失误,最大限度保护开发者、使用者、受影响者和监管者。

五是用数字技术监管算法决策。随着监管要求和数字技术的双重升级,规章制度和算法程序均应该是动态进化的,以满足新应用需求和新算法技术发展的需要。

算法治理将对社会结构和经济运行产生深远影响。因此,需要采取有效的治理机制和治理手段才能保证数字经济持续产生正向效果,推动智能化社会的平稳高效运行。

24.如何理解产业和产业链?

答:产业是社会生产力发展到一定阶段所形成的社会化分工,是同类型企业汇聚所形成的经济活动集合。根据《国民经济行业分类》标准,我国产业划分为3个部分,第一产业为农、林、牧、渔业;第二产业为采矿业,制造业,电力、热力、燃气及水生产和供应业,建筑业;第三产业是除第一产业和第二产业以外的服务业。

根据《国务院关于加快培育和发展战略性新兴产业的决定》的要求,国家统计局编制发布了《战略性新兴产业分类(2018)》,将战略性新兴产业明确划分为新一代信息技术产业、高端装备制造产业、新材料产业、生物产业、新能源汽车产业、新能源产业、节能环保产业、数字创意产业、相关服务业等九大领域。其中，新一代信息技术产业包括下一代信息网络产业、电子核心产业、新兴软件和新型信息技术服务、互联网与云计算、大数据服务、人工智能。

产业链是各类产业之间基于经济技术逻辑、区域空间布局和供需交互关系所构成的链式的经济形态，产业链运行的过程实现了经济与技术的互动和耦合，实现了各类产业之间的市场信息传导和任务分工协作。如果将产业链视为经济组织形态，那么供应链就是经济运行形态，价值链就是经济创新和创造形态。

以企业内部运营为例，企业的研发设计、采购库存、生产制造、物流销售、售后服务等各环节均是实现活动创造和价值增值的过程，即价值链过程。以企业外部交互为例，价值链的增值过程依赖于供应链过程，供需双方、上下游企业交易活动的过程实现了价值的有效转化，同时将社会经济资源进行了动态化分配，即供应链过程。

25. 什么是配第-克拉克定理？

答：配第-克拉克定理是指随着经济社会的持续发展，产业的中心将逐渐由有形财物的生产转向无形的服务性生产。对于人均国民收入水平较低的区域，第一产业劳动力所占份额相对较大，第二产业和第三产业劳动力所占份额相对较小。人均国民收入水平较高的区域，各产业份额占比恰恰相反，而且第三产业、第二产业和第一产业的劳动力所占份额依次下降。

2019年，我国人均国民总收入首次突破1万美元大关（10410美元），高于中等偏上收入国家平均水平（9074美元）。我国经济发展已经进入由"第一产业为主，第二、三产业为辅"向"第二、三产业为主，第一产业为辅"，并且需要持续提升第三产业占比份额的发展新阶段。

26.如何理解静态比较优势到动态竞争优势的发展转变？

答：静态比较优势（SCA，Static Comparative Advantage）是在静态条件下（即土地资源、自然资源、劳动力、资本等生产要素供给基本不变），某国若集中生产并出口本国要素最密集的产品，而进口本国相对更为稀缺的要素生产的产品，就可获得最大利益。在静态比较优势理论基础上，全球价值链（GVC，Global Value Chains）理念实现了产品设计、原材料提供、中间品生产与组装、成品销售、回收等全生产环节的全球化分工，进而形成了覆盖各个国家和区域的生产网络。

大多数发展中国家在全球价值链的分工中主要围绕原材料提供、中间品生产与组装等环节的生产专业化、劳动密集型的初级要素产品，而上述环节通常存在创新迭代慢、市场弹性差、附加值较低、可替代性强、行业壁垒低、企业竞争激烈等问题。另外，此类区域产业容易被具有产业核心主导权的"链主"实施产业低端环节锁定，最终处于产能过剩、过度竞争、重复建设的产业环境，给区域经济和社会安全稳定带来潜在风险。

当区域产业安全受到威胁，短期的静态比较优势将被动态竞争优势所取代，区域产业可通过产业政策扶持引导、市场空间资源规模、产业企业技术积累、创新生态培育建设等手段实现产业结构的优化和反转，推动战略性新兴产业集群化成长。

27.如何理解产业基础高级化？

答：产业基础高级化反映了产业技术能力、产业供给能力和产业服务能力。以信息产业为例，产业技术能力涉及CPU（中央处理器）、数据库、中间件、电子元器件等相关基础环节的关键技术研发能力以及信息技术行业应用领域的集成创新能力。产业供给能力主要是指产业技术由实验室研究、小试、中试向产业化、规模化发展的能力。产业服务能力是技术应用环节中的产业生态建设、需求协同响应和问题快速解决的能力。因此，实施产业基础再造工程是产业核心技术能力从无到有、产业供给能力从有到优、产业服务能力从优变强的必经环节。

28.如何理解产业链现代化？

答：产业链现代化是在可实现技术突破、供给保障和服务应用基础上的更高层次要求（图1-3）。产业链现代化要求产业链具备更高的韧性、更高效的协同性和更充分的

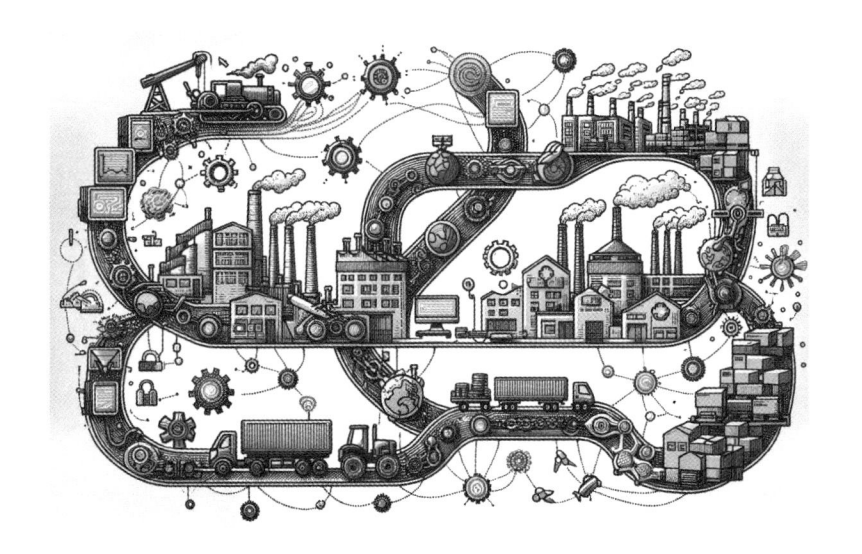

图1-3 现代化产业链

交错性。产业链的韧性是指在面对产业发展过程中的跨越升级、结构调整以及外部冲击时所需要的承受能力。产业链的协同性是指产业链上下游各环节在信息传导、资源交互、能力整合等方面能够实现低成本高效率、快传播少耗散、可持续互循环。产业链的交错性是指产业链正在从单向平面链式模式向多向立体链间模式发展,产业链中的各个主体通过信息链、供应链、价值链、金融链等的交互进一步突破了技术知识、业务市场、行业类型等方面的产业边界,进而构建形成了普遍泛在的产业网络。因此,产业链现代化进一步提升了产业的质量效率水平、复杂应变能力和协作融合层次。

29.如何理解产业视角的创新生态系统？

答：创新理论的发展历经了：企业内部封闭式自主研发产品模式（线性范式创新1.0）；"政产学研"各方开放协同式合作研发产品并且提供服务的模式（创新体系2.0）；从演化经济学视角构建"政产学研金介用贸媒"共生环境，将用户体验、产品研发、商业服务相融合，实现全景式的跨组织资源整合与创新生态共生演化（创新生态系统3.0）。

创新生态系统源于生物学中的生态系统概念。生态系统是指在某一空间范围内的各主体（生产者、消费者和分解者）之间、各主体与环境（阳光、空气、水分、土壤等）共同构成的功能单位，各功能单位分布在自然环境中的不同层次和位置，通过相互依存、相互竞争、彼此合作等方式实现了物质循环、能量流动和信息传递过程。

创新生态系统根据规模结构和功能行为可划分为宏观、中观和微观3个层次系统。宏观系统是指某些行业和产业的集合，中观系统是指由特定功能群体构成的政府部门、行业企业和相关组织机构，微观系统主要是个体创新者。参照自然生态系统可对应梳理形成创新生态系统（表1-1）（图1-4）。

表1-1 自然生态系统与创新生态系统类比

生态系统构成		自然生态系统	创新生态系统
主体部分	生产者	绿色植物	行业企业、高等院校、科研单位、行业机构
	消费者	人、动物	个人客户、企业客户、社会客户
	分解者	细菌、真菌	行业监管、商业渠道、行业机构
环境部分		阳光、空气、水分、土壤	政策规划、金融服务、人才服务、中介机构、新闻媒体

图1-4 自然生态系统与创新生态系统

以大数据产业为例,创新生态系统中的生产者主要是指价值创新者,包括行业企业、高等院校、科研单位、行业机构等4类组织。行业企业包括产业链中的核心企业(内含生产、研发、销售等部门），核心企业上下游的生产资料类企业（半导体企业等）、技术服务企业（集成电路设计企业、软硬件集成企业、软件外包服务企业等）、外延服务企业（包装生产企业、交通物流企业等）、市场服务企业（营销渠道企业、末端销售企业等）。高等院校和科研单位是提供技术创新服务的知识和技术能力输出支撑部分，短期而言，主要提供面向市场的工程技术解决方案；长期而言，主要为技术更新迭代提供基础性理论研究成果。行业机构是指参与行业普遍价值增值传递的机构，例如场地运营机构、行业研究咨询机构等。

创新生态系统中的消费者是指最终为生产者研发的产品、解决方案等支付报酬的对象，包括个人客户（To C）、企业客户（To B）、社会客户（社会公共服务、行业组织客户等）。个人客户以个人差异化、个性化的消费者为主，例如电商平台、慕课平台等。企业客户直接销售生产者的产品或方案，也可以加工增值后再进行销售，对于生产者而言，该类企业用户也完成了首次价值消费，同时为下一级循环消费提升了价值，例如，B企业购买A企业的云计算平台的大数据算法，B企业按次调用A企业程序接口并统一结算费用，整体来看，B企业最终将末端客户服务费进行价值再生和传递分配。社会客户消费方通常是公共服务机构，而服务方是普通居民。

创新生态系统中的分解者实现了对整个系统中的落后对象的加速分解和资源整合，包括行业监管、商业渠道、行业机构。行业监管主要实现了对系统中各构成机构的运行监管，当出现"劣质"机构时要进行及时控制或者剔除，例如市场监管局、行业管理办等。商业渠道是指生产者的商品或服务的合作、零售渠道，此类对象是生产者价值转化的核心传递通道，例如区域代理商、行业代理商等。行业机构主要包括行业自律协会、行业研究咨询机构等。通过行业自律协会可以实现产业参与者的职业化约束并且调节竞争秩序。行业研究咨询机构可以对产业发展趋势和竞争态势、投资前景与风险分析进行第三方评估，加速系统的更新迭代。

创新生态系统中的环境部分相关主体加速了创新生态参与者的实体优化重组和内外资源整合，涵盖领域包括政策规划、金融服务、人才服务、中介机构、新闻媒体。政策规划主要是指政府产业部门综合考量国内外产业发展趋势、本地区区位特点和资源禀赋等因素所制定的产业指导意见、行业扶持政策、智力引入政策和城市发展规划。金融服务是银行、保险、投融资管理公司等机构通过多种形式的货币工具，实现对创新生态系统中各主体的资本支撑。人才服务包括高校、职业培训等机构提供的科研人才和专业技能人才培养，人才交流中心、职介公司、猎头公司等机构提供的人才职介、能力鉴定、落户奖励等相关服务。中介机构提供了第三方机构在企业运营过程（科技成果转化、网络营销服务、投融资咨询、财税咨询服务等）中所需要的资源协调和价值整合服务。新闻媒体是指新闻采编机构依靠传统媒体（报刊书籍、广播电视）和新媒体（网络化、数字化媒介，移动端）对创新生态系统中各主体、产品服务、行业产业，通过新闻采编、文案策划、会展服务等方式拓展宣传渠道、搭建推介平台、营造创新氛围。

30. 如何理解新质生产力与新型工业化？

答：新发展理念面向不同区域、不同产业、不同行业的社会经济发展，创新面向发展中的持久高效问题，协调面向发展中的整体均衡问题，绿色面向发展中的和谐共生问题，开放面向发展中的循环协作问题，共享面向发展中的公平正义问题。新质生产力是新发展理念下的新型生产力，不再是传统的人工式知识传承、机械化流程控制、堆积式资源聚合、单兵式市场竞争。新质生产力体现出了未来产业面向新兴领域、技术价值内核高端、创新驱动作为核心动力、社会资源高度集约、产业生产高效融通等特征。新质生产力通过数字化、网络化、智能化，实现了数字经济时代下的快配置、高效率、高质量、强协同、低消耗、可持续的经济增长方式，进一步加速推动社会经济的质量变革、效率变革和动力变革。新质生产力集中体现了"科技是第一生产力、人才是第一资源、创新是第一动力"的内涵特征。

科技作为社会经济发展的重要动能，是驱动生产力效能提升的关键力量。基础理论和工程研究正在进一步相互融合、相互促进。新兴行业的产业化带来了科学技术的市场化，"长远布局"与"近期反哺"正在形成良性的社会资源流动，资金、人才、技术不断在科研与市场之间有序流动，并在资源交互过程中形成了新的价值创新。

人才是社会经济发展的动力源泉，是增值、增质、增效的核心驱动力。人才不仅包括技术工程领域专业性和社会通用性强的专业技术人员，而且包括哲学、社会科学、文学艺术等各方面人才，同时高层次复合型人才、阶梯化领军型团队已经成为支撑数字经济高质量发展的重要人才形式。

创新是社会经济发展的高级模式。随着基础理论、工程实践、文化制度、新兴产业、人才资本等各方面的跨域创新不断涌现，我国的创新方式正在由二次创新（整合式创新、系统性创新、渐进式创新等）、引进消化吸收再创新、逆向创新，向着原始创新（源头创新、一次创新、零次创新等）、开放创新（合作创新、协同创新、开源创新等）的方向发展。这不仅符合创新发展阶段的一般性规律，也体现出了我国经济社会高质量发展的急迫需求和创新过程中的坚实沉淀和发展活力。

新型工业化是中国式现代化发展的必然选择，是构建社会主义现代化强国竞争优势的发展需要，也是实现我国经济高质量发展的战略选择。新型工业化与新质生产力都是以科技创新为主的生产力，是实现高质量发展的生产力，是融合数字产业化的生产力。新型工业化不仅加速了技术产品迭代升级，而且为产业结构、专业市场和消费市场创造了新业态和新模式。新型工业化将实现科技创新体系化和制造业体系化的有机融合，进一步强化产业链供应链的韧性和安全稳定水平。以企业内生创新组织能力培育为基础，新型工业化将全面推进产业治理水平现代化，实现高端化、智能化、绿色化发展。

31.编制数字产业领域规划包括哪些环节？

答： 数字产业领域规划的编制过程大致包括规划前期、启动期、撰写期和中后期4个阶段，各阶段内容如下：

（1）编制规划前期。要对规划的数字产业的基础信息进行调研梳理和科学论证，明确规划编制的必要性和可行性。

（2）编制规划启动期。要收集整理国家和省级数字产业相关政策意见，积极融入国家战略布局，充分预见行业需求。组建由国家级产业智库、省级行业主管部门等单位构成的专家团队，遵循目标导向、问题导向、需求导向、效果导向，对先进省份、行业部门、经济技术开发区、大数据领域的龙头企业和"小巨人""专精特新""单项冠军"等创新潜力企业采取书面调研、实地调研和座谈会等多种调查咨询方式，掌握数字产业基本情况、基本经验和基本规律，寻求细分产业领域的承载点、突破点和创新点。

（3）编制规划撰写期。要以数字产业自身各环节领域为基础，从产业链条与创新生态视角分析产业要素协作关系，以区域协同、互动思维视角看待数字类产业，形成

"支撑点、核心轴、协同片、经济圈、产业带、集聚区"的产业规划层次框架,立足基础能力,把握核心环节,设定阶段目标,明确方向路径,梳理承载项目,完善保障措施。

(4)编制规划中后期。要积极广泛征询国家主管部门、省内行业部门、产业参与各方的意见建议,不断吸收采纳各方面意见,让规划内容最大程度地契合产业方向、服务市场需求、匹配技术演进、顺应企业发展。

32.数字产业规划的基本框架涵盖哪些方面?

答:产业规划框架通常包括阶段总结、态势分析、总体要求、重大任务、重大工程和保障措施6部分。

(1)阶段总结。阶段总结主要是对上一个时期数字产业相关基础设施、核心产业、融合创新、发展环境等情况进行梳理总结。

(2)态势分析。态势分析主要是对数字产业的国内外竞争态势、区域发展态势以及本区域战略选择等方面进行论述。

(3)总体要求。总体要求主要是明确数字产业发展的指导思想、战略定位、基本原则和发展目标等。

(4)重大任务。重大任务主要是对数字产业相关领域进行体系化和清单式的任务梳理。

(5)重大工程。重大工程是以数字产业项目清单为基础形成任务的实施路径和工程依托。

(6)保障措施。保障措施主要包括组织机制、政策体系、公共平台、人才培养等要素。

33.总体规划、区域规划与专项规划的区别是什么？

答：总体规划、区域规划和专项规划的定位和目标不同，因此，各类规划的层次和内容有所区别。

总体规划是国民经济和社会发展的战略性、纲领性、综合性规划，是编制本级和下级专项规划、区域规划的参考依据。

区域规划是特定行政区域范围内，以国民经济和社会发展为对象的发展规划，是总体规划的进一步细化与落实。

专项规划是以特定行业领域为对象编制的发展规划，是在区域规划下的具体路径和任务工程。

数字产业专项规划通常要与上级和本级规划（例如国家级、省级国民经济和社会发展规划，国家级、省级本领域数字经济相关专项规划等，国家级、省级各行业相关专项规划等）进行衔接，同时要兼顾考虑下级规划，以实现与上级方向匹配且下级落实可行的有效规划。

规划在编制过程中要综合考虑社会、政府、行业、企业等各类维度和视角，同时规避不同角色的认知局限和思维定式，避免关键信息不对称所导致的内容缺失和偏差。

数字经济·专题自测

1.什么是数字经济的核心特征?

A. 实物商品的生产和流通

B. 数字技术在各行业广泛应用

C. 传统商业模式的高效运作

D. 纸质文件电子化与信息化

正确答案:B

答案解析:数字经济的核心特征在于数字技术在社会各个行业领域得到广泛应用,推动着各类技术创新和全社会资源效率提升。

2.下列哪一项是数字经济中的网络效应理论的体现?

A. 在数字经济中,网络的规模越大,每个用户获得的价值越小

B. 数字经济中的企业越大,其市场份额越小

C. 数字经济中的价值随着用户数量的增加而增加

D. 数字经济中的企业只有独家控制市场才能成功

正确答案:C

答案解析:数字经济中的网络效应理论认为,随着用户数量的增加,网络的价值会呈现出指数增长的趋势。

3.以下哪种情况不符合数字经济中的网络效应理论?

A. 社交媒体平台的用户数量增加,平台的价值增加

B. 电子商务网站的注册用户增多,网站的交易量增加

C. 在线支付平台的用户数量增加,平台的手续费率降低

D. 在线游戏的玩家数量增加,游戏的新增用户黏性增加

正确答案:C

答案解析:电子商务网站用户数量的增加,通常会提高平台的价值,但并不意味着所有情况下都会导致费率的降低。

4.下列哪一项是长尾理论在数字经济中的体现?

A. 只有少数热门产品能够带来收益

B. 大量的长尾产品能够带来与少数热门产品相当的收益

C. 长尾产品没有市场需求

D. 长尾产品的销量永远低于热门产品

正确答案:B

答案解析:长尾理论指出,虽然少数热门产品销量大,但大量的长尾产品所产生的累计销量收益能够与热门产品相当甚至更多。

5.在数字经济中,边际成本下降意味着什么?

A. 生产每一单位产品的成本随着产量的增加而减少

B. 生产每一单位产品的成本随着产量的增加而增加

C. 生产每一单位产品的成本与产量无关

D. 生产每一单位产品的成本在一定范围内保持不变

正确答案:A

答案解析:数字经济中的边际成本下降是指生产每一单

位产品的成本随着产量的增加而减少。

6. 下列哪一项是数字经济中多边市场理论的体现?

A. 数字经济中存在多个竞争对手的市场环境

B. 数字经济中多种资源通过多个渠道进行交换和共享的市场模式

C. 数字经济中的市场交易仅限于两个主体之间的双边交易

D. 数字经济中的市场由一个中心主导,其他市场参与者围绕该中心进行交易

正确答案:B

答案解析:多边市场理论指的是数字经济中多种资源通过多个渠道进行交换和共享的市场模式,与传统的双边交易有所不同。

7. 以下哪种情况最符合无摩擦市场的特点?

A. 一个电子商务平台提供便捷的在线购物体验,用户可以随时随地下单购买商品

B. 一个传统零售商店提供商品展示、试穿和付款等服务,但用户需要亲自前往店铺购买商品

C. 一个传统金融机构提供贷款服务,但用户需要填写大量的申请表格和提供担保物品

D. 一个企业采购部门需要与供应商面谈、签订合同并支付货款后才能采购物料

正确答案:A

答案解析:无摩擦市场主要体现了市场资源的最优化调

度和分配，电子商务平台提供了便捷的在线购物体验，用户可以随时随地通过平台下单购买商品，体现了无摩擦市场中交易的便捷性优势。

8.产业前景中，以下哪个指标可以反映行业的市场活跃程度？

A.行业产值的总量和占比

B.政府对行业的政策支持力度

C.自然环境的水源质量和气候变化指标

D.社会资本流动性和网络销售交易频率

正确答案：D

答案解析：行业内外的社会资本流动、网络销售交易活动等方面情况可以反映市场活跃程度。

9."新基建"主要包括哪3类基础设施的建设？

A.信息基础设施、数字基础设施、融合基础设施

B.信息基础设施、融合基础设施、创新基础设施

C.数字基础设施、融合基础设施、物联网基础设施

D.数据基础设施、智能基础设施、融合基础设施

正确答案：B

答案解析："新基建"主要包括信息基础设施、融合基础设施和创新基础设施3类基础设施的建设。

10.数据商品与传统产品在生命周期方面的主要区别是什么？

A.数据商品具有持续长期的生命周期，可以随时更新维护

B.数据商品的生命周期由供应链风险和人力成本等因素

决定

C. 传统产品生命周期无限，不需要局部更换以确保整体可用

D. 传统产品更新和维护更加便捷，无需考虑磨损消耗

正确答案：A

答案解析：数据商品通常可以随时更新维护，具有持续长期的生命周期，而传统产品在使用过程中会产生磨损消耗，寿命有限。

11.数据经纪人的主要任务是什么?

A. 直接拥有数据

B. 为数据市场提供法律咨询

C. 辅助数据权益人和数据使用人建立合作关系

D. 为数据使用人提供业务培训

正确答案：C

答案解析：数据经纪人的主要任务是通过实体交易所、在线服务平台来代表数据权益人，辅助数据权益人和数据使用人建立合作关系。

12.哪种类型的数据经纪人将自身数据资源与数据使用人的数据资源整合，提供满足数据使用人个性化需求的服务?

A. 平台服务型数据经纪人

B. 受托行权型数据经纪人

C. 数据赋能型数据经纪人

D. 所有类型的数据经纪人

正确答案：C

答案解析：数据赋能型数据经纪人通过整合自身拥有的数据资源与数据使用人的数据资源，提供满足数据使用人个性化需求的服务。

13.算法如果出现错误或不良影响时应该如何处置？

A. 对算法进行第三方鉴定，区分主观性故意和客观性失误

B. 增加算法的复杂性以提高其准确性

C. 限制数据的使用和流动

D. 降低监管要求和升级数字技术

正确答案：A

答案解析：当算法出现错误或不良影响时，应对算法进行第三方鉴定，区分主观性故意和客观性失误，最大限度保护各方的利益。

14.以下哪项是新质生产力的主要特点？

A. 依赖于传统生产方式和技术

B. 采用新技术、新工艺提高生产效率和产品质量

C. 不关注生产效率，只注重产品数量

D. 不需要改变现有的生产模式和流程

正确答案：B

答案解析：新质生产力强调采用新技术、新工艺来提高生产效率和产品质量，与传统生产方式有明显的区别。

15.新型工业化对产业结构的调整主要体现在以下哪个方面？

A. 扩大传统产业生产规模

B. 减少对人力资源的需求

C. 提高技术含量和附加值

D. 增加对自然资源的依赖

正确答案：C

答案解析：新型工业化对产业结构的调整主要体现在提高技术含量和附加值，推动产业向着高端化、智能化方向发展。

第二部分

组织数字化转型

34.数字化转型统筹规划阶段有哪些误区？

答：在数字化转型的统筹规划阶段，组织（企业）容易忽视数字化转型战略与数字化落地战术之间的衔接问题。

一是组织（企业）数字化转型的战略目标、阶段任务和协作机制不够清晰，团队能力、管理制度、组织资源与转型战略匹配度不高。

二是没有形成战略目标与战术阶段的映射关系，即阶段建设规划与发展最终目标的脱节，未实现部门内部系统功能级开发向组织外平台生态级建设发展。

三是虽然形成建设阶段目标或者内容，但是没有建立实施内容的优先级划分和关联制约关系，同时没有形成业务部门、技术部门、外部专家等共同构成的数字化转型协作组（委员会）。

四是决策层、管理层和执行层均没有形成数字化转型的共识,导致组织(企业)无法形成与数字经济大环境相适应的数字化发展氛围。

五是缺乏自研和第三方研发的取舍研判,对于数字技术与业务需求之间的对应关系没有建立评估手段,对于技术先进性与适用性的判定缺乏有效依据。

35.数字化转型组织实施阶段有哪些误区?

答:在数字化转型的组织实施阶段,组织(企业)容易忽视组织优化和制度体系调整。

一是数字化转型任务全部依靠信息化部门完成,同时没有实现数字化负责人由首席信息官(CIO)向首席数据官(CDO)的视野拓展和能力提升。

二是没有给予数字化转型牵头部门或牵头人相应的级别或权限,无法向决策层直接汇报进展,进而导致数字化转型实施推进缺少覆盖整个组织的绩效考核指标体系。

三是数字化转型只有信息化负责人牵头和实施,缺乏整个组织各个部门分管领导的认可和参与,没有吸纳各部门业务骨干人员,导致业务数字化不落地。

四是没有对组织内外部业务流程进行效率分析,明确堵点、痛点和剔除点。未对数字化业务整体需求建设的软硬件选型、冗余度和可靠性进行量化测算评估。

五是项目实施各部门职责和进度标准不清晰,功能开发内容变更过多或审批流程复杂。对于数字化系统建设缺乏体系化、图形化的整体实施进度及质量监管手段。

六是缺乏与数字化转型工作相适应的激励和惩罚制度，导致数字化参与人工作量激增但未给予相应激励，数字化参与人工作配合度较差但未给予相应考核。

36.数字化转型运营优化阶段有哪些误区？

答：一是错误地将数字化系统的投入运营阶段理解为组织数字化转型的终点，没有充分发掘数字化系统的潜在问题并转化为组织转型价值，没有列支持续运营优化的年度预算并严格执行。

二是对相关业务流中的数据责任归属、数据质量管理、数据流转标准、数据评估定价、数据合作规范等方面未明确主体责任和操作规程，缺乏嵌入式独立监管方式和安全预警工具手段。

三是缺乏对数字化系统运行效能（资源投入与效益产出）的监管，数字化转型各部门人员数字化应用能力缺乏持续提升与定期评价，没有建立对支撑单位行业地位、技术能力、业务理解、实施保障等方面的评价机制和考核体系。

四是缺乏数字化转型持续性风险防范意识和能力，例如网络安全风险、数据流通风险、人员流动风险、操作使用风险，以及对于社会经济、行业产业等外部大环境变化所带来的内部数字化转型方向和实施路径策略调整的敏捷性、适应性和韧性能力风险。

37.为什么要做数字化转型?

答:从宏观产业来看,传统产业在向智能化、绿色化、服务化发展。从微观企业来看,响应快速变化的竞争环境,适应更广泛的差异化需求(新兴消费群体特征)、更小规模的批量生产(小规模不等于小价值)、更灵活的供应链替换性(为了稳固、韧性)、资源快速联合的迫切性(竞争市场响应和协同问题)等成为趋势。

数字化转型是建设应用主体在数字经济时代的战略选择和路径规划。在数据浪潮之下,没有人能够轻易置身事外。数字化不是转型的根本目的,而是数字化转型的工具和手段;数字化转型也不是最终目标,而是实现最终发展目标的曲折过程。

数字化不同于数字化转型。数字化是企业信息化的过程,通过信息化手段优化业务流程或管理模式,解决的是"记叙文"的问题,即人物、时间、地点、事件的起因、经过和结果。数字化转型是企业网络化、智能化的过程,通过各类数字技术来重塑用户关系(供需买卖→价值主张)和竞争关系(入局竞争→差异化协作)。

38.组织在数字化转型过程中面临的最大挑战是什么?

答:一是组织文化和员工心态变革。改变组织文化和员工心态是数字化转型的核心挑战。要通过现场观摩、实地调研、教学培训等方式,形成从核心决策层到末端执行层的思维方式和工作模式跃迁。

二是领导层的持续支持与参与。领导层的支持是组织数字化转型成功的基础，领导层的参与是组织数字化转型成效的保障。强化领导层变革信心和战略选择是跨越数字化转型投资回报"积累期"的压舱石。

三是重视客户参与和体验。数字化转型的外部目标是进一步提升服务客户的感受和体验。因此，需要通过客户的参与来验证和调整数字化转型的需求方向或者设计内容，确保数字化转型实现增强而非削弱客户体验的根本目标。

四是业务需求与数字技术的合理融合。数字化转型需要围绕业务需求，逐步将数字技术分阶段、分步骤融合到现阶段业务环节之中，同时紧跟商业模式和技术迭代变化，通过研究、评估技术成熟度和业务需求度来布局组织未来竞争领域。

五是成本管理与投资控制平衡。数字化转型通常是一个精准选择和持续投入的过程，特别是要在预算限制下实现高效的数字化转型应用，并确保各阶段投资具备良好的投资回报显性化。因此，要将财务计划和预期回报做好合理规划和实时监控。

六是技能补足与人才获取。对于传统行业而言，数字技术是新问题；对于数字行业而言，传统企业也是新问题。培养具有数字素养的行业专家人才是供需双方共同面临的课题，持续性学习能力将成为破解跨域能力人才缺口的有效解决方案。

七是绩效评估与优化监控。绩效评估不仅包括数字化转型涉及的信息系统建设评估,也包括这些系统上线后的组织成员反应、业务效率变化、伙伴协作体验、市场适应程度等多维度的影响监测,并逐步形成科学合理的评价关键指标体系。

八是组织结构调整优化。通过调整组织结构来适应数字化转型变化所带来的新工作方式和流程。这里不仅可能需要对团队中人员的工作职责进行调整,甚至可能涉及组织中各部门的重组合并或者撤销。

九是数据安全与隐私安全防护。数字化转型以数据为基础,以数字化功能为工具,以系统性思维为引领。无论是个人数据还是组织数据,都要做好隐私保护和安全防护,通过制度与技术相结合的方式建立安全合规体系。

十是从法律法规到行业标准。组织数字化转型对于内部员工和外部客户都是一次延伸和变革,对于数据安全、隐私保障都提出了更高的要求。因此,要以国家法律法规为根本遵循,逐步形成更完善、更全面、更细化的行业执行方法和道德规范。

39.有哪些常见的数字化转型"心理障碍"?

答: 一是不想转。受长期传统工作模式和生活习惯影响,数字化考核标准较难制定,数字化的投入产出具有不可预见性,导致数字化转型动力不足。针对该类问题,可通过同行业"甲方"实地调研来学习了解实际效益和推进思路。

二是不会转。数字化转型中的行业实践背景和数字技术能力同等重要，行业数字化转型能力不足，要通过行业人才复合化培养（数字技术强化）和数字人才知识吸收（业务知识补充）相互促进来解决。

三是不能转。组织在数字化转型过程中面临成本阵痛期和成效阴影区等问题，因此在数字化转型问题上存在决策担忧。针对"不能转"中的技术壁垒，可采取联合攻关方式降低技术门槛；对于需求不足的情况，可采取"揭榜挂帅"开放需求的方式发掘业务需求。

四是不敢转。数字化转型是一个系统化、持续性的过程，因此转型成效需要有一个释放过程。要在"系统战略规划、业务需求开发"中寻求平衡点，通过"急迫需求快速迭代、战略需求分步实施"的方式切入数字化转型的快车道。

五是不愿用。数字化系统是数字化转型的承载，要兼顾管理需求与服务需求，同时数字化系统不能成为组织发展的阻碍和负担。在信息安全的基础上，要逐步将"非线上流程"向"线上流程"迁移，避免两类流程共存所导致的"并行"工作负担。

40.有哪些常见的数字化转型"技术问题"？

答：数字技术在数字化转型中只是基础工具，而不是目的（企业上云）。只有通过流程再造、组织管理优化，才能提升面向不确定性的响应能力，例如基于动态感知和实时分析的认识理解、基于评估决策和精准执行的事件处理、基于自主学习和更新迭代的风险化解,最终实现商业模式创新、业务体系延伸。

用技术而不唯技术。每项技术都发挥着自身的作用,技术的组合形成了新的功用,例如,区块链实现了数据增信,"区块链+物联网"可以实现链下链上数据可信同步,"区块链+云计算"可以降低区块链开发部署成本。从市场应用来看,技术要支撑和服务需求,技术选型的任务落点是满足需求,在满足功能的基础上才能谈技术效率,而不是为了所谓的技术效率盲目提高软硬件资源成本。

技术不是万能钥匙。技术是一把开启数据高速公路的钥匙,但是这条公路并不能带着我们飞驰,自身驾驭数据的能力决定了我们在这条高速路上步行、骑行还是飞行。预见行业趋势、明确战略方向、分解目标任务、整合汇聚资源、匹配转型制度(考核激励标准)、提升团队能力、持续更新迭代,才是驾驭数字化转型的有效方法。

转型不只是上技术。从应用方式来看,数字化转型不仅仅是搭建数据机房或数据中心实现业务上云,也不只是将业务数据可视化呈现,更不是将人工智能、区块链等前沿技术盲目堆砌。技术是数字化转型的工具和手段,数字化认知、数据化思维和数智化应用才是支撑流程优化、智能决策、组织变革的数字化转型基础。

转型不只是技术部门的事。从参与主体来看,数字化转型不仅是信息部门(信息中心、科技部门等)的技术方案问题，也不仅是业务部门的流程梳理问题，更不仅是业务用户的诉求归集问题。转型方向和战略目标脱节、转型决策和发展战略脱节、转型方案和相关人员脱节、技术方案和实际需求脱节，都是导致转型可能失败的重要因素。

41.传统企业数字化转型需要经历哪些阶段？

答：传统企业数字化转型是一个渐进迭代的过程。虽然对于不同行业，每个企业的数字化转型路径可能有所不同，但是需要经历的阶段大致相同，具体阶段如下：

（1）数字化认知理解阶段。认知阶段是企业数字化转型实施的第一步，企业开始认识到数字化转型的重要性和必要性。企业的战略领导层或者行动决策者通过各种渠道（行业数字化交流会、转型专题培训等），了解数字技术对企业内外部业务的潜在影响，并逐步意识到需要适应现代商业运行模式和规律才能保持企业的行业竞争力。

（2）转型策略规划阶段。企业着手制订数字化转型的战略计划，确定企业数字化转型的目标、愿景和关键绩效指标，评估现有的数字基础设施和企业所需的内外部资源条件，明确关键业务流程的改造升级功能点并确定相应的组织团队、权限制度、投资计划、项目进程、考核机制等。与此同时，要与企业各相关方做好充分的沟通，尽量形成数字化转型战略共识。

（3）基础设施升级阶段。数字化转型是涉及认识、制度、硬件、软件、网络等多方面的综合系统，在解决了认识和制度之后，企业需要梳理已经具备的基础设施，包括硬件、软件和网络，并进行升级，涵盖云计算、大数据、物联网、人工智能、区块链等数字技术的引入。

（4）业务流程优化阶段。为了更好地适应数字化市场环境，需要对企业业务流程进行重新设计优化，识别现有流程与用户、市场之间存在的瓶颈点和改进点，同时对关键业务流程进行优先级、重要性的划分。优先完成重要的业务流程，不仅可以最大限度地释放数字化转型的成效，还可以同步提升企业各部门参与数字化转型人员的能力和信心。

（5）数据驱动决策阶段。企业数字化转型过程中的信息化将加速实现过程数据、业务数据的持续沉淀。企业通过数据收集、质量提升、数据分析、智能挖掘等环节来分析数据中存在的问题或者价值。企业从"业务过程"到"过程数据"，再从"数据管理"到"管理决策"，最终实现以数据驱动为核心的企业运营管理的智能决策过程。

（6）数字体验创新阶段。随着企业数字化转型的持续深入，"数据+数字化技术"形成了企业发展的新型动力，培养形成了企业员工的基本数据意识和数据应用能力。为了进一步提升数据的直观性和便捷性，可以考虑将更高级的数字技术引入企业内外部的数字化业务产品之中，例如基于区块链的业务防篡改、基于增强现实（AR）设计工具优化、基于人工智能的用户体验评价等。

（7）生态系统建设阶段。企业数字化的过程也是行业数字化的过程，企业的数字化成果不仅可以服务业务客户，而且可以带动上下游合作伙伴、供应商共同提高数字化水平，形成具有更快信息传递效率、更强竞争合作资源的"小生态"，通过更细分的业务环节关联领域，建立更广泛的战略伙伴关系，并最终推动数字化生态系统的开放与整合。

（8）持续优化创新阶段。市场需求通常是由个体意识的群体行为所创造，有时也是个体行为创造的群体意识。企业作为市场的参与者，需要时刻面对瞬息万变的竞合；或者作为创造者，规划引领未来的市场需求。因此，企业不仅要对自身及关联行业的数字技术发展演进开展监测和成熟度评估，还要具备敏锐的行业发展方向洞察力和变革力，不断优化调整数字化转型战略。

传统企业数字化转型的每个阶段都具有被弯道超车的风险或者换道领跑的新机遇，企业能够成功实施数字化转型，离不开领导决策层的战略选择和目标制定。管理层的高效执行和灵活应对将加速数字化转型的部门协作和高效推进，全体员工的积极参与和主动学习将实现企业数字化转型的持续创新和韧性发展。

42.数字化转型"转"的手段有哪些？

答：一是构建科技创新的数字内核能力。要挖掘综合应用场景、突破核心技术能力。通过组建创新联合体，对标一流样板构建数字化转型指标体系，对标样本模型，分行业、分场景、分能力来梳理场景应用清单、技术需求清单、能力培养路径和阶段达标评价标准。发挥首台/套、首批次、首版次政策支持，通过"试点+推广"的方式来实现规模化应用，提升行业级解决方案的就绪度和成熟度。

二是由企业基础延伸至行业产业动能。由支持企业级数字基础设施建设向支持基础设施资源共建共享开放转变，鼓励构建企业、园区、行业、区域多级联动的解决方案集合、产业互联网平台，包括企业供需"数字化转型接口平台"（供需带动）、行业链长"数字化转型样板平台"（示范带动）、产业服务"数字化转型服务中心"（专题研究、标准研制、诊断对标、试点示范、成果转化、国际合作）。

三是构建转型评估标准，延伸转型孵化能力。通过MBA学历教育、知识更新工程（高级研修班）、能力职称认定等方式，加快数字战略规划、技术融合应用、组织管理创新、业务优化运营等方面复合型、技能型人才培养，丰富领导班子数字化思维视角、中层干部数字化创造力、一线员工数字使用技能。特别是在个人晋升激励、配套项目支持、企业绩效评价中加大数字化能力分数权重。最终实现组织数字化转型中的表面化需求，深层次解决；碎片化需求，系统化解决；运营端需求，市场化解决。

43.企业内生数字化转型创新组织建设有哪些难点?

答：企业内生数字化转型创新组织不同于高校、研究所等研发组织，不仅承担着技术研发和科技创新的研究任务，同时还需要考虑企业所面向的行业市场的成果转化和成本控制。通常企业内生创新组织所面临的问题包括以下方面：

一是企业内生数字化转型创新组织的定位不够清晰准确。研究内容不仅需要考虑技术本身的发展趋势和战略价值，同时还要满足企业短期、中期、长期的发展需求。对于企业而言，其现金流转效率和投入产出价值的权衡，所在行业的区域发展阶段和全国发展水平的定位，实现企业内生数字化转型创新组织的工具化、功能化、平台化、生态化、产业化的阶段跨越，这些问题的研判都要求企业具有较高的科学研判决策和统筹调度能力。

二是企业内生数字化转型创新组织的投入难以稳定持续。研发资金投入与科技人才积累影响着企业原始创新能力。企业资金流动以企业运营和市场变化为基础，科研投入是保持企业竞争力的基础，但不是保持企业生存力的基础。国家、省市的财政支持无法持续地给予稳定的资金投入，同时企业希望将资金投向周转率、产出率更快的生产经营环节。因此，掌握好成本管控和利润转化的平衡显得尤为重要。

三是企业内生数字化转型创新组织的人才队伍薄弱。对于企业而言，科研人员既是研究人员又是工程人员，甚至有时还会承担项目经理、综合管理等角色。如果科研人员短缺，人才队伍科研内容的持续稳定性、团队结构的阶梯配比、科研项目的有效协同都会受到一定程度的影响，进而对科研成果转化产生双向负协同效应。企业应该选好团队带头人，解除人才后顾之忧，搭建学习成长平台，激发人才潜力价值，允许人才向"专才""通才"两种方向发展，以开放包容的心态构建适合企业发展的人才团队。

四是企业内生数字化转型创新组织的机制体制不完善。不同企业在产业定位、基础能力、发展阶段、创新资源等方面差异较大，特别是无法照搬高校或科研机构的管理模式和考核办法。将技术创新内嵌至运营决策，让"长期主义思想"与"科研效率产出"相融合，才能构建符合企业内外部创新需求的规则体系。将组织建设与企业发展进行持续磨合和不断优化，最终才能形成符合自身不同阶段发展需求的运行管理体系。

44.企业内生数字化转型创新组织有哪些发展模式？

答：对于企业内生数字化转型创新组织的建设发展而言，要从"能力"和"选择"两个维度进行综合考虑。在能力方面，重点考量企业资金储备、技术沉淀、资源统筹、项目储备等情况。在选择方面，重点考虑市场项目需求（短期）、区域行业趋势（中期）、国家发展战略（长期）。任何选择无关"对错"问题，只是企业在所处阶段的"最优"判断。

"市场项目需求（短期）"主要以企业正在或者即将开展的市场项目为基础，从中总结关键技术，形成具有较强通用性的技术方法。"区域行业趋势（中期）"以企业所在行业的未来趋势为出发点，提前布局核心技术能力，为行业下一步的发展提供技术储备。"国家发展战略（长期）"主要以国家或国际新兴技术为立足点，引导或引领下一代技术，并触发产业变革的发展方向。（表2-1）

表2-1　企业内生数字化转型创新组织的发展模式

项目	市场项目需求	区域行业趋势	国家发展战略
战略布局	短期	中期	长期
阶段模式	项目化	平台化	生态化
具体形式	甲方项目合作 产品生产交付	业务跨界联合 技术边界延伸	技术跃迁突破 成果赋能百业

企业内生创新组织建设建议重点考虑以下3个方面：

一是"打铁还需自身硬，但是要有铁资源"。任何一个企业都需要以生存发展为前提，要重视甲方需求、市场动态和产业方向，强化市场开拓和需求引导，将开发核心技术作为企业技术创新的关键环节。以项目合作的形式，构建甲方的数据思维，将市场项目转化为科研课题、工程项目提升为创新项目。

二是"不能手里有铁锤，看谁都是钉子"。项目需求是解决业务问题的一种表现形式，功能开发是业务管理或者社会活动的具体体现。要以表面需求为切入点，综合应用跨行业知识经验，形成面向未来的技术创新和业务模式，构建数据、算法、算力和应用全环节的协同创新。

三是"授人铁锤不如授人手法"。要将用户转化为组织创新的科研伙伴。无论是技术创新还是模式创新，在单一行业领域或独立学科范围都具有较高的难度，而跨越融合创新将为特定行业开拓新的视角，行业经验、技术能力和思维方式都将成为企业内生创新组织快速成长的重要支撑。

45.企业如何培养大数据能力？

答：企业大数据能力的形成可分为管理驱动、平台驱动、应用驱动和服务驱动4个层次，各层次内容如下：

（1）管理驱动。要统一社会发展、行业市场和企业规划的方向，建立形成大数据协同机构及相应的工作机制。大数据管理部门通常采用独立运营、独立核算、董事会负责制，在企业中具有大数据发展战略规划、大数据资产整合、大数据标准制定、大数据内外部应用等相关职权，同时承担大数据知识普及、能力培养和考核激励职责。

（2）平台驱动。建立企业内外部的大数据平台化能力，首先要建立大数据生产、采集、存储、加工、分析、服务等基本规则，并逐步形成企业级规范（计算资源、网络配置、接口服务、数据接入、数据开放、数据安全等）、大数据平台级体系架构。其次要满足企业内部基本大数据需求任务，例如各类业务报表、分析材料支撑等，同时调研并积累大数据技术研发、行业业务运维等外部经验知识。

（3）应用驱动。综合考虑自身行业优势、业务范围、服务对象、市场趋势等方面，形成优势领域大数据应用，让大数据应用逐步由内部资源（人力资源、资金能力、物料管理、客户服务等）优化调度和优化管理向外部能力开放，从平台能力、技术能力、服务能力等不同层次，实现面向细分行业、市场客户等不同服务对象的能力输出。

（4）服务驱动。基于行业内外部应用逐步衍生周边业务行业，实现"内部数据+外部数据、行业内知识+行业外知识"的企业级大数据能力，让技术能力转化为服务能力，让数据报告成为决策报告，让客户的市场成为共同市场。

"管理—平台—应用—服务"四位一体实现了平台能力支撑保障管理能力，平台能力推动提升应用能力，应用能力激发行业服务能力，服务能力释放数据资源能力。

46.如何理解大数据思维？

答：大数据思维可以从思维方式、价值定位、数据范围、分析角度、数据关系等10个方面进行说明理解。

（1）从流程思维向数据思维转变。从最初的流程化管控设计逐步向数据流动化管控设计转变，并从数据异常中实现流程管控的迭代和优化。

（2）从功能价值向数据价值转化。通过历史数据来发掘潜在服务对象的需求和倾向，进而推动面向区域、机构、个体的效能质量提升。

（3）从抽样数据向全量数据转变。用全量数据样本的思维方式思考和解决问题，规避抽样数据可能带来的偏差，得到更加科学可靠的辅助决策信息。

（4）从精准分析向时效决策转变。数字时代带来了快速传播的信息和瞬息万变的世界形态，高效快速的决策能更好地适应全球经济变化。

（5）从关注因果关系向关联关系转变。大数据分析不再需要通过各种现象建立的外部机制和内在机理的假设来推导现象之间可能存在的因果关系，而是通过找出数据之间的关联关系来预测日常生产生活中的情况。

（6）从未来未知向前景预测转变。大数据分析的核心就是预测。通过分析各种领域大数据之间的作用关系，实现对未来发展情况的预测。

（7）从人找信息转变为信息找人。互联网给人们带来了海量的数据信息，为了快速找到自己需要的信息，搜索引擎成为互联网探路的入口，而大数据实现了反向的信息供给，人们每次检索的信息都将成为个人标签，互联网数据提供商将根据个人标签推送人们关心或者浏览过的相关服务信息。

（8）从人懂机器转变为机器更懂人。通过机器学习、人工智能等技术，计算机能够更清晰、更透彻地"理解"人们的网络行为轨迹和潜在行为需求。

（9）从成品供给转变为个性定制。大数据不仅让企业能够更快速地找到订单，而且让客户更便捷地找到供货商，客户的个性化、品质性、体验感等需求更容易被差异化满足。

（10）从共性服务模式向智能服务模式转变。以输入法为例，通过大数据实现了行业常用词库的建立，为各行业人员提供了更加便捷的输入方式，同时个人输入差异也会根据习惯进行优化适配。

47.如何理解互联网思维？

答：互联网思维是在移动互联网、大数据、云计算等信息技术广泛应用的基础上，对企业、产品、用户、市场的全价值链甚至整个商业生态模式进行再审视、再思考的思维视角。通常所说的互联网思维包括：

（1）用户思维。以用户视角审视全价值链和流通链各环节，让环节客户、末端用户都获得最好的体验感，甚至超出用户的预期。

（2）简约思维。避免传递给用户冗余繁杂的信息，围绕用户的核心需求进行服务流程规划、产品方案设计，让简约凸显、让传播加速。

（3）极致思维。将产品设计、服务流程和用户体验做到极致，通过"抓准需求、释放能力、及时响应"，让服务成为产品的竞争力。

（4）迭代思维。类似软件产品的更新升级过程，采取"反馈意见挖掘、聚焦产品焦点、快速更新迭代"的方式加速产品服务升级。

（5）流量思维。按照"流量—规模—价值"链条模式，开拓流量入口并形成规模化效应向价值效应的转化。

（6）社会化思维。随着移动互联网的广泛渗透，客户网络化推动了商业服务全社会化，直接推动了商业活动（生产、销售、营销、售后等）形态的转型升级，社会化媒体传播、众筹众包合作等新业态和新模式加速了商业社会化进程。

（7）数据思维。商业活动全环节的数字化、信息化、知识化积累，让数据资源逐步成为数据资产，并基于大数据的挖掘分析形成"信息—行为—关系"的关联知识，进而实现关联知识的价值应用转化。

（8）平台思维。建立开放共享、合作共赢的广泛性平台，服务于细分行业领域的生态圈和价值链。

（9）跨界思维。数字经济时代形成了全新的商业业态，行业界限逐步模糊，行业融合逐渐清晰，跨领域的融合应用将带来传统行业的转型升级。

48.如何理解协同驱动下的组织数字化转型？

答：通过全流程环节的协同驱动方式，确保各环节主体（部门）在充分保障自身运营效率和效益的基础上，降低上下游关联环节信息流转的传递损耗，提升整个组织数字化转型的效能水平。各环节主体（部门）数字化流程重塑过程中通常需要思考运营任务、发展方向和创新目标3个方面的具体内容。

在运营任务方面，要对组织上下游各环节主体（部门）的任务边界、交付标准进行明确细化，确保组织整体的业务环节不脱节、链条质量可接续。在发展方向方面，要以整个组织共同发展为流程重塑的目标，强化业务流耦合的专业化，同时降低业务耦合的依赖性，最大限度地降低各环节要素博弈过程中所产生的熵增。在创新目标方面，要在数字经济体系下和未来产业趋势方向中确立高层次创新任务，在实现自身价值（利益）确保组织可持续发展的基础上，积极参与到产业链条合作治理之中，构建产业链加速器和净化器。

组织数字化转型所产生的融入产业链协同的意愿，必然是某种驱动因素促使它或主动或被动地释放自身能力或者开放运行体系。这些驱动因素大致分为市场竞合驱动、政策规划驱动、技术迭代驱动、组织升级驱动、业务创新驱动5类。

市场竞合驱动是最为直接的协同驱动类型。产品消费或者服务消费的趋势变化导致组织要融入产业链的新价值环节中求生存（发展），以降低开拓新兴市场的学习成本、材料成本和合作成本。对于规模化、高周转、低成本市场的协同，存在市场前期的"小生境协作"现象，即部分组织在产业链特定环节共同培育市场习惯或者塑造市场意识，以期望获得首轮最大化市场价值（利益）。

政策规划驱动是较为长远的协同驱动类型。通常来看，监管类政策存在一定的滞后性，产业类政策则体现出了明显的超前性。不同层级的产业规划政策面向不同的区域范围，因而其视角就会有所不同，例如国家级产业规划会以全球产业链视角来审视、预判、引导全国同类产业，省级产业规划以本区域资源能力禀赋和所在区域范围产业链成熟度情况来确定本区域产业链的方向选择和具体着力点。因此，组织通过政策规划驱动方式的产业链协同所获得的价值（利益）是以年度为周期的缓慢显现过程，同时在资源投入和投入回报方面均相对较高。

技术迭代驱动是较为深层次的驱动方式。用户需求升级或者竞品功能迭代，使得组织（企业）需要通过技术创新来保持市场竞争优势，这类创新可能是源于行业内部技术（例如工艺流程升级），也可能是跨界外部技术（例如基于人工智能的商业视觉文案）。对于技术迭代驱动的产业协同，如果是早期战略布局，则内部发展压力大于外部市场压力；如果是后期跟随发展，则外部市场压力大于内部发展压力。

组织升级驱动是重要的发展内驱动力。随着组织内外部发展变化，部门职责和团队角色在不同阶段需要重新定义，跨职能和跨部门的协作模式、更加灵活的业务流转方式，都要求高效的信息流通和快速决策部署。以数据驱动和客户为中心的管理理念，培育数字时代员工的职业发展力，成为全面的、持续的、跨功能和跨部门的数字化转型发展任务。

业务创新驱动是较为直观的协同模式。业务创新可以是流程、产品、服务等某一方面的创新迭代或者某些方面的创新组合，旨在通过协同方式加速效率提升和模式创新。数字化的市场、数字化的客户使企业必须重新思考并重塑业务模式，交易的形态正在由传统的线下实物交易向线上化、数字化的体验式服务转变，交易需求也由功能性向感受性方向延伸，企业需要探索新型的盈利模式和发掘长尾市场机会。电子商务平台、知识订阅模式、共享交换经济模式等新业态拉动着各类新旧组织的自我更新和自我创造。

49.在制造业领域如何开展数字化转型融合应用？

答：制造业数字化转型涉及从工业设计、供应链管理到生产制造、质量控制以及最终交付等全流程（图2-1）。

图2-1　制造业数字化转型融合应用

数字化转型旨在提升制造业领域整体效率、压缩成本、提高产品质量，并提升企业市场竞争力。

（1）产品设计与开发。在产品设计与开发阶段，数字化转型主要通过计算机辅助设计（CAD，Computer Aided Design）、计算机辅助工程（CAE，Computer Aided Engineering）、计算机辅助工艺规划（CAPP，Computer Aided Process Planning）等设计工具软件开展产品设计、模拟验证、生产制造等环节的仿真测试，既提高了研发效率和设计精度，又降低了物料损耗并缩短了开发周期。

（2）供应链管理与物料采购。数字化转型在供应链管理和物料采购中关注供应链可靠性和物料循环效率。数字化平台可以通过分析供应商来料质量、时效、价格等因素，形成协作供应商备用清单。根据跟踪物料流动、库存积压、生产进度、市场价格等情况，可以动态预测物料采购需求，通过集采报价的方式提高企业采购流程的响应速度和流动资金使用效率。

（3）生产制造。生产制造是数字化转型的重要环节，对于新建生产线而言，可以直接采用自动化设备或者机器人构建智能化生产线；对于传统制造设备而言，可以通过传感器或者智能设备等工业物联网技术实现生产过程数据采集，进而实时监控并优化生产流程。无论是新建智能产线，还是改造传统产线，数字技术都可以增强生产过程控制的透明度，减少生产过程中的物料、人力浪费，提高产品质量和生产效率，降低单位产品的生产成本。

（4）质量控制。采用超声波、机器视觉等方法，可以对产品质量实现无损检测。通过日常收集的设备运行生产数据，可以预测并防止设备运行偏差所带来的产品质量风险问题。因此，对生产过程各环节的数据记录，不仅可以分析产品质量，而且可以追溯分析质量影响因素，并提升产品质量水平。

（5）物流和分销。在物流和分销阶段，可以通过路径规划工具和北斗定位系统优化运输车辆行驶流线和物流调度安排，精准安排派车出库、抵达入库等工作任务。结合运输车辆车况数据、驾驶员驾驶习惯数据、道路气候环境数据，实现车辆派单任务的二次优化，提高物流运转效率和货物追踪能力，提升仓储管理效率，减少运输成本、交付风险和库存过剩等问题。

（6）售后服务管理。售后服务不仅包括产品质量管理，而且包括客户关系管理（CRM，Customer Relationship Management）。通过客户关系管理，对客户的基本信息、交互事件、问题诉求进行数字化整合，发掘产品功能升级方向，分析不同年龄、区域、收入客户的需求特点及跨域创新服务模式等，进一步增加客户黏性，不断提升营销风险管控能力，指导产品改进和市场策略调整。

制造业的数字化转型涉及从产品设计到客户服务的每一个环节。制造企业通过数字化转型不仅能够提高生产效率和产品质量，而且能够更好地适应新兴市场变化，增强面对变化和风险的市场竞争力。

50.在农业领域如何开展数字化转型融合应用？

答：农业数字化转型涵盖了从土地准备到成熟收割、从供应链管理到市场销售的全过程（图2-2）。按照农业生产环节过程，其数字化转型的具体应用如下：

（1）土地准备和种植。通过传感器或者卫星数据，分析土壤的类型、湿度、温度、电导率、氧含量、营养成分等参数，同时结合历史气候数据推荐适合的作物种类和种植方式，在播种中利用北斗定位和图像处理技术优化种子间距和深度，实现良种精准播种，提高土地利用率，提升作物产量和品质。

（2）生长管理和监控。在作物生长过程中，通过无人机和卫星采集农田图像数据，实时监测作物的生长状况，对潜在病虫害进行早期预警，减少农作物损失。通过传感

图2-2 农业数字化转型融合应用

器收集气候、土壤湿度、温度及矿物质成分数据,实现自动调整灌溉和施肥,提升农作物的整体质量和产量。

（3）收割和后处理。收割阶段数字化转型旨在提高收割效率和降低收获损失。将传感器和北斗系统配备至自动化收割机器,根据作物成熟度水平进行差异化收割。使用传感器监控储存条件,通过温度和湿度调整保持农产品的最佳品质。运用机器视觉技术对农产品进行自动分级分类,形成阶梯化品质分级,实现农产品销售价格与品质成正比。

（4）供应链管理和市场销售。利用大数据分析市场需求和物流数据,优化农产品的存储、运输和分销,提升供应链的透明度和效率。通过电商平台直接连接农户和消费者,减少中间加价环节,提高农户的收入。实时监控市场价格波动,为农户提供及时的销售渠道意见和农作物种植建议,有效规避价格波动带来的市场风险。

（5）生态环境可持续发展。利用数据分析技术优化农业水资源、各类能源以及农药化肥的使用,促进生态环境保护,维持生物多样性。监控农业生产活动和自然环境的相互影响,提高农业的抗逆性和可持续性。使用气候模型分析预测气候变化对农业生产的长期影响,并制定相应的农业发展策略。

数字化转型正在改变着从土地准备到产品消费的多个环节,数字技术不仅提高了农业生产效率和产品质量,而且有助于实现农业的可持续发展和生态环境保护。

51.在酿造行业如何开展数字化转型融合应用？

答：酿造行业（例如酿酒、酿醋）数字化转型包括原料采购、生产过程、质量控制、物流管理、市场分析以及客户关系管理等各个环节的优化（图2-3）。

（1）原料采购与处理。原料的采购和处理是保证酿造最终成品质量的关键环节。使用数字化工具可以可视化管理原料供应链，实时跟踪供应进度。利用各类传感器和数据分析工具可以评估原料（例如大米、小麦、高粱、葡萄、水等）的品质变化，采用自动化设备可以精确控制原料的清洗、分选和预处理等环节。通过上述数字化技术应用可以进一步保证原料采购质量和用料质量的一致性，优化库存调度，减少因存储不当带来的浪费。

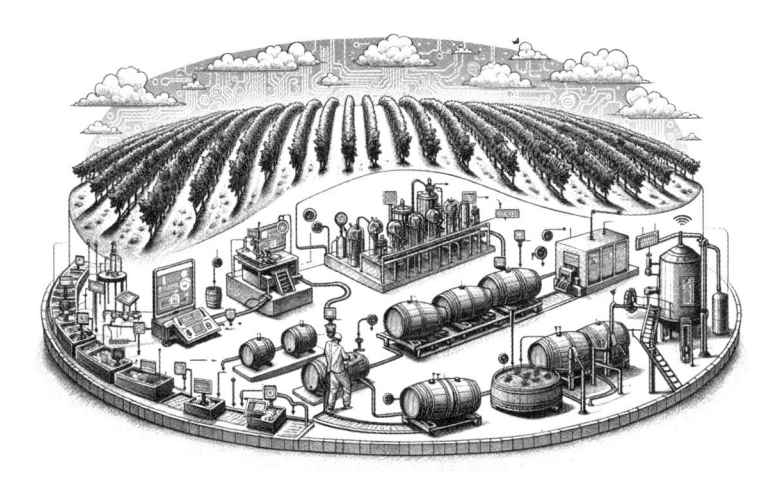

图2-3 酿造行业数字化转型融合应用

（2）发酵过程。发酵是酿造过程的核心环节，酿醋所需的醋酸菌、酿酒所需的酵母菌、制酱油所需的曲霉等微生物的质量和活性，都将直接影响产品的品质。采用传感器实时监控发酵的温度、湿度、酸度和糖分转化率，确保发酵过程的稳定性和一致性，并通过对上述数据分析，进一步优化发酵过程，提升最终产品的品质，最大限度地减少人为失误，避免过度依赖人工经验。

（3）品质控制。在整个酿造过程中，品质控制是确保产品一致性且符合国际、国内标准的核心环节。通过质量检测装置，可以对成品的化学和微生物指标进行自动化测试分析，识别质量变化原因，发掘潜在问题和规律，采用生产追溯系统可以对发生的质量问题进行及时追溯和精准定位改正。对品质的有效管控和及时发现纠正，将大大增强消费者对品牌的信任和信心。

（4）包装和储存。包装和储存环节是产品品质保障的重要环节。采用具备温度、湿度、菌落等自动监测功能的装置，以确保存储条件的清洁安全。通过自动化分装技术可以提高包装效率，降低人工成本。通过射频识别、物联网等数字技术，不仅可以实现入库、出库跟踪管理，而且可以有效提高库存管理效率，将产品的存储和销售保持在一个周转稳定且运转高效的最佳状态。

（5）物流和分销。数字化技术可以提升物流和分销中各类参与主体的运行效率并降低运营成本。利用北斗等定位技术可以追踪物流路线和运行状态，增强供应链的透明度和可追溯性。结合外部自然环境和市场供需价格因素组合不同的运输方式,实现端到端的全程优化调度。采用定位技术、射频识别技术、面部识别技术等,可以实现产品区域流向跟踪、消费群体分析等功能,加强生产商与分销商的管理协作和服务指导。

(6)市场分析和客户关系管理。数字化转型有助于更好地帮助企业洞悉市场变化并理解客户需求。通过分析消费者行为预测市场变化趋势,指导产品营销策略和新产品开发方向,同时采用在线平台、社交媒体等数字网络渠道激发用户消费需求,持续提升客户服务体验,增强客户忠诚度和品牌影响力。

酿造行业的数字化转型是一个端到端的复杂过程,涉及从原料到产品、再到商品和品牌的全环节。数字化技术可以帮助酿造企业不仅提高生产效率、降低运营成本、提升产品质量,而且更敏捷地适应市场变化,建立具有行业竞争力的品牌价值。

52.在食品加工行业如何开展数字化转型融合应用?

答:食品加工行业(例如熟肉、面包等)通过数字化转型可以进一步优化每个生产环节,从而提高生产效率,提升食品安全质量,增强追溯管理能力和市场竞争力(图2-4)。

(1)原料采购与准备。食品加工原料的质量直接影响最终产品的品质。通过自动化技术和传感器检测,可以确

图2-4 食品加工行业数字化转型融合应用

保原料质量。通过供应链数字化管理可以及时知晓原料存量，实时调度供应，确保生产进度。采用数字化控制设备可以实现原料清洗智能检测和自动化切割，进而减少人工干预或者操作污染，提高原料处理效率。

（2）加工制作。加工制作是食品加工的关键环节，该工序将原料转化为最终的产品。采用过程控制系统可以实时监控加工条件（例如温度、湿度等），采用自动化加工设备可以确保产品生产过程的一致性和操作精确性。通过对加工过程各类数据的积累和分析，可以实现食品加工流程的持续优化改进。

（3）质量控制。质量控制是确保食品安全的关键环节。自动化检测系统可以对加工过程原料、半成品及成品所含的药物残留、食品添加物、微生物等，进行审核备份、动态监测、实时预警和跟踪追溯。

（4）包装与标签。食品包装和标签不仅实现了食品的存储运输保护，而且提供了原料成分、生产厂家、保存方法、参照标准等信息，同时体现了企业的品牌价值与品质定位。使用自动化封装及检测技术可以快速提升食品的包装速度和密封性能，有效减少人力成本和人工操作失误。采用智能标签不仅可以对产品存储、销售、物流进行数字化管理，而且可以在末端销售提供快速结账、防盗防丢等功能。

（5）存储与物流。食品存储和快速物流对传统物流行业提出了更高的要求，该环节是食品厂家到消费者餐桌的关键环节。通过自动化入库出库、智能化路线调度、精准化环境监测等手段的综合应用，可以减少食品在运输过程中的损耗和风险，最大限度地确保到达末端——消费者手中的食品的品质。

（6）市场分析与客户关系。在市场分析和客户关系管理中，数字化转型有助于厂家更迅速地了解市场变化趋势和消费者对包装、口味等的需求，并通过数字直播、社交媒体、线上活动等渠道方式调整产品，适应主流客户需求，快速建立品牌知名度。

食品加工行业的数字化转型是提高生产效率、确保食品安全、增强产品追溯能力、提升市场竞争力的重要手段。通过整合释放各类数字技术的特点和优势，企业可以持续提升产品质量，同步优化生产过程，降低经营成本，适应或引领市场需求变化。

53.在玻璃器皿（陶瓷）行业如何开展数字化转型融合应用？

答：玻璃器皿（陶瓷）行业数字化转型涉及原材料采购与供应、产品设计开发、生产过程管理、质量控制管理、市场营销推广、物流与分销、客户服务与定制、环境影响与可持续性等方面（图2-5）。

（1）原材料采购供应。通过对原材料的历史数据和市场趋势进行分析，可以优化采购渠道和策略，减少采购

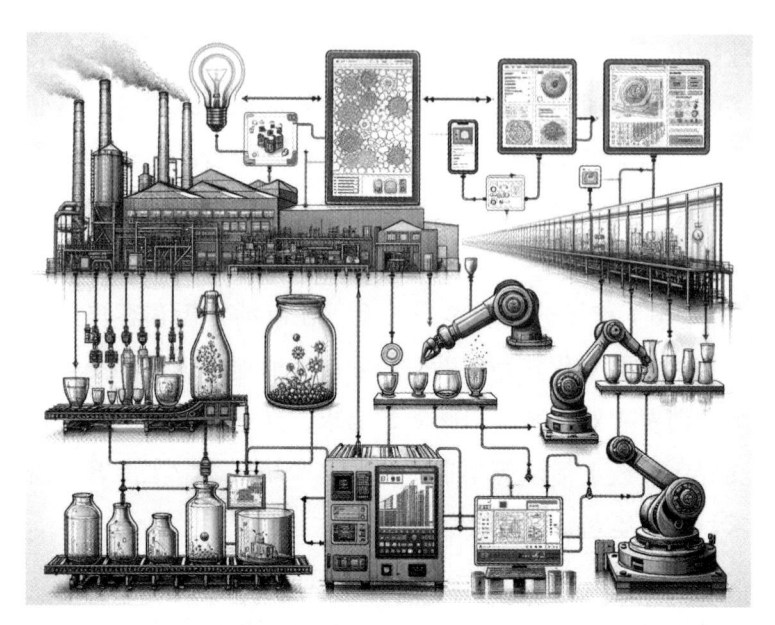

图2-5 玻璃器皿（陶瓷）行业数字化转型融合应用

成本和周转库存，实现自动化的原材料需求管理，同时可以融入区块链技术跟踪原材料采购供应、入库出库、使用生产、成品消费等各环节，进而实现端到端的质量保证和流程合规。

（2）产品设计开发。采用计算机辅助设计工具可以提高设计的效率，同时提升设计品的细节准确性。通过3D打印技术可以小规模快速制作原型，加快产品上市实施市场反馈验证，同时可以缩短产品开发周期，提高整体设计质量，降低原型成品成本。

（3）生产过程管理。采用物联网技术可以实时监控生产线设备状态和生产流程，将监控数据与故障事件进行关联分析，实现预测性故障诊断，降低设备维护成本，提升能源使用效率，减少停机所带来的损失。

（4）质量控制管理。采用图像处理和机器视觉等检测技术，可以对成品质量进行无损检测，并及时将反馈检测与原料、工艺、设备、人员等信息进行融合处理，快速调整优化生产参数，持续提升产品质量，有效降低废品率。

（5）市场营销推广。利用数字媒体和社交网络可以将产品信息延伸至末端用户，结合用户各类特征数据可以将用户个性化需求汇聚，指导下一步的设计方向，持续优化调整推广渠道。

（6）物流与分销。通过定位技术和智能分析可以优化物流路线和车辆调度策略，同时采取物流实时追踪与产品分销分布可以进一步减少物流延误，提高分销透明度。

（7）客户服务与定制。通过聊天机器人、数字人、在线服务平台等数字化方式，可以24小时快速响应在线客服需求。通过对客服对话开展数据分析，可以获得产品或者服务的不足，提供定制化解决方案，进而提升客户体验，增强品牌忠诚度。

（8）环境影响与可持续性。采用数字化能耗监管设备可以及时掌握生产过程中的能源消耗，并从废物处理和循环利用、资源管理调度和国家绿色认证等方面推动企业可持续发展。

54.数字技术如何助力出版行业智能化发展？

答：5G、大数据、云计算、人工智能、区块链、物联网、虚拟现实等新一代信息技术正在逐步融入出版行业的"选编审校排发"全流程。

在选题环节，通过用户电子化阅读笔记、图书销售、书评短评等内容，分析实现市场兴趣预测、策划推理判断、辅助内容决策，将主观因素的偏差影响降到最低，让市场需求数据驱动选题决策。

在编审环节，基于用户喜好内容数据分析和生成式人工智能服务的自动化内容生产，开展选题、内容审读优化和装帧创意设计。通过决策式人工智能，实现图书文稿手写体智能识别、"机器审核+人工复核"相结合的开放编审模式。基于高速率、低时延、大容量的高速通信网络，实现多维多样的内容生产和表达传播，提供高清化视觉、多维度体感、跨媒介传播和个性化服务。

在校排环节，基于数据分析可以实现对方言表述、图片内容、视频合规等方面的智能校对，基于图像识别技术实现版式封面设计、图文合一等辅助功能。利用云计算可以帮助编辑人员在校排各环节实现随时随地、多终端覆盖的云端协同校排，有效提升协作与沟通效率。

在发行环节，通过数字化优化提升印刷加工流程效能，同时利用物联网技术对书籍库存进行精准定位和移动跟踪，有效减少书籍出入库录入登记环节的人力消耗和录入错误，同时通过竞价分销平台提升出版物销售价格、跟踪出版物流通过程和出版物生命周期。通过虚拟现实、数字孪生等技术，可实现虚拟主播出版物推介、出版物内容可视可感等延伸增值服务。

在流通环节，利用区块链可溯源、防篡改等技术特点，实现基于出版物内容标注的版权取证、存证和诉讼等环节的网络内容自主获取、侵权事实自动存证、版权人和律师协作维权，有效提升了版权保护的时效性和版权管理的便捷性。

组织数字化转型·专题自测

1. 什么是组织数字化转型的核心目标？

A. 保持传统业务模式

B. 提高实体文件处理效率

C. 利用数字技术实现业务优化和创新

D. 限制员工使用数字工具

正确答案：C

答案解析：组织数字化转型的核心目标是利用数字技术实现业务优化和创新，提升组织内外部的整体效率。

2. 以下哪个因素对数字化转型至关重要？

A. 保持传统商业模式　　B. 采用最新数字技术

C. 数据驱动持续创新　　D. 降低数字化投资

正确答案：C

答案解析：数字化转型需要发挥数据要素价值，持续推动业务创新和组织变革，以适应数字社会和业务市场变化。

3. 组织数字化转型成功的关键因素之一是什么？

A. 全面采用高级技术　　B. 严格的财务预算控制

C. 领导力和员工的支持　　D. 竞争对手的市场策略

正确答案：C

答案解析：组织数字化转型的成功很大程度上依赖于组

织的领导力和员工的参与支持程度，这直接影响到数字化变革的执行落地和组织文化的适应调整。

4.为什么组织在数字化转型中需要关注员工培训？

A.提高员工满意度　　B.提高员工创新能力

C.给予员工学习机会　D.减少外部合作需求

正确答案：B

答案解析：员工培训有助于提高员工的数字技术理解能力和创新应用能力，推动数字化转型的顺利进行。

5.组织在数字化转型过程中通常面临的首要挑战是什么？

A.找到合适的服务供应商　B.应对文化和心态的改变

C.选择办公终端和服务器　D.选定数字化部门负责人

正确答案：B

答案解析：数字化转型中的一个主要挑战是组织文化和员工心态的改变，这是数字化转型能否成功的基础条件。

6.以下哪个因素对组织数字化转型文化的塑造影响最大？

A.领导层的认识和价值观　B.保持高效的内部沟通

C.拒绝采用数字技术工具　D.忽略员工的负向反馈

正确答案：A

答案解析：领导层对数字社会趋势的认识和对组织未来的价值定位，对组织文化的塑造具有巨大影响，决定了组织数字化转型的战略方向和实施路径。

7.组织数字化转型成功的衡量标准之一是什么？

A.员工的技术职称　　B.机房设备的规模量

C.业务效率的提升　　D.业务系统的复杂度

正确答案：C

答案解析：数字化转型成功的一个关键衡量标准是业务效率的提升，这点表现出了组织通过数字技术对业务流程效能的改进程度。

8.组织数字化转型的一个主要目标是什么？

A.增加办事处数量　　B.减少用工数量

C.提高用户满意度　　D.减少在线服务

正确答案：C

答案解析：组织数字化转型的一个主要目标是通过提供更高效、更精准的差异化服务来提高用户的满意度，从而增强用户黏性，提升市场竞争力。

9.成功的数字化转型中，最重要的领导特质是什么？

A.专业技术知识　　B.开放性和适应性

C.高效时间管理　　D.资源规划能力

正确答案：B

答案解析：在数字化转型中，领导层的开放性和适应性显得尤为关键。面对数字化转型变化，领导层需要主动带领整个组织适应新的工作方式、创新文化和能力挑战。

10.组织应该如何处理员工在数字化转型过程中的焦虑？

A.专注于技术实施　　B.提供足够的培训和支持

C.仅关注高层意见　　D.通过其他活动分散注意力

正确答案：B

答案解析：在数字化转型过程中，组织应该提供足够的数字化能力培训和职业转型适应支持，帮助员工理解变革的必要性并提升员工的参与感和成就感。

11.组织数字化转型的一个主要外部挑战是什么?

A.选择技术供应伙伴　　B.应对市场快速变化

C.确定企业转型目标　　D.选择高效办公系统

正确答案：B

答案解析：数字化转型的一个主要外部挑战是应对快速变化的市场环境，包括客户需求、竞争格局和行业趋势等方面的变化。

12.在数字化转型中，数据驱动决策的核心是什么?

A.随机抽样业务数据　　B.基于直观经验的决策

C.依赖专家经验意见　　D.利用数据的分析决策

正确答案：D

答案解析：数据驱动决策的核心是通过对数据进行收集整理，分析挖掘获取有价值的潜在规律或者信息来指导决策。

13.以下哪个不是组织数字化转型的关键领域?

A.人力资源管理　　B.客户体验管理

C.传统渠道管理　　D.供应效率管理

正确答案：C

答案解析：组织数字化转型的关键领域包括人力资源管理、客户体验管理、供应效率管理等，传统渠道管理相对涉及较少。

14.数字化转型对组织经济效益的影响体现在哪里?

A.增加组织管理成本　　B.提高生产运转效率

C.减少行业市场份额　　D.提升员工办公效率

正确答案：B

答案解析：数字化转型有助于提高组织的生产运转效率、市场拓展速度和用户反馈时效，从而实现组织经济效益的快速提升。

15.在数字化转型中，以下哪个因素对组织的整体效率影响最大？

A. 保持传统业务流程　　B. 拒绝采用数字技术

C. 持续创新优化流程　　D. 忽略员工技能培训

正确答案：C

答案解析：数字化转型不是一蹴而就的事情，持续创新优化流程是数字化转型有效推进和效果转化的核心环节。因此，持续创新优化流程是对组织整体效率影响最大的因素。

第三部分

基础软硬件系统

55. 什么是芯片？

答：芯片也称为集成电路（IC，Integrated Circuit），是将微电子器件嵌在半导体晶圆表面上，是硬件系统的"中央控制室"。一个指甲盖大小的芯片包含了几千万、几十亿个晶体管，可以实现各种复杂的运算功能。根据芯片上集成的微电子器件数量差异，芯片可以划分为小型集成电路、中型集成电路、大规模集成电路、超大规模集成电路、极大规模集成电路、巨大规模集成电路。（表3–1）

表3-1 集成电路规模划分

名称	缩写	全拼	内部集成电子器件
小型集成电路	SSI	Small Scale Integration	逻辑门10个以下或晶体管100个以下
中型集成电路	MSI	Medium Scale Integration	逻辑门11个至100个或晶体管101个至1000个
大规模集成电路	LSI	Large Scale Integration	逻辑门101个至1000个或晶体管1001个至1万个
超大规模集成电路	VLSI	Very Large Scale Integration	逻辑门1001个至1万个或晶体管1万个至10万个
极大规模集成电路	ULSI	Ultra Large Scale Integration	逻辑门10001个至100万个或晶体管10万个至1000万个
巨大规模集成电路	GSI	Giga Scale Integration	逻辑门100万个以上或晶体管1000万个以上

56.如何生产制造芯片？

答：芯片的生产制造大致可分为4个环节，即晶元生产、光刻、掺杂和封装测试，各工序步骤详情如下：

（1）晶元生产。对原材料氧化还原，转化为99.9%以上的高纯度硅，经过融化重铸形成铅笔状的硅晶柱，然后用钻石刀将硅晶柱横向切割成圆片，抛光后形成硅晶圆。

（2）光刻。在硅片上涂覆光刻胶，紫外线透过掩膜（掩膜上预先印制设计好电路图）照射光刻胶；光刻过程中暴露在紫外线下的光刻胶将被溶解，清除后留下的图案与掩膜上的相同；用化学物质溶解掉暴露出来的晶圆，剩下的光刻胶可以保护不应该腐蚀的部分；蚀刻后清洗全部光刻胶，形成晶圆表面的凹槽。

（3）掺杂。将硼或者磷注入硅结构，填充铜或者其他导电金属，使晶体管互联导通，可在其上层再涂覆胶体，形成新一层结构。通常一个芯片可包含几十层的类似结构。

（4）封装测试。使用切割器将芯片从晶圆上裁剪下来，然后放置在衬底（基片）上，加装散热片等结构进行密封、测试和包装。

57.什么是中央处理器？

答：中央处理器（CPU，Central Processing Unit）是计算机系统的运算和控制核心部件，承载了计算机系统信息处理和程序运行功能。CPU主要包括逻辑运算部件、控制器和寄存器以及联系三者之间的总线。算术逻辑单元（ALU，Arithmetic and Logic Unit）是CPU执行定点或浮点算术运算、移位以及逻辑运算等操作的单元，也可以执行地址的运算和转换。控制器（CU，Control Unit）是整个CPU的指挥控制中心，由指令寄存器（IR，Instruction Register）、指令译码器（ID，Instruction Decoder）和操作控制器（OC，Operation Controller）3个部件组成，对指令进行存取、分析和执行。寄存器包括通用寄存器、专用寄存器和控制寄存器。通用寄存器又分为定点数和浮点数两类，它们用来保存指令执行过程中临时存放的寄存器操作数和操作结果。CPU总线又称为前端总线，实现逻辑运算部件、控制器和寄存器以及高速缓存等部件之间数据、控制及状态信息的传递。

计算机的工作过程是执行程序的过程，而程序就是一系列按照规定顺序进行的指挥计算机工作的指示与命令。高级语言编出的程序必须由编译器经编译、汇编等步骤转换成二进制机器码才能被CPU执行。CPU指令集描述了CPU能使用机器码实现什么功能，是上层软件与CPU两层级之间的接口。CPU指令集就是用来计算和控制一台计算机的全部指令的集合，每一种新型CPU都有与其硬件电路相配合的指令集。先进的指令集与复杂的硬件结构相互配合才能实现计算机的良好性能。CPU指令集的作用，就是告诉编译器规范的汇编格式。

CPU的微体系结构也称为微处理器体系结构（微架构），指的是在计算机中，CPU所选择指令集在处理器中具体执行的方法。对应一种指令集可以设计不同的微架构来执行，具体使用的微架构取决于设计目的和技术的提升。计算机架构是微架构和指令集设计的结合。

58.什么是人工智能芯片？

答：人工智能芯片（AI芯片）指的是对人工智能算法进行了特殊加速设计的芯片。人工智能算法一般以深度学习算法为主，也可以包括其他机器学习算法。

传统的中央处理器实质上采用单独的算术逻辑单元模块完成数据计算，其他模块的存在都是为了保证指令能够一条接一条地有序执行。该通用性结构适用于传统的编程计算模式，可通过提升CPU主频（提升单位时间内执行指令的条数）来加速计算。深度学习并不需要太多的程序指令，而是需要海量数据来满足计算需求，传统的CPU的设计结构不再适应此类计算需求。

从算法功能分类来看，AI芯片可分为训练（Training）和推断（Inference）两个阶段，其中，训练环节中包含大量数据输入、计算模型优化的过程，因此对处理器的性能需求较高。

从应用场景分类来看，AI芯片可分为应用于服务器端（云端）和移动端（终端）两类。

从技术架构来看，图形处理单元（GPU，Graphics Processing Unit）比CPU计算速度更快，同时具备的浮点计算能力可以在一定程度上提升深度学习算法的计算运行；半定制化的现场可编码门阵列（FPGA，Field Programmable Gate Array）通过更新配置定义其内部的基本门电路和存储器之间的连接关系，实现了更好的硬件和数据并行处理能力，较CPU而言，FPGA的计算速度和运算功耗具有明显优势，但是整体而言，FPGA的价格成本、编程操作复杂度、整体运算能力仍有提升空间；全定制化专用集成电路（ASIC，Application Specific Integrated Circuit）通过特定需求定制，实现了计算性能、功耗、集成度、可靠性的提升，但在开发周期和功能扩展等方面仍存在不足，因其芯片面积小、运行功耗较低等特点，在移动应用端（谷歌的TPU〔张量处理器〕、地平线的BPU〔大脑处理器〕等）仍有市场空间；神经形态芯片（NC，Neuromorphic Chips）构建类似神经网络架构和处理器，例如人工神经网络（ANN，Artificial Neural Network）、神经拟态计算（NC，Neuromorphic Computing），神经形态芯片将内存、CPU和通信部件完全集成在一起，在内部处理信息，进而提升计算能力。

59.CPU指令集有哪些类型？

答：CPU指令集主要包括复杂指令集（CISC，Complex Instruction Set Computer）和精简指令集（RISC，Reduced Instruction Set Computer）两大类。基于CISC的CPU结构相对复杂，设计周期较长。CISC的指令功能较复杂，寻址方式较多，指令使用种类频次相对集中，可直接通过指令实现存储器相关操作，因而更适用于复杂功能需求场景下的通用计算机设备。基于RISC的CPU结构更加紧凑，设计周期较短。RISC采用统一指令编码方式，有效提升了解译效率，指令代码相对易于学习，因而更适用于特定功能需求场景下的专用计算机设备。

X86架构属于CISC技术路线，ARM（Advanced RISC Machine）架构、MIPS（Microprocessor without Interlocked Pipeline Stages）架构和Alpha架构属于RISC技术路线。随

着我国CPU技术生态和产业能力的持续优化，我国CPU市场上出现了不同厂商的技术产品，例如基于ARM架构的鲲鹏CPU、飞腾CPU，基于X86架构的海光CPU、兆芯CPU以及自研架构的龙芯CPU（MIPS架构）、申威CPU（Alpha架构）。（表3-2）

表3-2 常见CPU技术路线对应关系

技术路线	技术架构	典型CPU厂家
复杂指令集	X86架构	海光CPU、兆芯CPU
精简指令集	ARM架构	鲲鹏CPU、飞腾CPU
	MIPS架构	龙芯CPU
	Alpha架构	申威CPU

60.什么是电路板？

答： 电路板通常是印制电路板（PCB，Printed Circuit Board）的简称，是芯片、传感器、电容、电阻等各类电子器件共同实现相关功能的"承载平台"（图3-1）。传统电路板通常采用玻璃纤维增强环氧树脂（FR-4）作为绝缘基板，随着不断增长的电子产品需求的多样化，柔性电路板（FPC，Flexible Printed Circuit Board）被广泛应用。柔性电路板是以聚酰亚胺或聚酯薄膜为基材制成的，具有配线密度高、质量轻、厚度薄、弯曲性好等特点。

按照电路板的层数来看，电路板包括单面板（SSB，

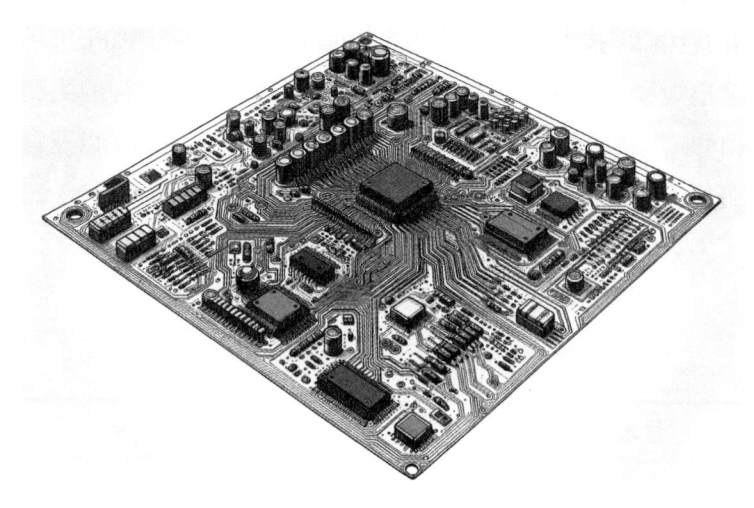

图3-1 印制电路板（PCB）

Single-Sided Boards）、双面板（DSB，Double-Sided Boards）和多层板（MLB，Multi-Layer Boards）。单面板的导线在电路板的一个面，而电子元器件则在电路板的另一面，单面板在制作流程工艺和造价成本方面具有优势，但是无法焊接大量电子元器件，进而无法应用于复杂的电子产品；双面板针对单面板存在的问题，通过采用过孔覆铜布线的方式实现两面电路板的线路连接；多层板通常具有3层以上的导电图形层，各导电图形层之间采用绝缘体材料相隔层压，多层电路板因具有高速度、多功能、大容量、小体积、薄型化、轻量化等优点得到了广泛的使用。

一块电路板的制作流程包括：开料、钻孔、沉铜、图形转移、图形电镀、退膜、蚀刻、绿油、字符、镀金手指、成型、测试、终检。

印制电路板作为电子设备的承载功能结构，在弯折、跌落、温度、湿度载荷下的可靠性均会受到影响，即使是韧性较好的柔性电路板也会由于疲劳、磨损、电接触、热损伤等原因功能失效。电子电路设备在生产、运输、使用等环节中不可避免地会产生振动，以机载电子电路设备为例，振动环境导致的设备失效高达27%。

以振动冲击原因为例，当电路板固有频率接近激振频率，将会产生谐振效应，导致电路板上器件引脚和焊点的变形、开裂、脱落。针对上述情况，可以优化电子器件排布，使引脚分布在应力与位移同量级区域（器件排布远离高应力区域），选取具有较高弹性模量的复合电路板材料，以提升电路板固有频率，利用灌封胶提高焊点的可靠性。在壳体设计安装环节，加装垫圈填充锁销空隙，壳体结构中在电路板与壳体之间加装加强筋以提高电路板刚度，设置合适的安装方式有效提高电路板的第一阶固有频率。

61.什么是金手指？

答：金手指是计算机系统中常见的一种电路部件，它是内存条上与内存插槽之间的连接部分，实现了内存处理单元中的数据流、电子流与硬件处理系统之间的交互（图3-2）。其材质通常是金黄色的导电金属，排列方式类似手指形态，因此被称为"金手指"。金的抗氧化性和传导性较好，最好在覆铜电路板上通过特殊工艺再覆上一层金。但金的价格较高，目前多数内存条上的金手指采用镀锡的

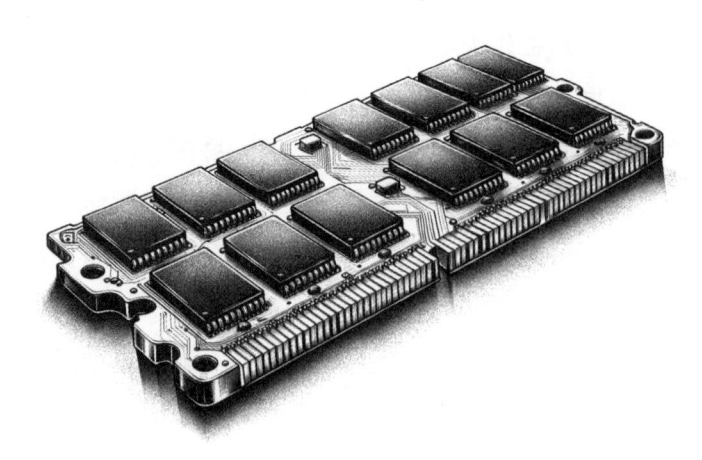

图3-2 金手指

方式进行替代，仅在一些性能要求较高的计算设备的配件接触点上采用镀金工艺。

金手指表面处理工艺主要包括镀金工艺和沉金工艺。镀金工艺形成的表面具有较好的硬度和耐磨性，但相较于沉金工艺，镀金工艺成本较高。沉金工艺形成的表面通常具有较好的均匀度和平整性，在导电、接触、传输性能方面相对较好。

62.什么是南桥芯片、北桥芯片？

答：以整机为例，中央处理器附近有南桥芯片（South Bridge）和北桥芯片（North Bridge）。以CPU插座为北，靠近CPU插座且具备连接作用的芯片称为"北桥芯片"；位于主板上离CPU插槽较远的下方且具备连接作用的芯片称为"南桥芯片"。

南桥芯片主要承担输入/输出（I/O）接口、外设设备（鼠标、键盘、音响、打印机、扫描仪、摄像头等）的控制、集成驱动器电子装置设备（IDE硬盘、光驱、网卡等）的控制及附加功能；北桥芯片主要承担CPU与内存、显卡等高速设备之间的数据交换与指令控制，是与主板上CPU距离最近、通信最紧密的控制芯片，因此，北桥芯片也被称为主桥（Host Bridge）。北桥芯片交互处理量较大，散热需求较高，通常会覆盖散热片结构。

63.什么是通用串行总线？

答：通用串行总线（USB，Universal Serial Bus）接口是计算机与各类外部电子设备之间进行数据传输通信的物理装置，每个USB连接装置都是由计算机主机设备侧端口、连接电缆和接收器设备侧端口构成的。USB接口不仅可以实现设备之间的高速数据传输（例如计算机硬盘到移动硬盘或者打印机），而且可以对中小型电子设备提供电源（例如智能手机、电子阅读器），同时不需要重新启动计算机或者预先安装设备驱动程序，实现了即插即用的便捷功能。

从USB传输速率来看，USB 1.x版本可以提供1.5Mbps（低速）和12Mbps（全速）的传输速率；USB 2.0可以提供最高480Mbps的传输速率；USB 3.x版本中的USB 3.0传输速率为5Gbps，而USB3.1和USB3.2分别将传输速率提高至10Gbps和20Gbps；USB4.0可以支持高达40Gbps的传输速率。

从USB设备类型来看，USB Type-A主要用于计算机、服务器等主机设备；USB Type-B主要用于打印机等外部设备；Micro USB和Mini USB主要用于智能手机、数码相机等较小的电子设备；USB Type-C支持双向数据同时传输，因而具有更高的传输速度和更低的传输延迟。

64.什么是嵌入式系统？

答：嵌入式系统是指用于控制、监视或者辅助操作机器和设备的装置。典型的嵌入式系统包括硬件系统和软件系统，是可以独立完成一定功能的工程化模块（图3-3）。

嵌入式系统包括嵌入式微处理器、嵌入式微控制器、嵌入式数字信号处理器等常见的系统类型。嵌入式微处

图3-3 嵌入式系统电路板

理器，即计算机中所使用的中央处理器，主要用于智能手机、平板电脑、数码相机等。嵌入式微控制器是以微处理器为核心，同时内部集成随机存取存储器（RAM，Random Access Memory）、带电可擦可编程只读存储器（EEPROM，Electrically Erasable Programmable Read Only Memory）、Flash、总线、总线逻辑、定时器、看门狗（Watch Dog）、I/O端口、串行口、脉宽调制输出等必要功能和外设接口，比较典型的系统有80C51系列单片机、AVR单片机等。嵌入式数字信号处理器对系统指令和系统结构进行了特殊设计，能够更高效地执行相应的算法程序，例如数字滤波、信号频谱分析等。

嵌入式系统与通用计算机不同，嵌入式系统通常用于特定的任务或功能，虽然其体积较小，但仍包括微处理器或微控制器、内存、电源、通信接口的基础硬件模块以及程序系统或者操作系统，可以在无人干预的前提下持续稳定运行。嵌入式系统可以通过数据接口外接传感器、执行器、显示器等设备实现功能扩展，甚至可以通过通信网络实现远程控制和程序升级等功能。因此，嵌入式系统在生产线控制系统、防抱死刹车系统、智能恒温器、远程健康监测等领域得到了广泛应用。

65.什么是计算机（整机）？

答：基于芯片可以构建面向不同功能的电路板，进而组装形成相应的硬件设备，例如手机、平板电脑、计算机、服务器等。以计算机（Computer）为例，它是由主机和外部设备共同构成的，主机一般包括主板、内存条、硬盘、CPU、光驱、显卡、网卡、声卡、电源、机箱，外部设备一般包括键盘、鼠标、显示器、音箱、手写板、话筒等输入输出和外存储设备，这些电子设备由电路板和电子元器件等部件构成，常见的电子元器件包括电阻、电容、电感、电源、晶体振荡器、开关等。

66.什么是计算机的外设和基础软件？

答：计算机正常使用不仅需要主机设备，还需要外部设备（简称计算机外设）和基础软件。

计算机外设通常包括计算机的外部输入、输出设备和存储设备，通过对外部数据信息的采集转换和传输存储等功能，进一步扩充了计算机的外部辅助和人机交互功能。外部输入设备包括键盘、鼠标、手写设备、麦克风等；外部输出设备包括显示器、音响、打印复印一体机等；外部存储设备包括刻录机、移动硬盘等（图3-4）。

基础软件通常包括操作系统、数据库系统、中间件、语言处理程序（编译程序、解释程序和汇编程序）、日常办公软件（文字、表格和幻灯片处理、简单的图片处理等工具）。

图3-4　计算机与外部设备

67.什么是"流版签"软件?

答："流版签"软件其实是流式软件、版式软件、签名软件的简称,属于日常办公的必备工具软件。

流式软件,即流式文档处理软件,主要用于编辑文档,常见流式文档处理软件包括微软Office办公软件、TXT纯文本编辑软件、金山WPS办公软件、永中Office办公软件等。

版式软件,即版式文档处理软件,通常指主要用于文档排版的办公软件,文档排版标准有国际版式标准,即可移植文档格式(PDF,Portable Document Format);中国版式标准,即开放文档格式(ODF,Open Document

Format）。常见版式排版软件包括Adobe公司PDF软件、福昕软件、永中软件、方正飞腾等。

签名软件，即电子签章软件，类似于数字证书，可实现对电子文档或者文件签署者身份的验证，进而确保电子文件内容的准确性和完整性。电子签章可以是印章图形、计算机口令、笔迹签章或者签署者的生物学特征（指纹、掌纹、虹膜等）。电子签章通常包括电子印章管理（制作、发放、挂失、停用、重制等）、组织机构和用户管理、加密解密、加盖验证、日志审计等环节。

68.什么是服务器？

答：服务器是提供计算服务的设备，具有响应服务请求并进行服务处理功能。服务器由处理器、硬盘、内存、系统总线等组件构成，与通用的计算机架构类似，但是在处理能力、稳定性、可靠性、安全性、可扩展性、可管理性等方面性能更高。服务器（Server）通常是在网络连接状态下，为用户提供专用服务的计算机设备。服务器有网络化的操作系统和相应服务功能的应用软件系统。较普通的电脑整机而言，服务器在运算性能、长期可用性、稳定可靠性、数据交互性和功能扩展性方面的优势更加明显。服务器按照所提供服务类型可分为文件服务器、数据库服务器、应用程序服务器、DNS服务器、Web服务器等。DNS服务器、Web服务器，各自功能如下：

DNS服务器（Domain Name Server）是连接在互联网上

的域名解析服务器，实现了网站域名与网络IP地址之间的一对一映射关系。网站域名便于网名通过浏览器地址栏进行输入，但是网络设备之间需要IP地址进行交互识别。因此，DNS服务器实现了将域名转换为IP地址的功能，这个转换的过程称为域名解析。例如新浪网的域名www.sina.com.cn，对应的IP地址可以被解析为211.95.77.14。

Web服务器是连接在互联网上的网络服务器，当互联网用户通过浏览器采用超文本传输协议（HTTP，HyperText Transfer Protocol）或者超文本传输安全协议（HTTPS，HyperText Transfer Protocol Secure）连接到Web服务器上请求文件时，Web服务器将响应该请求并反馈给浏览器，并且附带格式信息告知浏览器如何浏览该文件。

69.什么是服务器定制？

答：为了满足客户特定业务和应用场景的需求，可以对服务器的系统配置、硬件设计、部件选型等方面进行定制设计制造。服务器定制化的核心是实现了服务器对特定业务场景的最优化软硬件配置。通常服务器定制包括一般定制和深度定制，其区别如下：

（1）一般定制是指服务器供应商根据自身成熟的产品体系，针对服务器组件进行模块化的优化调整。

（2）深度定制是用户根据自身业务需求，对服务器的深度设计和二次开发并交由服务器供应商进行代工生产。通过深度定制可以最大限度地提高服务器对业务需求的适配性、运行性能、资源效率、运维质量，同时提高采购的资金效率和规模价值。

服务器定制化一般采用OEM模式（原始设备制造商，Original Equipment Manufacture）和ODM模式（原始设计制造商，Original Design Manufacture）。OEM模式是与主流服务器设备供应商合作，通过选型招标的方式发布技术要求，完成设计生产和交付运维，即"需求+采购"结合模式；ODM模式是由用户深度参与或者独立自主完成设计，然后交由生产厂商进行生产加工，最后用户完成系统部署和运维，即"设计+代工"结合模式。

70.服务器资源类性能指标考量哪些方面？

答： 服务器资源类性能指标主要包括CPU使用率、运行队列进程数、上下文切换、可用内存、每秒处理读/写请求数量。

（1）CPU使用率（CPU Utilization Percentage）是用CPU进程处于Running状态（用户占用、系统占用）的时间除以总时间。CPU进程状态包括Running（正在运行的进程）、Waiting（准备就绪等待运行的进程）和Blocked（因等待某些事件完成而阻塞的进程）。

（2）运行队列进程数（Processes on Run Queue）是指Running状态与Waiting状态的进程数之和，该指标可用于分析CPU资源瓶颈。

（3）上下文切换（Context Switches）或称为进程切换

（Process Switches）、任务切换（Task Switches）。上下文切换是指CPU从一个线程切换到另外一个线程，首先需要保存当前任务的运行环境，然后恢复将要运行任务的运行环境所带来的性能消耗。

（4）可用内存（Free Memory），反映内存占用情况，可用内存过大或者过小都会影响系统运行的稳定性，通常可用内存数值范围为占用物理内存的20%—80%。

（5）每秒处理读/写请求数量（IOPS，Input/Output Operations Per Second）衡量磁盘是否能满足系统的I/O需求，现阶段公有云/私有云服务器IOPS已经由数百量级提升至数十万量级。

71.服务器业务类性能指标考量哪些方面？

答：服务器业务类性能指标主要包括并发连接数、数据吞吐量、每秒转发报文数量、响应时间、带宽等。

（1）并发连接数（CC，Current Connections）反映了服务器系统能够处理的最大用户数。

（2）数据吞吐量是指每秒读/写的数据大小，即每秒读出数据量（rkB/s）和每秒写入数据量（wkB/s）。磁盘的数据吞吐量与读写类型有直接关系，顺序读写的吞吐能力通常优于随机读写。面向不同需求场景可以预先测试磁盘在随机读写和顺序读写下的吞吐量，以便于实现特定业务场景下的数据交互性能最优。

（3）每秒转发报文数量（PPS，Packets Per Second）

是指单位时间内能够转发的数据报文的数量。

（4）响应时间（RT，Response Time）表征服务器响应业务的处理速度。

（5）带宽（Bandwidth）反映了单位时间内传输数据的能力。

72.什么是路由器？

答：路由器（Router）是为信息流或数据分组选择传输路径的设备，是连接局域网、城域网、广域网等不同覆盖范围的互联网设备。路由器会根据互联网信道的性能运行情况自动选择设定路由，进而实现最佳网络数据交互路径，并按照通信请求的前后顺序发送信号。

73.什么是数据库？

答：数据库（Database）是按照数据结构来组织、存储和管理数据的仓库。数据库可以简单地理解为电子化的文件柜，即将各种数据文件进行规范化存储，用户可以对存储的文件数据进行新增、删除、修改、查询等操作。

数据库的基本结构包括：

（1）物理数据层。以内模式为框架所构成的数据库，其中存储的是用户加工的原始数据对象。

（2）概念数据层。以概念模式为框架所构成的数据库，其中包含每个数据自身的逻辑定义以及数据之间的逻辑关系。

（3）用户数据层。以外模式为框架所构成的数据库，该层是用户所操作使用的数据库，是逻辑记录的集合。

74.什么是分布式数据库？

答：分布式数据库（DDB，Distributed Database）是指利用高速计算机网络将物理上分散的多个数据存储单元连接构成一个逻辑上统一的数据库。

分布式数据库系统的主要特征如下：

（1）物理分布性。数据库中的数据存储于不同的计算机存储设备，可实现多个存储设备的区域自治。

（2）逻辑整体性。分布式数据库中的数据在逻辑上是互相联系的，在用户操作管理中视为一个相互协作的整体单元。

较传统的数据库而言，分布式数据库系统具有灵活的体系结构、分布式管控机制、低成本、高性能、高可靠、快响应、易扩展等优点，同时在信息交互开销、存取结构复杂性、安全保密性等方面略显不足。

75.什么是中间件？

答：中间件（Middleware）是独立的系统软件或服务程序，分布式应用软件借助中间件在不同的技术之间共享资源，中间件位于服务器的操作系统之上，实现了对计算资源和网络通信的调度管理。

中间件是一类软件的统称，而不是某一种软件，中间件具有面向分布式计算环境提供跨网络、跨软件、跨硬件、跨系统、跨平台服务的应用特点，同时支持标准的接口和协议。从应用效果来看，中间件通过不同的接口实现了设备侧系统软件与用户侧应用软件之间的资源交互，例如事务处理管理中间件、远程过程调用中间件、消息中间件、分布对象中间件等。

76.什么是应用程序接口？

答：应用程序接口（API，Application Programming Interface）是一种预先定义的函数，为程序之间数据交互和功能触发提供服务。系统开发人员通过调用API并输入预先设定的函数参数，实现系统中已经封装好的各种函数功能，无需重复访问源码分析程序逻辑。

应用程序编程接口可以视为一组规则组合和操作协议，明确规定了实现特定的任务或功能的具体方法、数据格式、请求指令和响应方式等。应用程序编程接口实现了对底层代码和系统内部的抽象交互，减少了系统开发的工作量和复杂度，同时实现了在单个或者多个平台上的规范化通信交互，有效避免了对底层代码的敏感访问和操作风险，强化了不同开发者所编写的代码程序与底层程序的标准化和一致性，提升了后期的系统维护和更新升级的便捷性。

77.什么是软件开发工具包？

答：软件开发工具包（SDK，Software Development

Kit）是辅助开发应用软件的技术文档、程序范例和开发工具的集合。在软件开发过程中，平台企业或者总集单位会将部分软件交给第三方来共同开发，通常平台企业或者总集单位将服务封装为软件开发工具包提供给第三方开发者使用。软件开发工具包一般包括业务流程类、金融支付类、信息推送类、数据统计分析类、地理信息类、风险控制类等领域的基础工具。软件开发工具包通常包括以下组件：

（1）应用程序接口。软件开发工具包通常包含一系列的应用程序接口，这些应用程序接口给出了如何与底层平台进行特定任务的操作方法和执行过程。

（2）编译器和解释器。编译器和解释器用于将编写的源代码转换成可以在目标系统上运行的机器代码。

（3）代码库。代码库是指预先编写好的代码，这些代码可以帮助开发者快速实现常见的软件功能，无需从零开始逐行编写。

（4）说明文档。提供关于如何使用工具包中的工具和应用程序接口的详细使用指南。

（5）示例代码及教程。帮助开发者理解和使用软件开发工具包中的工具和应用程序接口来快速构建应用程序。

（6）调试和测试工具。帮助开发者测试并修复代码中的错误和漏洞，确保应用程序能够稳定运行。

软件开发工具包进一步简化了程序开发过程，帮助开发者更专注于创建应用功能，规避了底层技术的复杂性，同时提升了平台化软件的标准性和规范性水平。

78. 如何进行功能点描述？

答：功能点描述是对软件实际功能等情况的描述，不应包含评价性的内容，不能出现"国内先进、国际领先、创造某些价值、实现了高效查询、达到了某种效果、实现了某类分析"等效果性描述。（表3-3）

表3-3 功能点描述示例

系统名称	子系统	功能点	功能点描述
学生管理系统	学生信息管理	基本信息	录入学生基本信息、出生年月、家庭情况、学籍变动情况
		学籍档案	录入学生在校行为，包括奖励、处罚、考勤、考评、考试成绩等
		毕业信息	对毕业生进行毕业处理，记录学生的毕业去向
		重新分班	可选择按男女比例，按入学成绩、考试成绩，平均或集中分配到同年级的不同班级
	学生考试成绩管理	成绩录入	可统计各门课程的最高分、最低分、平均分等，可按任课老师等条件进行比较

79. 软件系统开发一般包括哪些环节？

答：软件系统开发一般包括问题的定义及规划、需求分析、软件设计、程序编码、软件测试、运行维护6个环节（图3-5），各环节工作内容如下：

图3-5 软件系统开发场景

（1）问题的定义及规划。该阶段属于可行性研究阶段，通常是采取需求方和开发方共同讨论的方式形成系统架构、软件功能等方面的明确目标和实现路径。

（2）需求分析。在可行性研究报告基础上对软件系统各功能进行详细的需求分析，同时考虑开发过程中可能存在的需求变更情况，可形成软件需求说明书、项目开发计划。

（3）软件设计。根据需求分析形成的结果，对软件系统进行系统化的整体设计（系统框架设计、数据库设计），可形成设计说明书（概要、详细）。

（4）程序编码。将软件设计的功能点及其目标效果转化为可执行的程序代码。程序编码过程中一般需要注意代码编写的统一性、规范性、兼容性、开放性、易读性和易维护性。程序编码阶段可形成软件开发进度报告、数据需求说明书等相关文档。

（5）软件测试。在软件开发完成后要进行严格的功能测试，整个测试阶段分为单元级测试、组装级测试、系统级测试3个层次。软件测试一般可形成软件测试计划、功能点测试报告等相关文档。

（6）运行维护。软件系统开发完成后会进入试运行阶段，进而确保系统的可用性和稳定性，规避软件测试中可能存在的随机性问题。运行维护阶段通常形成系统操作手册、项目开发总结报告等相关文档。

上述软件系统开发各环节所占用的时间、人力等成本资源通常并不是平均分配的。从成本来看，软件开发成本估算模型包括IBM模型、Putnam模型和COCOMO模型等估算方法。以IBM模型为例，如果将软件开发成本总量计为100%，则问题的定义及规划占10%、需求分析占15%、软件设计占30%、程序编码占10%、软件测试占35%。从时间来看，问题的定义及规划占2%至3%、需求分析占10%至25%、软件设计占20%至25%、程序编码占15%至20%、软件测试占30%至40%。

80. 什么是3C认证、3C认证派生？

答：3C（CCC，China Compulsory Certification）认证的全称是"中国强制性产品认证"。3C认证是法定的产品强制安全和质量认证制度，旨在保障消费者的人身安全和消费权益，避免质量不合格、使用不安全的产品流入用户市场。3C认证的范围包括日常家用电器、信息技术类设备、照明电气设备、电动工具产品、安全防护用品等。

3C认证派生涉及甲方（3C证书所有方）和乙方，甲方的产品获得3C证书后，乙方通过合同协议等方式对甲方同类别产品进行派生，派生的方式可以是OEM模式，也可以是ODM模式。乙方派生甲方的3C证书，甲方或乙方均可以作为制造商。相对于甲方而言，乙方通常为消费企业。面向市场时，乙方通常贴自己的品牌进行销售。

基础软硬件系统·专题自测

1. CPU在计算机中的作用是什么?

A. 存储数据　　B. 处理数据和执行指令

C. 输出图像　　D. 管理网络连接

正确答案：B

答案解析：CPU（中央处理器）是计算机的核心控制单元，负责处理数据和执行计算机程序的指令。

2. 操作系统的直接功能不包括哪一项?

A. 管理硬件资源　　B. 提供用户界面

C. 运行数据库　　　D. 管理文件系统

正确答案：C

答案解析：操作系统的主要功能包括管理硬件资源、提供用户界面和管理文件系统。运行数据库通常是特定软件或应用程序执行，并不是操作系统的直接功能。

3. 传统电路板上通常使用哪种材料作为绝缘基板?

A. 铁　　　　　　　　　　　　　　　B. 铝

C. 玻璃纤维增强环氧树脂（FR-4）　　D. 塑料

正确答案：C

答案解析：玻璃纤维增强环氧树脂具有良好的机械强度、耐热性以及相对适中的成本。因此，玻璃纤维增强环氧树脂是电路板生产中最常用的绝缘基板材料。

4.USB的全称是什么?

A. Universal Serial Bus　　B. Unified Serial Band

C. Unique System Bridge　　D. Universal System Bus

正确答案：A

答案解析：USB的全称是Universal Serial Bus，中文名称是"通用串行总线"，广泛用于计算机和其他电子设备之间的数据通信和电源供应。

5.下列哪种USB连接器类型通常用于连接打印机?

A. USB Type-A　　B. USB Type-B

C. USB Type-C　　D. Micro USB

正确答案：B

答案解析：USB Type-B连接器通常用于连接打印机、扫描仪等外围设备。

6.台式计算机中，主板是什么?

A. 数据存储设备　　　　　　B. 电脑机箱外壳

C. 连接电脑各组件的主要电路板　D. 显示终端设备

正确答案：C

答案解析：主板是台式计算机中最重要的组成电子装置，它是连接电脑各组件（例如CPU、内存、硬盘等）的主要电路板。

7.操作系统的主要功能是什么?

A. 处理文字和图像　　B. 管理计算机硬件和软件资源

C. 提供网络连接　　　D. 创建编辑演示文稿

正确答案：B

答案解析：操作系统是计算机系统的核心软件，主要负责管理和调度计算机的硬件和软件资源，包括处理器、内存、存储以及输入输出设备等。

8.版式软件主要用于哪种任务？

A.网页设计　　　　B.数字签名

C.文档排版和设计　D.数据加密

正确答案：C

答案解析：版式软件提供了复杂的图形处理和文本版式处理工具，主要用于文档（例如文件、期刊、杂志、报纸、书籍等）的排版和设计。

9.签名软件主要用于什么？

A.验证用户身份　　　　B.加密电子邮件

C.在电子文档上创建数字签名　D.网络信息安全

正确答案：C

答案解析：签名软件主要用于在电子文档上创建数字签名，进而证明文件的真实性和完整性，常见用于交易合同、法律文书、正式文件等的数字化文档服务。

10.定制化服务器通常指的是什么？

A.任何类型的服务器

B.专为特定任务设计的服务器

C.用于个人计算的服务器

D.低成本的服务器

正确答案：B

答案解析：定制化服务器是指专门为满足特定任务或业务需求而设计和配置的服务器，定制化内容包括：硬件规格、软件配置、存储方式、接口种类等。

11. 在计算机网络中，路由器的主要作用是什么？

A. 存储数据　　　　B. 处理文本

C. 转发数据包　　　D. 创建文档

正确答案：C

答案解析：路由器在计算机网络中的主要作用是转发数据包，它决定了数据包在不同网络中从源头到目的地的通信路径。

12. 中间件主要用于什么目的？

A. 加快计算机的处理速度

B. 保护计算机免受病毒攻击

C. 促进不同软件应用程序之间的通信和数据交换

D. 优化图形用户界面

正确答案：C

答案解析：中间件的主要功能是在不同的软件应用程序之间提供一个数据通信交换的桥梁，使不同应用程序、数据库和网络的数据能够便捷交互和快速集合。

13. 3C认证是什么类型的认证？

A. 自愿性产品认证　　B. 强制性产品认证

C. 国际产品认证　　　D. 专业服务认证

正确答案：B

答案解析：3C认证，是"China Compulsory Certification"

的缩写，即中国强制性产品认证。3C认证是我国为了保护消费者权益、规范市场经济秩序所执行的强制性安全认证制度。

14. 在软件开发中，功能点分析主要用来做什么？

A. 测试软件性能　　B. 评估软件项目的规模大小

C. 设计用户界面　　D. 编写代码

正确答案：B

答案解析：功能点分析是一种衡量软件应用程序或系统大小的方法，它通过评估软件的功能性来帮助确定项目的工作量和复杂性，进而辅助进行合理的资源投入评估。

15. 在功能点分析中，"外部输入"是指什么？

A. 用户向系统发送的数据或控制信息

B. 系统从其他应用程序接收的数据

C. 系统生成的输出

D. 系统内部的数据处理

正确答案：A

答案解析：在功能点分析中，"外部输入"指的是用户或其他系统向正在分析的系统发送的数据或控制信息，例如用户的操作、指令或输入的数据。

第四部分

互联通信与物联网技术

81. Web 1.0、Web 2.0和Web 3.0分别是什么？

答：Web 1.0（静态网页）是互联网的单向展示阶段，网页是以静态为主，用户是信息的被动接收者和消费者。该阶段的网站搭建者是主要的信息提供方，与用户的互动较为有限。因此，这一阶段的互联网类似于信息发布平台，主要通过网络广告和初级电子商务来维持商业运作。Web 1.0也是搜索引擎的起步发展阶段，该阶段主要是以文字检索方式帮助用户找到需要的信息。总体来看，Web 1.0时代更强调信息的呈现，在双向互动性、用户自主生成内容等方面相对较为有限。

Web 2.0（社交互动）是互联网的社交互动时代，该阶段具有明显的动态交互性和用户生成内容等特征，用户通过博客和在线论坛等方式更积极地参与到生成内容、评论、分享等环节中，同时进一步推动形成了社交网络。用户参与互联网的过程促使了商业机会和交互数据的增长，商业模式开始更加注重广告内容和数据价值分析。Web 2.0时代更强调用户参与下的社交与协作，形成了开放性更好、互动性更强的互联网生态系统。

Web 3.0（智能互联）是互联网的智能化时代，目前正处于模式探索发展阶段。Web 3.0融合了机器学习、人工智能等新一代数字技术，通过智能搜索、语音识别、虚拟现实等技术，为每位用户提供更加个性化、智能化的互联网体验。Web 3.0还融入了基于区块链的去中心化的应用（DApps）等数字技术，进一步提升了数据存储、信息交互的透明性和安全性。Web 3.0将实现具有智能服务、多重感知、安全增强的智慧网络转型。（表4-1）（图4-1）

表4-1　Web 1.0、Web 2.0和Web 3.0的主要差异

项目	Web 1.0	Web 2.0	Web 3.0
技术特点	静态网页为主	动态交互性应用网页	多种数字技术融合应用
用户互动	被动信息的接收者	用户主动生成内容，社交互动特征明显	各类智能化插件内嵌网页服务
内容生成	由网站所有者创造，用户仅参与单项内容消费过程	更强调用户生成内容，博客、论坛等社交媒体逐步兴起	具有虚拟现实技术、去中心化应用等数字技术应用
互联网本质	内容信息的展示	信息传播、社交协作、分享互动	个性化、智能化、差异化的网络服务

续表

项目	Web 1.0	Web 2.0	Web 3.0
商业模式	以网络广告和初级电子商务为主	高级电子商务、社交媒体等商业模式	可能涌现网络直播经济、知识内容经济、元宇宙环境下的虚拟交易等商业模式
数据隐私和安全	数据安全和隐私问题关注较少	用户各类数据隐私和安全问题凸显	利用区块链、隐私计算等新技术辅助解决安全隐私问题
设备类型和接入方式	以台式电脑、笔记本电脑为主的有线接入	以各类移动设备为主的移动互联网	物联网、虚拟现实或增强现实等设备与个人移动设备智能化协同的泛在互联网
社会影响和伦理问题	社会影响相对较小，伦理问题相对较少关注	社交媒体融入社会发展，伦理问题逐步凸显	人工智能与人类协作中所产生的广泛伦理思考

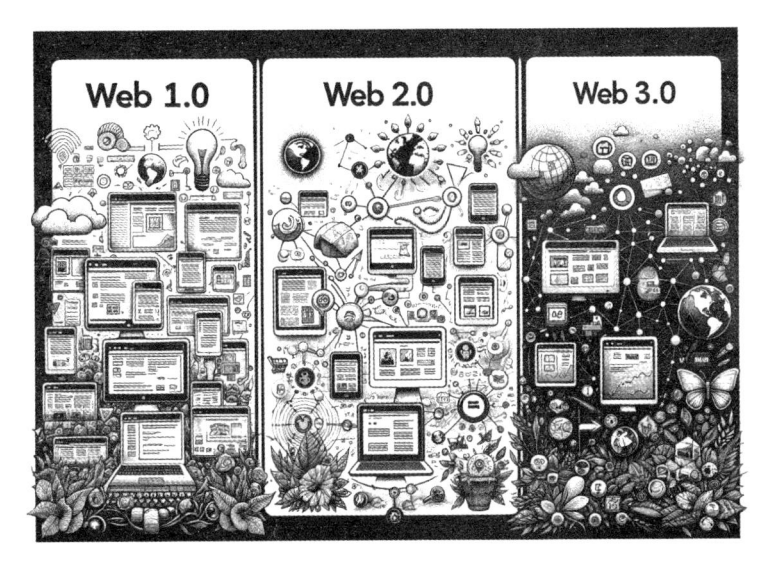

图4-1 Web1.0、Web2.0和Web3.0

82.什么是移动通信技术?

答：移动通信技术已经从第1代移动通信系统（1G，1st Generation Mobile Communication System）发展至第6代移动通信系统（6G，6th Generation Mobile Communication System），各阶段移动通信技术特征如下（图4-2）：

1G是大哥大时代，属于模拟蜂窝移动通信，频率复用率和系统容量使用率不高，仅能够传输语音且存在串号等问题。

2G是以数字化语音传输技术为核心，2G手机不仅可以支持语音、短信业务，而且可以接入互联网，但存在传输速率低、网络不稳定、维护成本高等问题。

3G进一步扩展了频谱，提升了频谱利用率，提高了语音和数据的传输性能，实现了网络覆盖区域的全球漫游，特别是在以语音、图像、视频等多媒体为基础的网络页面、网络会议、电子交易等方面得到了广泛应用。

4G集3G与WLAN（无线局域网）于一体，能够通过快

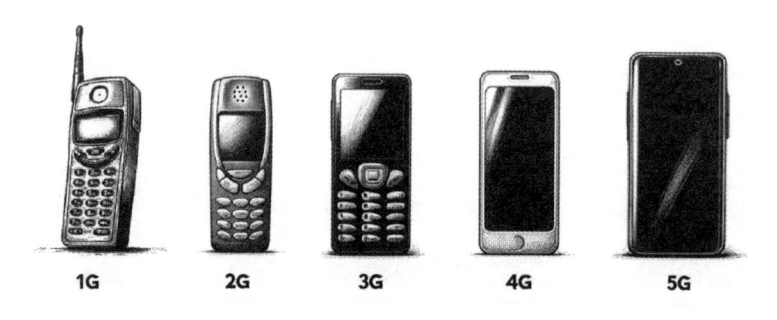

图4-2　1G、2G、3G、4G、5G手机

速传输数据实现高质量音频、图像和视频信息服务，4G上网速度提高到超过3G上网速度的50倍，可实现三维图像高质量传输。

5G将现有用户移动端下载速度提升10倍，时延也会缩短10倍，即下载6GB的高清电影只需不到2秒钟。

6G实现了"空—天—地—海"一体化的融合网络，6G网络数据传输速率是5G网络的50倍，6G网络时延是5G网络的1/10，同时6G在网络连接密度、频谱效率、峰值速率和感知定位等方面得到了显著提升。

83.什么是光通信技术？

答：光通信（Optical Communication）是指以光波为载波的通信方式。光纤通信和可见光通信技术均属于光通信。

光纤通信（FC，Fiber-optic Communication）是以光纤作为传输媒介，将光波（多模光纤光波段850nm—1300nm、单模光纤光波段1260nm—1640nm）作为信息传递载体的通信方式。光纤通信的发送端首先将需要传递的信息转变为电信号，然后将电信号调制到激光器所产生的激光束上，即使电信号变化与激光束（光信号）变化相呼应，然后通过光纤将激光束传输至接收端，最后接收端将光信号解调还原形成原来需要传递的信息。

可见光通信技术（VLC，Visible Light Communication）是将可见光波段（390nm—780nm）的光作为信息的载体，不需要同轴电缆、光纤等有线信道传输介质，在空气中直接可以传输光信号的通信方式。

可见光通信系统通常包括光信号发射部分和光信号接收部分。光信号发射部分将信号源信号通过电信号输入处理、驱动调制，实现可见光光载波强度变化控制。光信号接收部分对信号光源实现光学系统的最佳接收，通过光电探测器、前置放大电路、电信号处理输出等信号转换装置将光信号还原成电信号。

84.什么是量子通信技术？

答：量子通信（QC，Quantum Communication）是基于量子纠缠态的理论，即具有纠缠态的2个粒子无论相距多远，当一个粒子发生变化，那么另外一个粒子也会发生瞬间变化。

量子通信就是基于上述粒子的变化特性实现信息传递，具体通信过程如下：预先构建具有纠缠态的2个粒子，将2个粒子分别位于通信系统的发送端和接收端，将具有未知量子态的粒子与发送端的粒子进行联合测量，则接收端的粒子瞬间发生状态变化（状态A），接收端的粒子状态A与发送端的粒子变化后的状态B是对称的。将联合测量的信息通过经典信道传送给接收端，接收端根据接收到的信息对粒子的状态进行逆转变换，进一步得到与发送端完全相同的未知量子态。

85.什么是虚拟专用网技术？

答：虚拟专用网（VPN，Virtual Private Network）中的"虚拟"是一种仿真物理连接的逻辑网络连接。相较于传统的专用网络而言，虚拟专用网中并没有对通信两端的节点建立端到端的物理链路，而是基于公共网络资源动态形成链路。这种链路在网络安全性、管理便捷性和性能稳定性方面具有与"专用"网络相同的性能层次。

虚拟专用网通过加密技术提升公共网络传输数据的安全性，即使数据被截获，仍需要进行复杂的解密破解；通过信息认证和身份认证技术实现了对数据的完整性校验和用户合法性鉴别；通过对多用户授予不同网络权限实现网络访问控制，进一步提升网络整体的安全性水平。VPN不仅是一种组网技术，而且也是一种网络安全技术。按照网络结构划分，VPN可分为以下3种类型：

（1）基于VPN的远程访问。单机连接到网络，又称为点到站点、桌面到网络。基于VPN的远程访问主要应用于提供远程移动用户对单位内部网的安全访问。

（2）基于VPN的网络互联。网络连接到网络，又称为站点到站点、网关（路由器）到网关（路由器）、网络到网络。基于VPN的网络互联主要应用于单位网络或分支机构内部主机之间的网络安全通信。

（3）基于VPN的点对点通信。单机到单机，又称为端对端。基于VPN的点对点通信主要应用于单位内部网络的2台主机间的安全通信。

86.什么是网络运维技术?

答: 由于城市环境变化和不同类型网络技术迭代,任何网络建设完成投入运营后将一直处于网络调整优化状态(图4-3)。通常网络运维关注传输类性能指标和业务类性能指标。

传输类性能指标主要包括时延、时延抖动、丢包、丢包率等。

(1)时延(Delay)是指数据包由源节点至目标节点的时间间隔,例如IP数据包传输时延(IPTD,IP Packet Transfer Delay)。

(2)时延抖动(Delay Variation)是指数据流中不同数据包的时延变化,例如IP包时延抖动(IPDV,IP Packet Delay Variation)。

图4-3 网络运维监控大厅

（3）丢包（Packet Loss）是指传输过程中丢失或出错的数据包总量。

（4）丢包率（Packet Loss Rate）是指单位时间周期内网络传输过程中总丢包数与传输的总数据包数之比，例如IP丢包率（IPLR，IP Packet Loss Rate）、虚假IP数据包速率（SIPR，Spurious IP Packet Rate）。

业务类性能指标主要包括连通性、吞吐速率、带宽等。

（1）连通性（Connectivity）反映了网络组件之间的互联通信能力，例如IP业务不可用百分数（PIU，Percent IP Service Unavailability）、IP业务可用百分数（PIA，Percent IP Service Availability）。

（2）吞吐速率（Throughput）是测量目标网络节点在单位时间内所通过的数据总量，例如IP包吞吐量（IPPT，IP Packet Throughput）、基于字节的IP包吞吐量（IPOT，Octet based IP Packet Throughput）。

（3）带宽（Bandwidth）是指物理通道在单位时间内能够传输的最大比特数。

87.对物联网技术的误解有哪些？

答：物联网就是传感器的组合。传感器是物联网的重要组成部分，但是物联网技术还会涉及网络、网关、集线器、云平台、应用程序编程接口等各类软件和硬件。物联网是基于上述软硬件所形成的整体解决方案，而传感器只是其中的一部分。

物联网就像互联网一样，可以无限延伸，是一个全开放、全互联、全共享的信息服务网络。根据服务对象范围、工作任务种类和信息传播边界等方面的差异，同时考虑到数据安全和个人隐私等因素，物联网通常并不会形成超大规模的网络形态，而是面向特定群体或者组织。

物联网始终需要保持网络连接激活状态。虽然物联网解决方案通常依赖于各类互联的网络进行数据连接，但是物联网解决方案综合采用了边缘计算或者本地离线处理方式，减少网络连接激活状态频次。另外，物联网的数据采集或者控制交互也可以采取按需激活网络连接或预设通信周期等方式进行低频次连接运行。

物联网技术是一种孤立的封闭技术体系，无法与其他系统相互连通和协同管理。以智慧城市为例，物联网技术就像末梢神经一样，时刻感知城市运转的变化，这些感知数据支撑着各类预测、决策、控制系统的运行。但是物联网所获得的数据通常会通过脱敏、脱密、降维等处理后才会传输至其他系统。

物联网就是窄带物联网。窄带物联网是基于蜂窝网络的，除了窄带物联网这种物联网组网技术，还有4G、5G、基于IEEE802.11的通信协议的WiFi（Wireless Fidelity）、基于扩频技术的LoRa（Long Range）、基于IEEE802.15.4标准的ZigBee。

物联网只适用于大型企业。实际应用情况与"物联网只适用于大型企业"的观点恰恰相反。由于物联网技术所涉及的硬件成本降低、低功耗管理、云平台服务和开源工具普及等各方面因素的不断提升，物联网技术正在被越来越多地应用于家庭、社区、车间、教室等各类小型组织。

物联网解决方案开发非常简单。物联网解决方案的复杂度主要是由需要解决问题的复杂度决定的。物联网技术不仅可以支持单向少量的数据采集、传输和呈现，也可以实现复杂的、海量的、双向的数据分析、处理和控制。一个相对完善的物联网解决方案不仅需要考虑业务场景需求，同时要兼顾预算成本、开发周期、网络安全、数据安全、系统冗余、运维模式、功能扩展等技术服务需求。

物联网技术项目是短期投资，且效果立竿见影。物联网软硬件部署或许是短期投资与快速建设，但是物联网所服务的业务场景调优却需要一个较长的过程，调优期间还可能会涉及项目需求局部变更。

采用物联网技术就实现了组织数字化转型。物联网技术是新一代信息技术的重要组成部分，在工业控制、农业生产、仓储运输、商品流动等领域得到了广泛应用，但是数字技术等应用并不等同于组织数字化转型。如果说数字化技术是利剑，那么组织就是使用利剑的武者，只有"人剑合一"才能实现数字化转型和组织持续发展的有机融合。

物联网就是连接万物。连接各类设备是物联网的基本特征，但并不是物联网的唯一功能。物联网是一个广泛的技术概念，包括传感器、通信协议、云计算、数据分析等软硬件系统。物联网不仅实现了对所连接设备数据的收集、处理和分析，同时还要基于这些数据进行设备控制决策和业务流程优化。

物联网技术始终是安全的。 物联网设备及其系统涉及末端设备、网络系统和近端系统等各个环节，这些环节内部、环节之间的安全性问题仍然是物联网技术应用中不可忽视的问题。安全措施不充分的设备仍容易受到网络攻击，从而导致隐私和安全风险。

物联网技术应用总是成效显著的。 物联网技术可以加速实现生产效率监控、资源成本缩减和提升用户体验等作用，但是基于建设主体需求的物联网技术行业应用方案落地优化效果，才是释放效能的关键。因此，并不是使用物联网就会产生效益，需要大胆构想、合理评估并持续优化，才能取得较好的经济和社会效益。

88.什么是物联网技术？

答： 物联网（IoT，Internet of Things）是指依托射频识别、红外感应、地理定位等信息感知技术设备，通过各类通信协议将物品和互联网相连接，实现对物品及其环境的状态识别、位置跟踪、监控管理等智能化功能。

以"感知中国"概念的提出为标志，2009年以来，我国国家级物联网行动指南的内容，逐步从较为宏观、分散向细分化、标准化方向完善。《中华人民共和国国民经济和社会发展第十四个五年规划和2035年远景目标纲要》

中，对物联网发展提出了明确方向。在加快建设新型基础设施方面，推动物联网全面发展，打造支持固移融合、宽窄结合的物联接入能力。在建设智慧城市和数字乡村方面，分级分类推进新型智慧城市建设，将物联网感知设施、通信系统等纳入公共基础设施统一规划建设，推进市政公用设施、建筑等物联网应用和智能化改造。

由于物联网可应用的业务需求场景种类繁多，单一的通信技术无法满足复杂的业务支撑要求。根据网络性能和覆盖场景的需求，物联网所涉及的无线通信技术通常按照短距离、长距离、高速率、低速率4个维度进行分类选用。短距离通信技术主要涵盖WiFi、Bluetooth、ZigBee、Z-wave等；长距离通信技术，即低功耗广域网（LPWAN，Low Power Wide Area Network）主要涵盖LoRa、SigFox等非授权频谱通信技术和3G、4G、5G等授权频谱通信技术。

目前，按网络带宽、质量、功耗划分，物联网应用一般可以分为四大类：低功耗、广覆盖、小数据类，如感知监测类、定位、通信类、资产控制、远程传送、可穿戴设备等；低功耗、中档带宽类，如智能停车、智能家居（图4-4）、智能工厂、智能建筑等；高带宽、实时服务质量（QoS，Quality of Service）保障类，如视频监控、远程医疗、智慧城市等；高带宽、广覆盖、高QoS类，如自动驾驶、与人工智能相联系的应用服务。

图4-4 基于物联网技术的智能家居应用

89.物联网架构是什么？

答：物联网通常包括信息的获取、传递、处理过程，整个体系可以划分为信息感知层、数据交互层和信息应用层3个部分，各部分功能如下：

信息感知层用于感知、识别特定物体信息，包括传感器及传感器网络/网关、二维码标签及标签识读器、RFID标签及标签读写器、摄像头、全球定位系统、SIM卡等设备，涉及的关键技术包括传感器技术、微机电系统、多标签多读写器防碰撞技术、短距离组网传输技术。从信息论的角度来看，信息感知层处于整个体系的信源位置，因此要求具备准确的感知能力；就微观层面而言，该层涉及传感器

/复合传感器组的感知能力，因此要求具有精确、全面的感知能力，同时满足低功耗、微型化、高可靠、低成本；就宏观层面而言，传感器产业存在着标准化、产业化程度不足以及关键技术仍需突破等问题。

数据交互层的作用是数据交互传输。承载数据的网络可以是宽带互联网、有线接入网络、无线移动通信网络等，涉及2G/3G/4G/5G通信技术、异构网络融合技术、信息编码/鉴权技术、自适应网络传输技术、电力线通信等。综合分析各种信息传递方式，无线移动通信网络就覆盖范围、便捷性而言，有着无可替代的优势。在物联网体系中，该层结构的标准化程度最高、应用最成熟、产业化能力最强。该层起着承上启下的作用，因此在设备部署、网络建设、系统维护、运营管理、技术支撑等方面有着较高的要求。

信息应用层提供适用于个人、企业、政府的应用解决方案，涉及海量数据存储技术、云计算技术、数据库与数据挖掘技术等，同时融入全球定位系统、地理信息系统、遥感技术等现有成熟应用平台。由于应用行业的广泛性和多样性要求，对于不同行业的信息资源开发有着不同的商业应用模式，同时对于信息安全的保障性要求也较高。特别是在联网软件和应用软件方面，不能简单地将现有软件直接用于物联网环境，需要在引入控制环路理念的基础上重新研究、设计和开发高稳定、高可靠的网络接入和网络应用平台软件。

90.什么是窄带物联网?

答:窄带物联网(NB-IoT,Narrow Band Internet of Things)是NB-CIoT和NB-LTE两种标准的融合。NB-CIoT由华为、高通和沃达丰联合提出,NB-LTE由爱立信、诺基亚、中兴、三星、英特尔等厂家提出。

较传统的蜂窝网技术、蓝牙、WiFi等短距离传输技术而言,窄带物联网具有明显的优势。一是其覆盖范围更广,在同样的频段范围下,窄带物联网比现有网络增益20dB,覆盖面积扩大100倍。二是连接数量更多,窄带物联网的每个扇区可实现10万个接入需求。三是设备功耗更低,微型化的物联网终端模块待机时长可达十余年。四是部署成本低,随着物联网的规模化应用,终端模块的硬件成本和研发成本均明显下降。

NB-IoT端到端系统架构如下:感知层的NB-IoT终端通过Uu空口连接到网络层e-NodeB基站。NB-IoT基站负责接入处理、小区管理等相关功能,通过MI接口与IoT控制器进行连接。IoT控制器负责与终端非接入层交互的功能,并将IoT的业务数据传输至IoT平台处理。IoT平台将各类接入网传输的IoT数据进行汇聚和转发处理,为应用层提供不同类型的数据支撑。业务应用层将按照业务需求进行数据读取、聚合等信息处理。

91.LoRa与NB-IoT的区别是什么?

答:LoRa与NB-IoT均属于低功耗广域网通信技术。

LoRa是一种用于物联网通信的调制方式，而NB-IoT是一种蜂窝标准。NB-IoT的工作带宽高于LoRa的工作带宽。LoRa在工作时需要专用网关，而NB-IoT不需要。LoRa技术在非授权频谱上工作，NB-IoT服务采用授权频段范围，电信运营商可将NB-IoT部署在4G LTE频谱、独立网络或防护频段中。

LoRa技术适用于成本较低、运行时间长和通信频次低的应用程序或智能设备，而NB-IoT技术适合于需要下行延迟较短且通信频次高的应用场景需求。

从覆盖范围来看，LoRa技术的覆盖范围通常为15千米左右，而NB-IoT技术的覆盖范围通常为20千米左右。NB-IoT技术在城市等覆盖区域较好的地区具有较好的性能，而在覆盖相对较弱的偏远地区则服务能力一般。LoRa技术并不依赖蜂窝网络或WiFi，因而其覆盖范围地区的服务能力比较稳定。

从能量消耗来看，NB-IoT技术在蜂窝授权频谱运行，网络同步会产生能量消耗。LoRa技术在异步频段中运行，通过控制休眠频次的手段可以降低能量消耗。从传输速率来看，NB-IoT技术的数据传输速率要高于LoRa技术，LoRa数据速率可达50kbps，而NB-IoT可达200kbps。

在承载网络方面，LoRa技术可以承载在企业的专有网络之上，而NB-IoT技术只能承载在公共网络之上。NB-IoT技术在连接数、功耗等方面具备一定优势，且其商业模式更适用于面向公共信息服务网络的电信运营商。整体而言，LoRa技术与NB-IoT技术的选用需根据具体的工程业务场景需求进行择优选择。

92. 什么是一维码？

答：在物联网末端常见扫码录入的环节，这些"码"有着不同的形态和丰富的编码含义。一维码（1-Dimensional Bar Code）也称条形码，由纵向黑条和白条组成，按照一定的编码规则进行排列，形成黑白相间、条纹粗细不同的图形标识符，通常条纹下还会有英文字母或者阿拉伯数字。

国际标准书号（ISBN，International Standard Book Number）是专门为识别图书等文献而设计的国际编号。以商务印书馆出版的《新华字典：双色本》（第11版）为例（图4-5），该词典封底的条形码为"ISBN 978-7-100-07704-0"，此条形码分为4个部分，从左到右依次分别为：

（1）第1—3位（共3位）为国家代码，对应该条码的"978"表示是中国。

（2）第4—8位（共5位）为生产厂商代码，对应该条码的"71000"由厂商申请、国家统一分配。

图4-5 《新华字典：双色本》（第11版）条形码

（3）第9—12位（共4位）为生产厂商内部商品代码，对应该条码的"7704"由生产厂商自行确定。

（4）第13位（共1位）是校验位，对应该条码的"0"由前面12位数字经相应算法计算生成。

一维码技术比较成熟且应用广泛，但是所包含的信息一般仅为商品的基本信息，只支持英文或数字，如需要更多信息则需要其他维度的数据进行补充（图4-6）。

图4-6　基于一维码的图书销售服务

93.什么是二维码？

答：二维码（2-Dimensional Bar Code）通常为方形结构，二维码图形标识符由黑白相间、条纹粗细不同的横向、纵向条码和多边形图案共同构成。

二维码有很多组合编码形式，例如数据矩阵码（DMC，Data Matrix Code）、牛眼码（MC，Maxi Code）、快速响应码（QRC，Quick Response Code）、PDF417、Code 16K等。

较一维码而言，二维码属于点阵图像，其信息密度高、数据量大、纠错能力强、不易篡改、安全性高、支持多种文字和数字信息。

以常见的快速响应码（QR码）为例。QR码最早应用于汽车零件管理，并逐步渗透至行业仓库管理，现在常见于广告媒体、市场营销等应用场景（图4-7）。QR码读取速度快、信息容量大、占用空间小，容错能力和纠错能力较强，对环境光线、印刷污损杂点适应性好，扫描时无需垂直对准扫描。

图4-7　基于二维码的消费支付服务

94.什么是传感器？

答：传感器是物联网中较为常见的检测装置，它能感受到被测量目标或者对象的信息，并将之结合数学函数法则变换成为电信号或者其他输出形式的信息，以便于传感信息辅助实现传输处理、存储显示和记录控制等分析或操控功能。传感器一般由敏感元件、转换元件、变换电路和辅助电源4部分组成。

根据其感知功能可划分为热敏元件、光敏元件、力敏元件、磁敏元件、声敏元件、气敏元件、湿敏元件、放射线敏感元件、色敏元件和味敏元件等不同的传感器类型（图4-8）。常见的传感器工作原理如下：

（1）声敏传感器。声敏传感器将在气体、液体或固体

图4-8 各类传感器应用场景

介质中传播的机械振动（振动频率、幅度、长短等）转换为电信号，经变换调理后形成输出信号。

（2）图像传感器。图像传感器通过感光面捕获整幅图像光线形成光像，并转换为与光像成相应比例关系的信号。

（3）温度传感器。热电阻传感器主要利用电阻值随温度变化而变化来测量温度参数。

（4）压力传感器。压力传感器通过感受压力变化，按照一定的计算公式将压力信号转换成相应的输出信号。

（5）气敏传感器。气敏传感器是在压电晶体的表层涂覆具有选择性吸附某气体的气敏薄膜介质，当该气敏薄膜与待测气体产生作用反应（化学作用、生物作用、物理吸附等），气敏薄膜的膜层质量和导电率将发生相应的变化，进而触发压电晶体的声表面波频率产生漂移，使其输出信号发生变化。探测气体浓度不同，膜层质量和导电率的变化程度也会对应发生不同程度的变化。

传感数据采样周期通常根据业务需求进行灵活配置，例如以毫秒为单位的采集周期，以分钟为单位的采样周期，也可以是以天为单位进行采集。在某些特定事件或者阶段可将数据采样周期进行灵活组合，例如法定长假期的客流数据可以由每天采样统计升级为每小时采样统计，以确保服务质量、人员安全等方面的工作需要。

95. 什么是射频识别？

答：射频识别（RFID，Radio Frequency Identification）

是一种无线通信技术，可以通过无线电讯号识别特定目标并读写相关数据，无需在识别系统与特定目标之间建立机械或者光学接触，是一种非接触式的自动识别技术。

RFID技术将微芯片嵌入产品当中，微芯片会向扫描器自动发出产品的序列号等信息，而这个过程不需要像条形码技术那样进行人工扫描，可工作于各种恶劣环境。RFID技术可识别高速运动物体并可同时识别多个标签，操作快捷方便。

RFID系统由标签（Tag）、阅读器（Reader）、天线（Antenna）3部分组成。电子标签中一般保存有预先约定格式的电子数据。RFID系统基本工作流程：阅读器通过发射天线发送一定频率的射频信号，当射频卡进入发射天线工作区域时产生感应电流，射频卡获得能量被激活；射频卡将自身编码等信息通过内置发送天线发送出去；系统接收天线接收到从射频卡发送来的载波信号，经天线调节器传送到阅读器，阅读器对接收的信号进行解调和解码，然后送到后台主系统进行相关处理；主系统根据逻辑运算判断该卡的合法性，针对不同的设定触发相应的处理和控制，发出指令信号控制执行机构动作。

RFID系统可广泛服务于库存和供应链管理、物流跟踪、家畜追踪、商品零售、防伪标识、资产标识、行李定位、自动检票等行业应用（图4-9）。

图4-9　基于RFID系统的超市服务

互联通信与物联网技术·专题自测

1. Web 1.0的主要特点是什么?

A. 静态内容和只读网页

B. 用户生成内容和社交网络

C. 分布式网络和区块链技术

D. 人工智能和虚拟现实

正确答案:A

答案解析:Web 1.0是互联网的早期阶段,主要特点是提供静态内容,用户主要是信息的消费者,网页通常是以只读的方式展示,与网民并没有太多的交互性。

2. Web 2.0相比Web 1.0的主要改进是什么?

A. 互联网连接速度提升

B. 从静态网页到动态网页

C. 引入移动互联网技术

D. 更加重视用户隐私保护

正确答案:B

答案解析:Web 2.0的主要改进是从静态网页转变为动态网页,并且强调用户生成内容、社交网络的参与和互动,用户体验和内容分享成为主要的网络新特征。

3. Web 3.0通常与哪个概念相关联?

A. 网页设计　　B. 语义网

153

C. 电子商务　　D. 网络安全

正确答案：B

答案解析：Web 3.0通常与语义网（Semantic Web）概念有着较强的关联关系。语义网是一种智能网络，它能够理解互联网上的各类语言内容，分析获得这些内容之间的逻辑关系，能够更好地理解和响应用户的交流需求，提供更丰富、更准确、更有价值的搜索结果。

4. Web 2.0中哪个特征最为显著？

A. 只读网页内容　　B. 用户参与和社交媒体

C. 完全去中心化　　D. 自动化内容生成创作

正确答案：B

答案解析：Web 2.0允许网络用户便捷创建和分享内容，推动了博客、贴吧、论坛等各类社交网络和视频分享平台的发展。因此，Web 2.0最显著的特征是用户参与和社交媒体的兴起。

5. 4G和5G移动通信技术之间的主要区别是什么？

A. 5G资费标准更便宜　　B. 4G传输质量更稳定

C. 4G覆盖范围更广泛　　D. 5G速度更快、延迟更低

正确答案：D

答案解析：5G移动通信技术提供了更快的传输速度、更低的网络延迟，同时支持更多的设备连接。

6. 下列哪项是5G技术的主要优势？

A. 扩大通话范围　　B. 低延迟和高速率

C. 降低设备成本　　D. 提供免费服务

正确答案：B

答案解析：5G技术的主要优势是极低的延迟和极高的数据传输速率，其最高速率为每秒10Gbps。这种高速率和低延迟特性使5G技术更适合虚拟现实、增强现实、物联网和自动驾驶汽车等应用场景需求。

7.5G技术的哪个特性特别适合用于自动驾驶汽车？

A.低功耗模式　　　B.低延迟

C.增强的安全特性　D.改进的移动性

正确答案：B

答案解析：5G技术的低延迟确保车辆可以实时接收和处理数据，有效提升了自动驾驶汽车的通信有效性和行驶安全性。因此，5G技术的低延迟特性特别适合用于自动驾驶汽车。

8.光通信使用什么作为信息传输的媒介？

A.电子信号　　B.无线电波

C.光波　　　　D.红外线

正确答案：C

答案解析：光通信使用光波作为信息传输的媒介，采用光纤作为载体传输数据。

9.网络运维的主要目标是什么？

A.持续扩展网络覆盖范围

B.最大程度减少网络成本

C.保持网络持续高可用性

D.提高网络带宽上行速度

正确答案：C

答案解析：网络运维的主要目标是保持网络的高可用性，通过对网络运行状态进行实时监控、及时排障，确保网络在高性能状态下提供高质量服务。

10.物联网技术主要实现了哪种功能？

A.高速的互联网访问

B.设备间的智能互联和数据交换

C.提供增材制造服务

D.增强用户的现实体验感受

正确答案：B

答案解析：物联网技术通过互联网连接，使各类设备能够收集、发送和接收数据，实现整体系统的自动化管理和智能化服务。因此，物联网技术主要实现了不同设备间的智能互联和数据交换。

11.物联网技术中的"物"通常指的是什么？

A.人类　　　　　B.动植物

C.设备和物体　　D.天气

正确答案：C

答案解析：物联网技术中的"物"通常指的是各类设备和物体，例如传感器、摄像头、家用电器、汽车等。

12.物联网技术的主要优势之一是什么？

A.提供超高速互联网　　B.减少自然环境污染

C.提高效率和自动化　　D.可以替代人类工作

正确答案：C

答案解析：物联网技术通过数据收集和分析来改善各

种应用。因此,物联网技术的主要优势之一是提高效率和自动化。

13.物联网技术的主要挑战之一是什么?

A.缺乏设备和传感器　　B.数据隐私和安全

C.需要大量的云存储　　D.不足的数据生成

正确答案:B.

答案解析:物联网技术实现了各类用户和不同设备的网络连接和控制管理,其设备和数据可能受到恶意攻击。因此,数据隐私和安全是物联网技术面临的主要挑战之一。

14.一维码通常由哪种设备读取?

A.普通的照相机　　B.二维码扫描仪

C.条形码扫描仪　　D.智能穿戴设备

正确答案:C

答案解析:一维码也称条形码,条形码扫描仪是用于解读条形码的设备。

15.一维码和二维码的主要区别是什么?

A.一维码只包含数字,而二维码包含数字和字母

B.一维码只能存储少量信息,而二维码可以存储更多信息

C.一维码比二维码更易于扫描和识别

D.一维码和二维码没有明显区别

正确答案:B

答案解析:一维码只能存储少量信息(通常是数字),而二维码可以存储更多信息,包括数字、字母、符号、链接等。

第五部分 云计算与算力基础设施

96.对云计算技术有哪些误解?

答:**云计算就是基于互联网的数据存储**。云计算可以提供在线存储服务,另外还提供了其他更多的功能服务,例如算法模型计算能力、数据库管理优化、数据分析与资源调度等。因此,云计算是一个更加宽泛的技术领域,而不仅仅是提供简单的数据存储。

云计算是所有场景通用的解决方案。云计算是一种强大的数字化工具,但这点并不意味着云计算适用于所有的业务需求场景。例如数据安全防护、网络流量受限、工作负载较低等业务场景,可能更适合在本地数据中心或者边缘计算环境中运行。每一种数字化工具的采用都需要考虑场景需求、资源性能、隐私安全以及合法规范等各类影响因素。

云计算一定比本地运行更便宜。云计算通常按使用量进行计费，但这并不意味着其性价比更高。对于长期运行的工作任务，本地数据中心可能更加经济实惠。另外，还要考虑云计算和本地数据中心的机房租赁、电力能源、日常运维、安全防护等运营成本。

云计算软硬件系统运行后就无需管理。云计算实现了资源集约化、功能分层化、运维集中化，大大减轻了日常管理的工作量，但这并不意味着不再需要日常管理。云计算资源系统仍需要不间断地运维管理，例如数据存储和统一备份、系统配置和安全加固、性能平衡和成本优化。

数据一旦迁移到云上就不受自己控制。很多企业不愿意上云主要是顾忌数据安全、数据隐私等问题，甚至错误地认为上云的数据不能再返回自己的存储设备。实际上，上云的数据仍属于数据权益人，受到国家法律保护，云计算服务提供商未经授权不得随意查询、备份和使用。

云计算仅适用于大型企业，而不适用于中小型企业甚至个人。云计算可以帮助使用者降低数字资源成本、提高数据服务的灵活性，例如云盘空间、共享文档等。各类主体可以根据需求进行云计算基础设施扩展和流程功能组合，进而适应各种规模的组织业务需求。

采用云计算会导致系统不可靠，甚至是不安全的。专业云计算服务提供商通常可以提供具有更高可用性、可靠性的云计算服务。采取科学合理的系统安全措施和数据备份策略可以有效减少风险，例如数据加密、访问控制、安全协议和安全审计等。

97. 什么是云计算？

答：云计算（CC，Cloud Computing）是基于互联网的计算方式，将计算任务分布在大量计算机构成的资源池（网络、服务器、存储、应用软件、周边服务等）上，资源池所共享的软件、硬件资源和数据资源，可按照用户的需求提供给需求发起端的计算机或者其他设备。云计算采用按使用量付费的服务模式，为用户提供了按需索取、弹性分配的计算服务能力。

98. 云计算可以提供哪些服务的模式？

答：云计算的3种服务模式分别是基础设施即服务（IaaS，Infrastructure as a Service）、平台即服务（PaaS，Platform as a Service）、软件即服务（SaaS，Software as a Service）（图5-1），各部分功能如下：

（1）基础设施即服务。基础设施即服务位于云计算的最底层，也称为硬件即服务（Hardware as a Service），用户可通过网络按需购买计算基础设施（计算资源、网络资源、存储资源、安全服务等）获得相应服务。通过IaaS服务，可以有效控制硬件设备的采购运维、安全管理成本，减少机房（场地、电力、空调等）场地成本，提高硬件资源的合理配置，提升资源的利用率。

（2）平台即服务。平台即服务位于云计算的中间层

图5-1 云计算提供的3种服务模式

（中间件），将软件研发的平台（运行系统、操作系统等）作为一种服务模式提交给用户，用户通过互联网即可使用开发平台，无需本地安装各类的开发环境。

（3）软件即服务。软件即服务位于云计算的最顶层（数据、应用），用户无需购买、安装、维护或更新软硬件，即可通过移动终端随时随地访问系统应用（办公自动化系统等）。

99.什么是负载均衡技术？

答：对于大量并发的访问需求等情况所产生的大规模数据流量，云计算通过负载均衡（Load Balance）方式将其分担到多台节点设备上分别进行运算处理，进而满足用户

161

请求的及时响应需求。当单个高负载运算分担至多台节点设备进行并行处理结束后，节点设备将结果汇总后反馈至用户，负载均衡操作将有效提升系统整体的处理能力。

负载均衡可以采用软件和硬件两类解决方案。软件负载均衡解决方案是在操作系统上安装负载均衡控制软件，其优点是配置简单灵活、成本低廉，可满足一般负载均衡业务需求。硬件负载均衡解决方案是在服务器与外部网络之间加装负载均衡器，该设备独立于节点设备自身操作系统，可实现自主化、智能化负载调度管控功能。硬件方案在功能和性能方面优于软件方案。

100.云计算服务有哪些部署方式？

答：对于不同组织、不同权限的差异化需求，云计算提供了公有云、私有云、混合云等服务模式。公有云是指云计算提供商通过公共互联网方式为公众提供的云计算平台服务。任何个人、组织（企业）都可以通过互联网经授权后进入该平台，进而充分发挥云计算系统的软硬件资源规模化效益，为客户提供独立、统一的物理资源、安全防护等服务。

私有云是指以组织（企业）为主体，建设仅为内部使用的专用计算系统。私有云仅为内部使用且存在于企业防火墙之内，使用对象授权范围相对清晰，因此安全性更好，但同时增加了私有云的运营维护成本。

混合云介于公有云和私有云之间，即混合云在提供外部互联网云计算服务的同时也为其内部提供私有云服务。

101. 什么是行业云？

答：从行业视角来看，由行业或者某区域内的组织建立和维护、以全公开或者部分公开的方式，为行业内部的相关组织或者公众提供云计算服务的云平台称为"行业云"。行业云在系统架构、计算策略、存储方式等方面与其他类型的云服务并无实质性区别，仅在应用系统和解决方案方面具有行业特征，政务云就是一种典型的行业云应用。

政务云（GC，Government Cloud）基于云计算技术，统筹调度设备机房、计算处理、数据存储、网络链接、安全防护、应用服务等软硬件资源，结合云计算资源的虚拟化、可扩展性、可靠通用性以及按需申请、动态配置等优势特征，从基础设施、基础软件、专业工具、业务软件、数据资源、运维保障等方面提供服务支撑，进一步提升政府管理高效化、政务服务智慧化和社会治理精准化水平。

政务云是面向政府行业的一种行业云应用，通常采取"政府主导、企业运维"的方式购买政务云相关基础设施服务和公共业务服务。通过政务云平台的建设应用不仅可以避免重复系统建设、节约建设运维资金、提高系统安全防护，而且通过建立和实施统一的技术标准和服务标准，将有效促进不同部门之间的数据互联互通和业务协同处理，打破"信息孤岛"，消除"数据烟囱"，有利于推动政务大数据的资源协同共享与综合开发利用。

102.什么是数据中心?

答：2023年2月，中共中央、国务院印发《数字中国建设整体布局规划》，提出系统优化算力基础设施布局，促进东西部算力高效互补和协同联动，引导通用数据中心、超算中心、智能计算中心、边缘数据中心等合理梯次布局。

数据中心一般可分为大型数据中心和中小型数据中心（图5-2）。大型数据中心的单体规模≥3000个标准机架（2.5千瓦/机架），主要面向行业级数字化转型服务。中小型数据中心的单体规模为100个标准机架至3000个标准机架（2.5千瓦/机架）。中小型数据中心主要面向"老旧""小散"数据中心的高密高效化设施升级和迁移整合，进而提升能源利用率和算力供给质量。

数据中心利用率又称为数据中心上架率，该指标指数

图5-2 数据中心机房

据中心实际使用的机架数与总机架数之间的比值,反映了数据中心的机架利用率水平。

相较于传统数据中心,新型数据中心更关注数据中心与移动通信网、工业互联网、云计算、人工智能等技术的融合应用发展,进一步实现了数据资源广泛、能耗绿色低碳、自主安全可靠和算力支撑丰富的发展新阶段。

103.数据中心的评价一般考量哪些方面?

答: 对于数据中心绿色化、高效能的评价主要关注能源使用效率(PUE,Power Usage Effectiveness)、水资源利用效率(WUE,Water Usage Effectiveness)、碳利用效率(CUE,Carbon Use Efficiency)、算效(CE,Computational Efficiency)等指标,各指标内涵及计算方法如下:

(1)能源使用效率。测量数据中心的能耗指标有能源使用效率和数据中心基础架构效率(DCIE,Data Center Infrastructure Efficiency),上述两种方法都考虑了数据中心IT设备(计算、存储、网络、监控、控制等)、供配电系统、散热制冷系统和照明等其他系统所各自消耗的能量。

能源使用效率是由绿色网格组织(TGG,The Green Grid)提出,是评价数据中心能源效率的指标,是数据中心消耗的所有能源与IT负载使用的能源之比。

$$PUE = \sum P_{总设备} / \sum P_{IT设备耗电}$$

其中,$\sum P_{总设备}$是指数据中心的总设备能耗,$\sum P_{IT设备耗电}$是指数据中心的IT设备能耗。PUE数值大于1,PUE值越接近于1，表示一个数据中心的非IT设备能耗越小，该数据中心的绿色化程度越高。

数据中心基础架构效率是能源使用效率的反比（倒数）。

DCIE=（IT设备能耗/数据中心总设备能耗）×100%，DCIE是一个百分比值，其数值小于1。越接近1越好。

（2）水资源利用效率。数据中心水资源利用效率是指数据中心耗水总量与数据中心IT设备耗电量的比值（单位：升/千瓦时、L/kWh），该指标一般采用年均值进行统计。WUE的数值越小，则表示该数据中心利用水资源的效率越高。水资源利用效率具体计算公式如下：

$$WUE=\Sigma L_{总耗水}/\Sigma P_{IT}$$

其中，$\Sigma L_{总耗水}$为数据中心所消耗的总水量，其单位是L。ΣP_{IT}为数据中心IT设备所消耗的电量总和，单位为kWh。

（3）碳利用效率。数据中心碳利用效率是指数据中心CO_2的总排放量与IT负载能源消耗之间的比值，该指标反映了数据中心的绿色化程度。数据中心碳利用效率具体计算公式如下：

$$CUE=\Sigma CO_2排放量/\Sigma P_{IT}$$

其中，ΣCO_2排放量是指数据中心所消耗的电力、天然气、柴油等能源所带来的CO_2排放量总和，ΣP_{IT}是指数据中心IT设备所消耗的电量总和。数据中心通过采用绿色可再生能源的方式来进一步降低CO_2排放，进而提升数据中心碳利用效率。

（4）算效。算效是指数据中心算力与功率的比值，即"数据中心每瓦功率所产生的算力"（单位：FLOPS/W）。算效反映了数据中心的计算性能与功率之间的效率关系，数值越大，则表示该数据中心单位功率的算力越强、效能越好。算效的具体计算公式如下：

$$CE=CP/PC_{IT}$$

其中，CP（Computational Power）为数据中心的计算能力，采用单精度浮点数（FP32）表示。PC_{IT}为数据中心IT设备整体功率，其单位为W。

104.什么是超算中心？

答：根据中国信通院发布的《中国算力发展指数白皮书（2023年）》预测，到2025年全球算力规模将超过3ZFlops，到2030年全球算力规模超过20ZFlops。

计算能力（算力）的大小反映了数据处理能力的强弱。算力的发展历经了手工式计算、机械式计算、电子式计算和数字式计算等过程。手工式计算是人工进行数据处理，例如手工验算、算盘计算；机械式计算是由齿轮、连杆等机械部件构成的非电子计算设备，例如机械计数器；电子式计算是指由电子元器件构成的计算设备，例如电子计算器；数字式计算是指由电子元器件及复杂计算程序共同构成的计算设备，例如台式计算机。

算力通常包括以CPU为代表的通用算力和以GPU为代表的高性能算力，数据中心算力一般受到服务器算力能力（通用计算能力、高性能计算能力）、数据存储性能（存储容量、存储性能、存储安全等）和网络传输效率（带宽、延迟、丢包率等）等因素的影响，在特定的业务需求场景下，上述各因素之间的协调配合将综合决定算力水平。强大的算力可以支撑石油勘探、大气模拟、基因医学、金融计量、空气动力、集成电路设计等大规模科学计算、模拟仿真和复杂控制。

超算（超级计算机，Super Computing）中心是指能够进行大规模超算运算的计算机系统集群。衡量超算性能通常采用浮点运算速度。浮点运算速度用计算机系统每秒执行的浮点运算次数（FLOPS，Floating-point Operations Per Second）来表示，也称为每秒峰值速度。浮点运算是包括了小数位的运算过程，较整数运算过程而言，浮点运算所消耗的运算资源更高。浮点运算的换算关系（表5-1）如下：

表5-1 浮点运算的换算关系

中文名称	英文名称	每秒浮点运算次数/次
1百万次浮点运算/秒	MFLOPS（megaFLOPS）	1百万（$=10^6$）
10亿次浮点运算/秒	GFLOPS（gigaFLOPS）	10亿（$=10^9$）
1万亿次浮点运算/秒	TFLOPS（teraFLOPS）	1万亿（$=10^{12}$）
1千万亿次浮点运算/秒	PFLOPS（petaFLOPS）	1千万亿（$=10^{15}$）
1百京次浮点运算/秒	EFLOPS（exaFLOPS）	1百京（$=10^{18}$）
10万京次浮点运算/秒	ZFLOPS（zettaFLOPS）	10万京（$=10^{21}$）

105.什么是智算中心？

答：智算中心与超算中心在技术特点、算力测试、服务领域等方面均有所区别，差异详述如下：

超算中心又称为高性能计算中心、先进计算中心，采用高性能超级计算机实现了高性能大规模并行计算服务，具有计算速度快、任务密度高、存储容量大等特点。超级计算属于通用算力，采用双精度、单精度浮点运算测试，以每秒浮点运算数为算力单位，因此更擅长高精度计算。超算中心主要服务于天体物理模拟、汽车设计模拟、材料分子仿真、流体力学分析等。

智算中心又称为智能计算中心、人工智能计算中心，是以人工智能芯片和算力机组等设备为基础，为人工智能应用提供数据、算法和算力服务的新型基础设施。智能计算中心属于面向人工智能的专用算力，采用单精度、半精度及整型运算测试，以每秒操作次数（OPS，Operations Per Second）为算力单位，主要应用于人工智能大模型训练或者内容生成，例如ChatGPT等。

106.什么是边缘数据中心？

答：为了有效缩短用户侧和IT资源侧之间的距离，降低通信时延和网络流量，将传统的远端云数据中心能力部署在靠近用户侧网络的边缘区域，即边缘数据中心（EDC，Edge Data Center）。通过边缘数据中心不仅可以降低核心通信网络和核心数据中心的整体负荷，同时可以有效提升用户业务使用的体验感。简单来看，可以将边缘数据中心视为"分散化、下沉式"的数据中心，边缘数据中心通过延伸网络服务边缘实现向本地末端用户交付计算资源和数据缓存的内容和功能。

随着5G网络技术的普及，数据传输速率得到了大幅度的提升，给集中化、高密度、大带宽和低时延的场景提供了有力的网络支撑。通过边缘数据中心，可以不再将用户的服务需求全部传输汇总至远端的数据中心，而是可以在"邻近"的小规模数据中心（边缘数据中心）进行处理，降低了网络开销，避免了网络拥塞，在一定程度上提升了服务的安全性和可靠性。无人驾驶、流媒体等时延较敏感、带宽消耗大的业务场景，更适用于边缘数据中心的技术服务模式，反之则可考虑使用传统的云数据中心的技术服务模式。云数据中心和边缘数据中心适用于不同的业务需求场景，也可通过"云边协同"的模式实现资源能力的优势互补。

107.各类算力基础设施有何联系及区别？

答：各类算力基础设施（数据中心、边缘数据中心、超算中心、智算中心）在功能、用途等方面均有所差异。（表5-2）数据中心主要是用于存储、处理和分发大量数据的基础设施，其硬件主要涉及服务器、存储系统和网络设备。数据中心可以提供托管企业级应用、提供云服务和大规模数据存储等。边缘数据中心更接近数据源的位置，可以提供近用户的计算资源，减少核心网络负载，提高响应速度。超算中心由高性能计算机集群构成，专门用于执行复杂的密集型科学工程计算，例如基因序列分析、天体物理模拟等高性能计算任务。智算中心集成了支持人工智能和机器学习的硬件设备和专业软件，用于AI算法优化数据处理、模式识别和智能决策效率。

就共性方面而言，这些中心都会涉及数据的存储、处理和管理，它们都是支撑数字经济发展的新一代IT基础设施，支持各种商业活动和科研工作。从差异方面来看，数据中心的规模较大，面向通用计算任务；边缘数据中心规模较小，专注于提供低延迟数据服务；超算中心专注于高性能计算任务；智算中心专注于面向人工智能的数据分析处理。

表5-2　各类算力基础设施差异分析

项目	数据中心	边缘数据中心	超级计算中心	智能计算中心
基本定义	存储、处理和分发大量数据	靠近数据源或用户的位置	高性能计算执行复杂运算任务	集成人工智能软硬件系统
主要功能	托管企业级应用、提供云服务和大规模数据存储	近用户侧计算	密集型科学工程计算	人工智能算法模型
典型特征	云计算、大规模数据管理	小规模、低延迟、近用户	高性能计算能力	基于人工智能算法智能化分析决策

续表

项目	数据中心	边缘数据中心	超级计算中心	智能计算中心
部署区域	城市郊区或偏远地区	靠近人口密集区域	科研机构或学术中心	内嵌于数据中心、超算中心,或者独立建设提供云远程服务
技术核心	通用计算任务、存储和网络服务	低延迟数据处理和响应	高性能计算任务	基于人工智能和机器学习的数据处理

108.数字技术如何提升算力基础设施的运营水平？

答：通过收集算力基础设施环境、设备、操作、系统、人员、业务等各环节内外部数据，可以对算力基础设施各个环节进行统筹调度和预警预判。特别是在设备结构设计、预测性维护、资源统筹调度、流量预测分类、网络拥塞控制、机房环境规划、安全威胁检测、不良信息监管等方面开展科研探索，并形成了工程实践成果。

（1）预测性维护。在预测性维护方面，算力基础设施运维工程团队可以更加直观地预测潜在的设备系统故障，并在故障发生之前进行低成本的技术补救，进而实现算力基础设施运行效率和成本投入之间的最优平衡。根据德勤研究统计，预测性维护可以使宕机时间减少5%至15%，劳动生产率提升5%至20%。腾讯对数据中心不间断电源（UPS，Uninterruptible Power Supply）的300个电池进行了2年的跟踪监测，积累形成了209 912 615条数据。基于上述监测数据，采用梯度提升决策树（GBDT，Gradient Boosted Decision Tree）算法预测电池失效情况，预测更换准确性为98%，较传统的预设更换时间平均提前了15天，数据中心电池维护效率提升了8%以上，大大降低了因电池故障引起数据中心关键业务系统宕机的次数。

（2）资源统筹调度。人工智能算法根据算力基础设施工作负载运行情况，统筹调度计算能力、存储空间和网络带宽等计算资源，不仅可以实现全局资源最优，合理规划升级扩建需求，而且可以减少人工调度所产生的失误。从全球来看，数据中心所消耗的电力能源占全球能源需求的1%，预计到2030年，这些数据中心将占全球用电量的4%，人工智能技术可以使数据中心提高自动化效率，降低冷却消耗电能。Google基于TensorFlow机器学习框架分析数据中心的负载模式和服务器资源利用率，将分析结果用于数据中心的工作任务的调度分配，提高了能源利用效率，并将冷却所需能耗降低了40%。

（3）网络质量优化。数据中心内外部网络时延、抖动、丢包率等关键网络性能指标，将直接影响数据中心的服务水平和业务质量。人工智能通过分析可以获得网络拓扑结构、流量负荷强度、路由跳转方式以及网络异常威胁等情况。相关研究人员采用神经网络模型自主学习确定数据中心网络端到端链路的性能指标重要性并表征链路状态及拥塞程度，实现了在同一算法模型多任务并行环境下多类型结构网络的服务质量建模预测功能。

109.什么是液冷技术？

答：无论是数据中心、边缘数据中心，还是超算中心、智算中心，其核心都是电气设备的功能化集群。电气设备（计算机、服务器、交换机等）运行过程中，部分电能将通过电阻、电感等电子元器件转化成为热量，进而导致电路板发热，持续发热且没有有效的冷却将加速电子元器件、导线的老化或者失效，特别是在电流过载、局部短路的情况下，甚至会局部烧焦或者点燃。

随着电子设备的持续普及，电子设备的功能和功率也在不断升级，传统的"风扇+散热片"、制冷空调等散热方式，已经无法满足专业化、大功率、广面积的电子设备运行。因此，液冷技术逐步受到研究人员的关注。液冷技术（LCT，Liquid Cooling Technology）是将需要降温的电子设备（电路板）通过浸没（图5-3）、冷板（图5-4）或者喷淋（图5-5）等方式，将热量通过液体介质进行热传导降温的技术。液冷技术所采用的液体一般要求具备以下特点：具有良好的热物理性能、低凝固点和膨胀系数，工作温度下的低蒸汽压力，面向电子系统的化学和热稳定性较高，高闪点和自燃温度，对于电子系统无腐蚀性，对于自然环境友好，无毒害和可降解等。在具体选用过程中，可根据场景要求和预算成本进行综合考量。

图5-3 浸没式液冷技术示意图

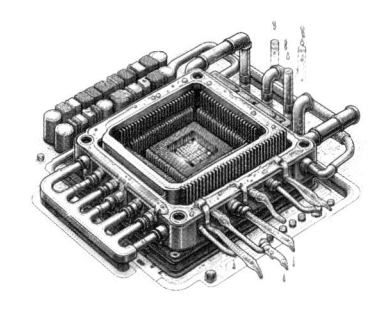

图5-4 冷板式液冷技术
示意图

图5-5 喷淋式液冷技术
示意图

云计算与算力基础设施·专题自测

1.云计算的主要特点是什么?

A. 低成本和低性能　　B. 高可用性和高安全性

C. 独占性和孤立性　　D. 有线连接和有线通信

正确答案:B

答案解析:云计算的主要特点包括高可用性和高安全性,以确保数据的可靠性和隐私。

2.以下哪个是将提供应用程序作为云计算的服务模式?

A. IaaS(基础设施即服务)

B. PaaS(平台即服务)

C. SaaS(软件即服务)

D. DaaS(数据即服务)

正确答案:C

答案解析:SaaS提供应用程序作为服务,用户可以通过互联网访问和使用云计算提供的应用程序类服务。

3.云计算的3种主要部署模型包括哪些?

A. 公共云、私有云、混合云

B. 互联网、局域网、广域网

C. 开源云、专有云、混合云

D. 数据中心、边缘计算中心、超级计算中心

正确答案：A

答案解析：云计算的3种主要部署模型是公共云、私有云和混合云。互联网、局域网、广域网是计算机网络的3种类型。数据中心、边缘计算中心、超级计算中心是算力基础设施。

4.云计算的主要优势之一是什么?

A.无需安装操作系统　　B.无需硬件设备更新升级

C.提高资源利用率　　　D.降低个人数据隐私风险

正确答案：C

答案解析：云计算的主要优势之一是提高资源利用率，允许统筹调度使用计算和存储资源。

5.云计算的弹性是指什么?

A.云计算服务的安全性　　B.云计算服务的可用性

C.云计算资源的可伸缩性　D.云计算资源的低成本

正确答案：C

答案解析：弹性是指云计算资源的可伸缩性，可以根据用户的需求进行动态调整。

6.云计算的冗余性是指什么?

A.数据的丢失风险　　B.数据备份和恢复

C.数据的隐私安全　　D.数据的完整性

正确答案：B

答案解析：冗余性是指数据的备份和恢复机制，以防止数据的丢失。

7.以下哪个层次的云计算服务通常涵盖最广泛的范围?

A.云软件　　　　　B.云平台

C. 云基础设施　　D. 云集成

正确答案：C

答案解析：云基础设施层次通常涵盖最广泛的范围，可以提供计算、存储和网络等各类资源。

8. 数据中心的主要功能是什么？

A. 提供在线游戏平台

B. 促进社交媒体互动

C. 存储、处理和分发大量数据

D. 进行个人数据分析

正确答案：C

答案解析：数据中心的主要功能是存储、处理和分发大量数据，可以为云服务提供商、企业等机构提供计算能力、存储空间、网络服务和业务应用。

9. 以下哪项不是数据中心绿色化、高效能的评价维度？

A. 能源使用效率　　B. 水资源利用效率

C. 碳利用效率　　　D. 机房空间利用率

正确答案：D

答案解析：对于数据中心的绿色化、高效能的评价主要关注能源使用效率、水资源利用效率、碳利用效率、算效等指标。

10. 边缘数据中心的主要目标是什么？

A. 减少资源成本　　B. 减少网络带宽使用

C. 减少计算能力　　D. 减少数据服务延迟

正确答案：D

答案解析：边缘数据中心的主要目标之一是通过将计算资源靠近数据生成点和用户来实现数据延迟的有效降低。

11. 相较于传统数据中心，边缘数据中心具有什么显著优势？

A. 更高的数据安全性

B. 更大的存储空间

C. 更接近用户侧，减少数据传输时间

D. 更低的能源消耗

正确答案：C

答案解析：边缘数据中心的一个显著优势是更接近用户，减少了数据传输时间。它们通常位于用户密集区域，能够提供更快速的服务和更低的延迟，特别适合需要即时处理和响应的应用。

12. 超级计算中心主要用于什么类型的计算任务？

A. 普通办公任务　　B. 科学和工程模拟

C. 数据存储和管理　D. 网络安全

正确答案：B

答案解析：超级计算中心主要用于进行科学和工程模拟，处理大规模复杂的计算任务。

13. 超级计算中心通常需要大量的什么类型的资源来支持其计算需求？

A. 电力能源　　B. 机房资源

C. 互联网带宽　D. 存储空间

正确答案：A

答案解析：超级计算中心通常需要大量的电力能源来支持其高性能计算需求，这些计算机集群将消耗大量的电力能源。

14.智算中心主要专注于什么类型的计算任务?

A.科学研究　　　　　B.金融分析

C.人工智能和机器学习　D.渲染开发

正确答案：C

答案解析：智算中心主要专注于人工智能和机器学习等计算任务，以支持深度学习和智能分析应用。

15.智能计算中心主要依靠什么技术来优化数据处理?

A.人工智能和机器学习　B.传统的数据库管理

C.手动数据处理　　　　D.低级编程语言

正确答案：A

答案解析：智能计算中心主要依靠人工智能和机器学习技术实现数据优化处理，针对机器学习、自然语言处理和计算机视觉等业务需求，提供了有效的基础算力服务。

第六部分

大数据与数据挖掘分析

110. 什么是数据？

答： 随着数字技术社会化融合应用的不断深入，数据细如尘埃，信息常若空气，每个人、每个组织、每个国家的历史正在被数字化，同时这些数据也成为文明持续创造的基底。

数据（Data）是对世界的客体和事件进行差异化记录的符号或者符号组合，数据描述了所记载事物的属性、数量、状态、位置和相互关系。从数据类型来看，数据分为数值型数据（整数、分数、正数、负数等）和非数值型数据（符号、编码、文字、语音、图案、视频等）。通常，加工处理后的数据可以分析出有价值的信息。近年来，全球的信息资源量呈现出了爆炸式增长态势，信息资源的有效挖掘成为"数据资源"向"数据价值"转变的重要环节。

111. 如何度量数据的量级？

答：位（bit，比特）是用于计量数据大小的最小单位，1字节=8位（1B=8bit），其余各级度量单位按照1024进制进行迭代计算，计算详表及其描述如下。（表6-1）

表6-1 数据量类比描述

字节大小	信息量描述	参照物描述
1B=8bit	一个字符	一粒沙子
1KB=1024B	一个句子	一撮沙子
1MB=1024KB	一本小书	一勺沙子
1GB=1024MB	9米长书架的书	一鞋盒沙子
1TB=1024GB	1/10美国国会图书馆资料	一操场沙箱
1PB=1024TB	35万张数字照片	1.6千米海滩
1EB=1024PB	1999年全世界一半的信息量	上海至香港的海滩
1ZB=1024EB	（无法描述）	全世界所有海滩之和

数据本无"大""小"之分，"小数据"与"大数据"只是一个相对的概念。数据的大小是反映数据规模的一种属性，但是数据大并不意味着数据的价值大。根据信息论基本原理，数据中所蕴含的信息不确定性越大（信息熵越高），表明该数据的价值越高。

112. "小数据"和"大数据"有什么区别?

答："小数据"也可以称之为传统数据，通常可以通过Excel完成相关统计分析操作；较"小数据"而言，"大数据"的来源更丰富、范围更广、领域更宽、维度更多、覆盖更全、技术手段更专业等。（表6-2）

大数据特征可以整合归纳为"5V+3I"，即海量数据规模（体积，Volume）、高速数据流动（速度，Velocity）、灵活数据体系（活力，Vitality）、丰富数据类型（多样，Variety）、潜在数据价值（价值，Value）、资源成本投资（投资，Investment）、技术理论与应用方案创新（创新，Innovation）、自由开放的数据逻辑（自由即兴，Improvisation）。

表6-2 "小数据"与"大数据"的区别

项目	小数据	大数据
数据来源	内部数据	行业数据、社会数据
度量单位	KB、MB、GB、TB	PB、EB、ZB
数据结构	结构化	结构化、半结构化、非结构化
数据范围	典型样本数据	全部全面数据
分析方法	图表、数据分析组	动态数据可视化战略分析室
分析环境	数据仓储服务器	分布式处理云
数据关系	已知存在数据关系	探索未知数据关系

113. 什么是元数据？什么是数据元？

答：元数据（Metadata）也称为中介数据、中继数据，又称为关于数据的数据（data about data），主要是描述数据属性（property）的信息，用来支持数据描述、检索、选择、定位、管理等相关操作，主要目标是提供数据资源的全面性信息。

例如，居民身份证的姓名、性别、民族、出生日期、住址、身份号码、签发机关、有效期限等数据称为居民身份证数据的元数据。

如果数据是文件夹，元数据就是文件夹上的标签；如果数据是行李箱，元数据就是行李箱上的名字标牌；如果数据是一件商品，元数据就是商品上的条码。

数据元（DE, Data Element）又称为数据类型，是通过定义、标识、表示以及允许值等一系列属性描述的数据单元。在特定语境中，数据元可视为是不可再分解的最小数据单元。

例如，公民身份号码存在一系列的属性描述数据单元，公民身份号码的数据元如下。（表6-3）

表6-3 公民身份号码的数据元

数据元	内容
中文名称	公民身份号码
内部标识符	01005

续表

数据元	内容
中文全拼	gong-min-shen-fen-hao-ma
英文名称	number of citizen identification
定义	赋码机关为每个公民给出的唯一的、终身不变的法定标识号码
对象类词	人
特性词	身份证件
表示词	号码
数据类型	字符型
数据格式	an..18
同义名称	社会保障号码、身份证号

114.有哪些常见的数据结构类型?

答：数据通常包括结构化数据、非结构化数据和半结构化数据。

结构化数据可以简单视为通过数据库进行存储和管理的数据，例如报表、资源描述框架（RDF, Resource Description Framework）数据、关系型数据库和面向对象数据库中的数据。

非结构化数据的数据结构是不规则的或者不完整的，没有对数据模型进行预先定义，不便于采用数据库二维逻辑表来表现，例如报表、图像、图片、文档、音频、视频等。

半结构化数据是介于结构化数据与非结构数据之间的

一种数据类型，例如网页保存时使用的超级文本标记语言（HTML，Hyper Text Markup Language）文档格式。

举个例子，某位员工的求职简历中的基本信息（姓名、性别、年龄、籍贯等）属于结构化数据；照片、工作经历由于因人而异且表述方式各有不同，因而可视为非结构化数据；整个空白文档虽然是结构化的，但是这位员工填写全部信息后，整个"简历"就成为半结构化数据。

总体来看，结构化数据仅占到全社会数据量的20%，其余80%都是以非结构化和半结构化数据的形式被自动生成或者储存，例如电子文档、照片截图、视频交互、语音沟通、艺术设计、运维日志、互联网数据等。由于图像、视频等类型数据含有更丰富的信息，因此非结构化数据已经成为数据的主体。

115.对大数据技术有哪些误解？

答：**大数据就是拥有大量的数据**。大数据通常涉及大量的数据，但大数据的核心是处理分析多种格式、来源丰富、不同行业的数据。大数据技术涵盖了采集、存储、处理、分析和可视化等多个环节和各类方法，而不仅仅是数据本身的大小。

大数据只适用于大规模的企业。大规模企业更容易积累大量的数据，但是大数据技术对各种规模的组织都有应用价值。中小型规模的企业或者创业公司也可以从大数据技术中得到自己的商业价值，指导其改进优化业务或者做出快速合理的决策。

大数据就是收集更多的数据资源。大数据并不意味着要无休止地收集更多领域的各种数据。大数据更关注的是如何有效地发掘现有数据来提取出有用的信息和潜在的规律认识。

大数据技术分析结果总是准确的。大数据分析和机器学习算法可以为人们提供强大的分析工具并给出数据分析的结果，但这些结论并不是绝对准确的。因为数据分析结果会受到数据质量、算法选择和参数设置等人为或者非人为因素的影响。

广泛使用大数据技术就会侵犯隐私。通常大数据会涉及个人数据或者组织内部数据，但它并不一定必然导致隐私安全问题。个人隐私和数据安全是大数据领域持续健康发展的关键问题，我国出台了《中华人民共和国个人信息保护法》等法律法规，进一步保护个人信息的合法权益，规范个人信息的合规、合理处理利用。

大数据只涉及专业技术人员。大数据技术不仅仅是专业技术人员的职责，组织内的领导决策者、业务管理者、生产制造人员、市场营销人员等各类角色都是数据的生产者、使用者、受益者和规范者，数据要素的价值与生产方式的变革需要全体参与者的共同协作才能发挥出最大的作用。

大数据必须使用超级计算机。虽然大规模数据集可能需要高性能计算，但并不意味着所有大数据分析都需要采用超级计算机。大数据也可采用高性能服务器或者工作站等标准硬件设备完成分析任务。

大数据分析只是数据分析任务。大数据分析是一个多环节的任务集合，具体包括数据采集、数据清洗、数据准备、模型开发、参数优化、模型训练和结果解释等。

大数据分析一定需要大团队支撑。小型组织或者团队亦可实现大数据分析，并不一定需要庞大的数据科学专家团队。随着数据种类的不断丰富、数据来源的持续拓展、分析任务的日益复杂，专业化的数据管理和分析工具将成为支撑大数据分析的必然选择。

大数据分析是静态化的数据分析。大数据不是静态不变的，而是在时刻变化的。对于不断增长的数据集和内外部数据影响因素，持续的数据监测和算法模型更新是确保大数据分析精准有效的重要保证。

116.信息化和数据化有什么区别？

答：以企业运营管理为例，信息化可以实现企业物料调度、生产制造、经营管理、资金流动、客户服务等业务实施全过程的数字化，通过各类信息系统采集、流程环节操作、网络信息交互所产生的信息，让采购、仓储、生产、技术、物流、分销、管理等人员及时掌握业务流程"流程在哪里、状态怎么样、问题在哪里"，为企业运营资源的有效整合提供信息支撑。典型的企业运营管理信息化系统包括办公自动化系统（OA，Office Automation）、客户关系管理系统（CRM，Customer Relationship Management）、产品数据管理系统（PDM，Product Data Management）、制造过程执行系统（MES，Manufacturing Execution System）、企业资源计划系统（ERP，Enterprise Resource Planning）等。

数据化是在信息化的基础上，更加强调独立系统及其数据的连接、数据驱动下的智慧运营。通常企业的运营管理信息化系统都会历经由纵向独立向横向连通的发展过程，数据的跨域价值在交互与共享中产生新的分析视角，解决"为什么会这样、怎么解决症结、预期效果会怎样"的问题，进而获得新的企业附加价值。通过企业数据化变革，企业运营方式将由内部管理驱动触发方式转向外部数据倒逼革新方式，管理模式将带来思维模式的升级。

信息化通过业务数据化进一步提升了企业的运营效率，数据化通过数据业务化助力企业建立系统化、全局化、预见性和创造性运营模式，推动内外部数据驱动企业智慧运营。

117.大数据和云计算是什么关系？

答：大数据是研究海量数据的快速高效处理分析的技术和应用，而云计算是提供信息技术服务的技术服务模式，核心是提供计算资源的按需弹性共享。

云计算可以为大数据提供信息技术基础资源和计算能力，即大数据的平台应用可以基于云计算平台，通过云平台的虚拟/物理计算资源、海量存储、网络带宽、通用接口等服务功能，使大数据的开发和应用更加便捷、成本更低、安全性更高；大数据可以优化提升云计算的服务效率，即通过大数据技术可以对云平台集群规划、计算资源调度、机房能耗监测、服务器定制、客户管理等方面进行效能提升。

118.信息化和大数据有什么区别？

答：从行业分类来看，根据国家统计局发布的《战略性新兴产业分类（2018）》，新一代信息技术产业包括下一代信息网络产业，电子核心产业，新兴软件和新型信息技术服务，互联网与云计算，大数据服务，人工智能。因此，信息产业中涵盖大数据服务相关内容。

从目标需求来看，信息化侧重于通过业务数据交互共享和业务流程的互联互通，实现生产运营的便捷高效，是依托数字技术实现企业部门内或者部门间的业务流程的集成化过程；大数据侧重于将数据的隐性价值向显性价值转化的过程，以信息化为基础，以数据挖掘分析为核心，实现数据之间的融合与碰撞，实现新知识的获取。

从技术效果来看，信息化侧重于管理手段的网络化和便捷化，实现了业务连接和数据联通；大数据侧重于决策手段的智能化和科学化，实现了数据支撑和数据决策。

从数据类型来看，信息化系统所涉及的数据类型和数据来源较少，且多数为业务过程中输入和流转产生的数据，数据视角更加关注功能性管理应用；大数据系统的数据类型和内外部数据来源较丰富，数据视角更加注重关联性发现决策。

119.大数据全生命周期包括哪些环节？

答：大数据与生物有机体类似，也存在某种形式的"诞生—发展—消亡"的全生命周期过程。大数据的生命过程融入了伦理道德、政策法规、监督管理、应用平台、行业领域等多个层面和维度。大数据全生命周期如下：

（1）获取。创建、采集、捕获，例如实验室、环境现场、调查问卷、设备生成、模拟仿真等。

（2）预处理。组织、过滤、注释、清洗等。

（3）使用与重用。统计分析、挖掘分析、预测建模、派生衍生、可视化、辅助决策、事件处理、服务驱动等。

（4）发布。信息分享（数据、代码、工作流等）、收集整合、聚合传播、知识创建、文献耦合等。

（5）保存与销毁。存储（保存、复制等）、子集压缩、索引查询、安全策略、销毁方式等。

120.数据共享有哪些方式？

答：数据共享提供方式通常包括数据接口、前置机交换、批量上传下载3类。

数据接口将本地数据封装成可通过调用接口获取的方式，实现使用对象的实时查询核验，该方式通常适用于实时性强、请求次数少的数据交互任务。

前置机交换将共享数据通过前置机实现数据交换传输，该方式通常适用于批量频繁数据交互任务。

批量上传下载通过网站界面、第三方工具等方式进行数据打包上传，使用对象可下载使用，该方式适用于批量且更新周期较长的数据交互任务。

121.什么是边缘计算?

答: 边缘计算（EC，Edge Computing）实现了在网络的边缘侧为应用开发者、服务提供商提供云服务和IT环境服务。边缘计算可以为靠近网络末端、需求发起端和数据输入端提供计算、存储和网络带宽。可以将边缘计算简单地理解为"计算、网络和存储基础设施边缘站点+内嵌计算任务的应用程序"的组合模式。边缘计算是对云计算的一种优化和补充。

边缘计算可以类比"章鱼"的触手结构。章鱼体内的5亿个神经元分布在其头部及身体各处，章鱼在捕食过程中触手之间能够较好地协调配合，触手边缘类似于边缘计算模式，将神经元获得的数据进行直接反应处理，不需要将每个神经元消息都返回大脑集中处理后再返回末端触手进行动作响应。

边缘计算的环境一般具有多个站点之间的潜在高延迟、网络不可靠和带宽限制等问题，中心化资源池无法满足服务交付和功能应用的效率需求。通过将部分或者全部处理程序迁移至靠近用户或数据收集点，可以有效提高计算的效能。边缘计算通常应用于实时计算需求较高的应用场景，例如自动驾驶、电梯监测等。

122.什么是流式计算?

答：大数据计算采用批量计算（BC，Batch Computing）、流式计算（SC，Stream Computing）、交互计算（IC，Interactive Computing）、图计算（GC，Graph Computing）等多种方式。其中，大数据计算模式较为常用的是批量计算和流式计算。

批量计算通常是对数据先存储再计算，实时性相对薄弱，适用于大数据分析准确性、全面性要求较高的场景。流式计算无需数据存储，直接对数据进行计算分析，适用于精度要求不高，但实时性要求较高的场景，当计算获得分析特征时触发相应的消息或者事件。

在流式计算过程中，数据通过时间窗口形成增量数据，增量数据的时延较短、实时性较强、信息量较少，不是全量信息，因此大数据计算通常将批量计算与流式计算相互结合实现优势互补。

大数据流式计算通常采用以元组为单位的数据，以连续增量数据流的方式连续进入计算平台，数据流速可以根据数据量大小、响应时长、格式化程度、计算复杂度等因素动态控制数据流的变化。流式计算常用应用场景包括金融风控、交通执法、环境监测、网络安全等。

123.什么是隐私保护计算?

答：无论是参与数据计算的内部使用者还是意图窃取数据信息的外在攻击者，隐私保护计算都能够实现将数据处于加密状态或非透明状态下进行计算。隐私保护计算是在数据进行处理或者计算时，对数据进行加密、扰动或其他操作（数据抽样、数据聚合、数据转换等），以确保原始数据的隐私安全性与数据的可用性得到兼顾。

以网络社交媒体为例，某网络社交媒体公司想要对其用户行为数据进行特征趋势分析，进而优化内部推荐算法，同时又需要保护用户个人信息。当计算用户群体的整体网络行为时，在用户的个人数据中加入噪声数据或扰动数据，虽然模糊了个体用户行为特征，但是对整体用户趋势分析仍然有效。

隐私保护计算技术涉及人工智能、密码学、数据科学等各类学科，具体技术包括安全多方计算（SMC, Secure Multiparty Computation）、联邦学习（FL, Federated Learning）、差分隐私（DP, Differential Privacy）、同态加密（HE, Homomorphic Encryption）等。隐私保护计算技术在保证数据隐私安全的基础上实现了数据的有效流动与共享共通，是实现"数据可用而不可见"的重要保障。

124.对数据分析有哪些误解？

答：数据分析就是编制数据报告。数据分析不仅仅是生成和呈现数据报告的过程，其核心环节是深入挖掘数据内部的特征，提取数据背后的价值规律的过程。数据分析的目的是理解数据的内涵并指导下一步的任务决策和实施路径，而不仅仅是制作直观的图表和描述性报告。

数据分析只需要工具和技术。专业的数据分析确实需要使用工具和技术来提升数据处理或者可视化的效率，但更重要的是需要相关领域知识和问题分析解决的能力。每个数据分析任务需要理解数据的背景来源和关联影响因素，并提出具有预见性的高质量问题。

数据分析是孤立静态的任务。数据分析通常需要跨部门、跨专业的联合分析，与业务支撑、工程实施和战略决策等各环节协同工作，同时分析的过程是一个连续且变化的过程。数据分析最初是探索验证的过程，需要持续调整方向和更新认识结果。

数据分析就是证明预先设定的假设。数据分析是一个验证假设的过程，但出发点是发现数据中的新问题、新规律和新模式，而不是"拿着观点找论据"来证明已有的假设（图6-1）。

图6-1 数据分析与结果讨论

数据分析必须要有大量的数据。虽然大数据分析需要全面、准确、可靠的数据来源，但并不是所有数据分析任务都需要大规模的数据，根据任务侧重的不同，小规模数据集仍可以分析获得有价值的结果。

数据分析在短期内就能形成指导性结果。数据分析需要围绕数据开展收集、清洗、分析和解释等流程环节，因此，数据分析需要一个时间过程，时间的长度取决于分析人员的专业能力、配合人员的参与程度、分析任务的复杂性和支撑数据的可用性。

数据分析是专业人员才会涉及的。虽然专业数据分析工程师应当具备专业知识和操作技能，但其他领域的专业人员也需要学习基本的数据分析方法。数据已经成为数字经济时代的重要生产要素，数据分析也必将成为职业发展的基本技能。

数据分析就是数据直观可视化。数据可视化是将数据以图形、图表、地图等视觉化的形式呈现的过程，它帮助人们更加直观、清晰地理解数据的变化趋势、逻辑模式和内在关系，但数据分析不只是数据可视化，数据分析还涉及数据清洗、建模、解释、预测和优化等环节和功能。

125.如何获取互联网数据？

互联网是最丰富的数据资源池，也是数据成长的最初土壤。通常互联网大数据资源通过网络爬虫、开放式应用程序编程接口两种方式获取。

（1）网络爬虫。网络爬虫是一种自动抓取网页内容的程序或者脚本，通常互联网大数据均采用该方式收集获取。网络爬虫首先找到网页的统一资源定位符（URL，Uniform Resource Locator），然后根据初始网页的URL不断从当前页面抽取新的URL放入队列，直至满足预设的终止条件。在爬取网页信息过程中，所有有用的数据信息都会被存贮，以备后续的挖掘分析。

统一资源定位符是标识互联网资源的位置及其访问资源的方法。这里的"互联网资源"是指在互联网上可以被访问的任何形式的数据对象，包括文件、图像、声音、视频等。

网络爬虫并不是网络蠕虫，网络蠕虫（蠕虫病毒）是一种智能化、自动化的计算机病毒，该病毒是可以自动运行的攻击程序代码，通过扫描和攻击网络上存在系统漏洞的节点主机在互联网上传播扩散。

（2）开放式应用程序编程接口。开放式应用程序编程接口（Open API，Open Application Programming Interface）可以实现互联网数据标准化的检索查询、地图定位等数据共享服务。Open API方式提供了标准化的软件调用接口规范和认证规则，便于二次应用开发。

126.工业领域有哪些数据？

答：工业发展历经了以蒸汽机为代表的工业1.0、以电气化为代表的工业2.0、以信息化为代表的工业3.0和以数字化为代表的工业4.0这4个阶段。工业数据的分析利用是工业4.0阶段的典型特征。工业数据是工业领域技术产品及服务各环节所产生和应用的相关数据，包括但不限于工业企业在设计研发、生产制造、经营管理、运维服务等过程中产生和使用的各类数据，还包括工业互联网平台企业（以下简称平台企业）在设备接入、平台运行、工业APP应用等环节产生和使用的过程数据。

从生产消费环节来看，工业企业主要包括面向生产制造环节的工业企业、面向服务运营环节的平台企业两大类。

面向生产制造环节的工业企业的工业数据主要包括但不限于研发数据域（研发设计数据、开发测试数据等）、生产数据域（控制信息、工况状态、工艺参数、系统日志等）、运维数据域（物流数据、产品售后服务数据等）、管理数据域（系统设备资产信息、客户与产品信息、产品供应链数据、业务统计数据等）、外部数据域（与其他主体共享的数据等）。

面向服务运营环节的平台企业的工业数据主要包括但不限于平台运营数据域（物联采集数据、知识库模型库数据、研发数据等）和企业管理数据域（客户数据、业务合作数据、人事财务数据等）。

127.政务信息资源包括什么？

答： 政务信息资源是指政务部门在履行职责过程中制作或获取的，以一定形式记录和保存的文件、资料、图表、数据等各类信息资源，包括政务部门直接或通过第三方依法采集的、依法授权管理的和因履行职责需要依托政务信息系统形成的信息资源等。

128.数据信息资源共享类型有哪些?

答：数据信息资源共享类型包括无条件共享、有条件共享、不予共享3类。

无条件共享类数据信息资源是指可提供给所有用户共享使用的数据信息资源。

有条件共享类数据信息资源是指可提供给部分相关用户共享使用或者仅能够部分地提供给所有用户共享使用的数据信息资源。

不予共享类数据信息资源是指不宜提供给其他用户共享使用的数据信息资源。凡列入不予共享类的数据信息资源，通常需要有法律、行政法规或国家政策作为参考依据。

129.什么是数据的更新周期?

答：数据更新周期包括实时、每日、每周、每月、每季度、每年等。数据更新周期通常根据业务需求进行灵活配置，例如年报是以年度为统计更新周期，月报是以月度为统计更新周期。在某些特定事件或者阶段，可将数据更新周期进行灵活组合，例如，法定长假期的客流数据可以由周统计周期升级为小时统计周期，以确保服务质量、人员安全等方面的工作需要。

130.什么是数据脱敏?

答：数据脱敏（Data masking）也称作数据去隐私化，是一种隐私保护技术手段，目的是降低或消除数据集在使用过程中产生的个体身份等隐私敏感信息被非法获取和滥用的风险。数据脱敏是在不影响数据集实用性的基础上，隐藏或者削弱数据中的个体身份识别信息的过程。常见的数据脱敏方法包括：

（1）匿名化。匿名化是将个体信息标识符替换为匿名化的标识符，使数据使用者无法追溯到具体的个体身份。例如，将乘车人的真实姓名替换为匿名编码，即"李晨"替换为"K734"。

（2）假名化。假名化是将个人信息标识符替换为不可逆的伪标识符，但保留数据之间的关联性，减少直接的身份识别风险。例如，采用唯一且不可逆的伪标识符替代真实标识符，即"李琛@139.com"转换为不可逆的唯一标识符"chenli2024"。

（3）泛化。泛化通过降低数据的精确度，防止数据使用者精准定位特定的个体信息。例如，将李晨的年龄通过年龄区间进行泛化处理，李晨年龄"40岁"泛化为年龄区间"40—50岁"。

（4）删除敏感信息。删除敏感信息是对数据中的某些字段采取完全删除或模糊化敏感信息的方式来减少隐私泄露的风险。例如，对于手机银行账户信息只显示最前4位数字和最后4位数字,"6327*****7639"。

(5)添加噪声扰动。添加噪声扰动是对数据添加随机噪声(增加或者减少一个随机值),使加噪后的数据难以被还原到原始个体信息。例如,李晨"工作年限20年"扰动为"工作年限18年,上下误差不超过3年"。

数据要素已经成为重要的新型生产要素。数据脱敏不仅可以保持数据的可用性,而且加强了隐私保护能力,提高了数据安全水平。在多源数据共享、大数据分析、个人数据处理等业务场景中,数据脱敏是在兼顾数据实用性和可用性的基础上实现隐私保护的重要环节。每种数据脱敏方法在面向不同的应用场景条件下具有不同的实用性,在实际使用过程中需要合理评估所采用的方法对数据隐私的影响和作用。

131.什么是数据质量?

答:数据质量(DQ,Data Quality)是数据资产管理的重要环节,数据质量管理包括4个特征(4个问题),即数据一致性、数据准确性、数据完整性、数据约束性。

(1)数据一致性。数据在采集传输、存储使用过程中可能产生的数据差异问题。

(2)数据准确性。数据对数据源本身的描述的客观真实性问题。

(3)数据完整性。相同数据来源存储于不同实体中可能存在的信息缺失问题。

（4）数据约束性。数据之间所存在的关联约束问题。

数据质量是保证数据分析的基础，通过高质量的数据才能提取出数据中所蕴含的隐性、准确、可靠的事物规律，否则再高级的数据分析方法也无法在"垃圾数据"中获得客观科学的知识信息。

132.什么是数据清洗？

答：数据清洗（DC，Data Cleaning）是一种提升数据质量的方法，主要针对的是数据源中清除错误和不一致的情况。数据清洗采用数理统计、数据挖掘相关技术方法、预先定义的处理规则等方式，复核、校验并消除数据中存在的无效、错误、缺失、重复等问题。数据清洗是数据挖掘过程中的准备阶段。

以最为常见的无效数据为例，无效数据是指数据不符合合理取值范围、逻辑关系不合理甚至是矛盾的情况，例如体重指数量表的变量（体重值）出现了负数，则视为超出正常值域范围；受访者账户已经获得了购车补贴，但又称自己并没有购买车辆，此类情况则属于逻辑关系不合理。

133.什么是数据链接？

答：不同数据库之间如果难以建立有效的联系机制，各类实体的身份识别信息输入偏差将直接导致记录链接缺失，数据链接将有效黏合数据孤岛，解决系统连通后的数据碎片化问题。数据链接（Data Linkage）是将不同来源的数据集中的相关信息连接起来的过程。数据链接通常用于整合来自不同数据源的信息，关联生成更全面、更详细的数据集。

数据链接需要标识不同数据集中共享的关键标识符，例如姓名、地址、日期等，并通过这些标识符建立数据集之间的链接关系。常见的数据链接方法如下：

（1）关键字段匹配。通过两个数据集中的关键字段（身份识别码、名称、地址等）建立匹配连接。例如客户在不同商店消费的相同客户编码。

（2）模糊匹配。采用模糊匹配算法，允许关键字段在一定程度上存在容错匹配，解决因数据集中而存在一些多音差异或拼写错误的情况。

（3）哈希链接。数据集中的关键字段计算哈希函数，将它转换为较短的、固定长度的散列值（哈希值），然后类比散列值进行匹配，该方法实现了对敏感数据在一定程度上的脱敏处理。

（4）统计匹配。采用统计学和概率论模型，通过分析数据分布和相似性来进行两个数据集中的数据信息匹配。

（5）机器学习。采用机器学习算法训练模型来学习两个数据集中数据之间的关系，将训练生成的模型用于实现数据链接。

在卫生健康方面，数据链接主要用于整合分布在不同医疗机构的患者医疗记录、化验结果、处方信息等医疗数据。通过将医疗数据链接，医师能够更全面、更准确地掌握患者健康状况，从而制定个性化的诊疗方案。另外，医疗数据链接也可用于开展流行病学调查，及时了解疾病的传播和治疗效果等情况。

在金融服务方面，数据链接可以整合同一客户的多个金融账户信息，包括银行账户、信用卡账户、投资账户等。金融机构可以了解客户的资产和负债状况，提供更合理的财务规划和风险防范。另外，金融数据链接可以分析不同来源的数据呈现的异常交易或者身份盗用。

134.什么是阈值分析?

答：从阈值边界的个数而言，数据指标阈值可分为单边阈值和双边阈值。单边阈值主要用于数值相对稳定且仅具有单调性特征的数据指标，例如设备利用率、容量利用率等；双边阈值主要用于数值波动大且不具有明显单调规律的数据指标，例如区域电力负荷、用户用电量等。通常数据指标均具有一个合理的波动范围，即高于阈值上限或者低于阈值下限均可认为该项指标存在异常情况。触发阈值门限的基本逻辑关系包括"大于、小于、大于等于、小于等于"等，电子设备具有故障自修复与自适应的功能，因此相关数据指标也采用关联逻辑组合方式进行综合阈值判断。

由于电子设备类数据指标体系庞杂且具有明显的时间性增量特征，通常采用动态阈值来衡量判断指标异常波动。动态阈值的设定需要依托历史数据作为参考，一般有两种方法：

（1）历史类比法。通过对历史同期数据进行类比，例如较前一日（环比）、较上一周、较上一月、较上一年（同比），将比较数据的变化幅度来估计阈值上下限。历史类比法分析手段比较单一，异常数据与正常数据同时存在于分析样本数据之中，因而对主观经验的依赖性加大，存在一定的不可控风险。

（2）均值方差法。该方法选取较邻近时间内的数据样本，计算历史数据的均值和方差，将均值与方差进行组合运算获得阈值上下限。较历史类比法而言，该方法各环节均采用数学计算方法，但在邻近数据选择方面仍存在明显不足。

均值计算公式如下：

$$Mean = \frac{x_1 + x_2 + x_3 + \ldots\ldots + x_n}{n}$$

方差计算公式如下：

$$Variance = \frac{[(Mean - x_1)^2 + (Mean - x_2)^2 + \ldots\ldots + (Mean - x_n)^2]}{n}$$

其中，x_1，x_2，x_3，……，x_n为邻近历史数据样本，该阈值上限 $Tu = Mean + Variance$，阈值下限 $Tu = Mean - Variance$，在实际工程应用中可增加容忍度参数来描述数据指标超出动态阈值的程度。

上述两种动态阈值计算方法可实现数据指标阈值范围的更新，均值方差法在可操作性、客观性方面具有一定的优势。

135. 什么是数据抽取、转换和加载？

答：数据抽取、转换和加载（ETL，Extract Transform Load）实现了将分散的、标准不统一的异构数据源中的数据抽取至临时中间层，然后进行清洗、转换、检查、拆分、汇总、关联等处理，按照统一规则进行集成后纳入数据仓库管理。

（1）数据抽取（Extract）实现了数据的获取过程，在此环节中也可以进行数据清洗工作，即将不完整、错误和重复的数据进行过滤，同时通过合理配置抽取条件（抽取方式、抽取时机、抽取周期等）兼顾数据抽取效率和系统性能。

（2）数据转换（Transform）是按照预设规则模型将抽取的数据进行清洗、转换、检查、拆分、汇总、关联等处理，使本来异源异构的数据进行标准化、一致性的规范化转换。

（3）数据加载（Load）是将抽取、转换后的数据写入目标存储。

136. 什么是数据可视化？

答：数据可视化（DV，Data Visualization）基于数据资源，利用图形图像处理、计算机视觉以及用户界面（UI，User Interface）相关技术手段，通过数据建模、属性划分、表面/立体设计、动画设计等环节实现数据的可视化解释分析和内容呈现传达（图6–2）。

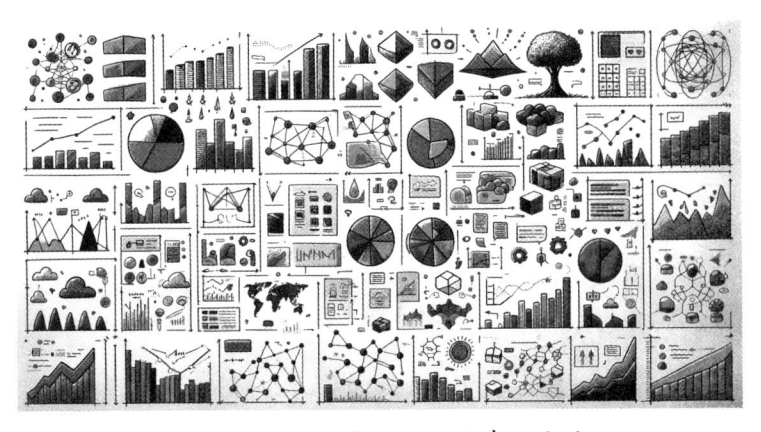

图6-2 不同的数据可视化表示方法

数据可视化的应用一方面将数据更直观、多层次、多视角地呈现，辅助人们对于数据的理解和认识；另一方面通过可视化的手段实现数据分析、信息获取、知识凝练的功能，为分析提供一种新的手段和方式。

数据可视化常用工具包括商业性可视化分析产品（SPSS、Tableau、Excel、iCharts等）、开源类可视化产品（Gephi、R、Google Chart、D3.js、ECharts等）。

137.什么是回归分析?

答：回归分析是建立因变量与自变量之间的回归模型（经验公式）的统计方法。它通过检验模型的可信度，判断自变量对因变量的影响关系，并诊断该模型是否适合这组数据，最后利用回归模型对因变量进行预测或控制。

比如，从某大学随机抽取8名女生，根据身高和体重的

数据来预测该校女生的身高与体重。（表6-4）

表6-4 身高和体重数据表

项目	女生							
	1	2	3	4	5	6	7	8
身高/cm	165	165	157	170	175	165	155	170
体重/kg	48	57	50	54	64	61	43	59

（1）对数据绘制散点图，通过对散点图的观察可发现身高与体重之间具有一定的相关关系。

（2）建立身高（x，单位cm）和体重（y，单位kg）之间的二次多项式，其表达式为：

$$y = -0.0078x^2 + 3.4246x - 297.23$$

（3）相关系数R=0.80，表明身高和体重有较强的线性关系。

（4）根据二次多项式回归方程，可以对"身高—体重"进行预测，例如，某学生的身高为173cm，代入回归方程可得知其体重为61.77kg。

138. 什么是误差分析?

答：为了科学评价预测模型的质量以及预测数据的准确性，即预测值（Predicted value）和实际值（Actual

value)之间的差异程度,通常需要对误差指标进行定量分析。定量误差指标可分为数值型定量误差指标(基本数值型、误差能量比等)、相关型指标(灰色关联度、Theil不等系数)、特征型指标(频率相似度、阻尼相似度等)。常用的基本数值型定量误差指标计算模型如下:

设t时刻的实际值为 x_t,预测值为 $x_t^{'}$,n为分析数据点的数量。

(1)绝对误差(AE,Absolute Error)。AE描述了实际值与预测值之差,反映了预测值与实际值的偏离程度。

$$AE = x_t^{'} - x_t$$

(2)相对误差(RE,Relative Error)。RE是两数值间的绝对误差与实际值之比,反映了预测值偏离观测值的程度,RE更适用于不同数据序列的预测效果比较。

$$RE = \frac{x_t^{'} - x_t}{x_t}$$

(3)平均绝对误差(MAE,Mean Absolute Error)。MAE是将每个预测值和实际值之间的差值求绝对值后再求平均,避免误差数据由于正负误差产生的数值抵消。

$$MAE = \frac{\sum_{t=1}^{n} \left| x_t^{'} - x_t \right|}{n}$$

(4)平均绝对百分比误差(MAPE,Mean Absolute Percentage Error)。MAPE是将绝对误差与实际值之比求绝对值后再求和，最后进行平均运算。

$$MAPE = \frac{\sum_{t=1}^{n}\left|\frac{x_t^{'} - x_t}{x_t}\right|}{n} \times 100\%$$

（5）均方误差（MSE，Mean Squared Error）。MSE是将每个预测值和实际值之间的差值平方运算后求和再平均，该方法解决了正负误差无法综合评价的问题。MSE值反映了误差的离散程度，MSE值越小越好。

$$MSE = \frac{\sum_{t=1}^{n}(x_t^{'} - x_t)^2}{n}$$

（6）均方根误差（RMSE，Root Mean Squared Error）。RMSE是将MSE进行开方运算，不仅描述了预测模型的精密程度，而且对于误差的灵敏性也有所提升。在预测误差评价中，RMSE通常仍与MAE共同使用。

$$RMSE = \sqrt{\frac{\sum_{t=1}^{n}(x_t^{'} - x_t)^2}{n}}$$

139.数据分析与数据挖掘有什么区别？

答：数据分析主要指对于数据的收集（数据采集等）、清洗（缺失值补充、异常值和重复值剔除等）、转换（归一化、标准化、可视化等）、整理和解释，发现数据的模式特征、关联关系和变化趋势，进而为业务需求提供决策参考。常见的数据分析方法包括推断统计、回归分析、假设检验等。

数据挖掘通过数理统计、机器学习、模式识别等各类算法，发掘数据背后潜在的知识规律和业务逻辑。常见的数据挖掘方法包括特征提取、数据降维、聚类分析、关联分析等。随着"数据驱动业务"的逐步普及，实际的数据实践通常是将数据分析与数据挖掘相结合，进而发挥出更加有效的数据资源价值。

140. 数据挖掘过程环节有哪些？

答：数据挖掘（DM，Data Mining）是指从海量的、不完全的、含噪声的、模糊随机的数据中提取隐含在其中的、预先未知的、潜在有价值的信息或者知识的过程。

数据挖掘一般包括数据准备、构建模型（建模）、模型部署3个环节，各环节内容如下：

（1）数据准备。首先要基本理解数据相关业务背景，明确数据挖掘任务的目标，通过相关渠道获得相关数据。

（2）构建模型（建模）。结合目标任务选择设计业务模型，使用准备的数据对模型进行测试验证修正、模型有效性评价等，选择确定较可靠的业务模型。

（3）模型部署。将选定的业务模型或者分析结论应用于推动业务生产、市场营销、客户维系等相关工作环节。

在实际模型使用过程中，由于数据来源、影响因素时刻处于动态变化，模型构建是一个持续迭代优化的过程，以达到适配性最优、效能指标较好等业务应用要求。

从数据挖掘各环节来看，各类传感器、数据抓取技术、网络传输技术等实现了数据高速可靠采集和传输；高性能数据库技术、分布式计算架构提供了数据存储和管理手段；数据挖掘实现了数据由储备向价值转化的过程，将隐性价值显性化，同时丰富和拓展了人们认识事物的视角和范围。

141.如何建立数据挖掘模型？

答：数据挖掘模型建立环节包括业务需求理解、目标指标设计、数据提取准备、数据预处理、挖掘算法选取、分析模型评估、结果发布诠释、模型迭代优化，各环节过程如下：

（1）业务需求理解。通过业务流程穿越、关键环节接触等方式形成业务需求的基本理解，关注业务节点影响因素、业务流程组织衔接，进而发掘业务核心需求。

（2）目标指标设计。根据业务流程中各环节的信息化程度（数据表征度、数据结构化或非结构化能力、数据间作用力等）来选取相应的数据指标集合。

（3）数据提取准备。根据确定数据指标集进行系统指标的映射、翻译、链接。

（4）数据预处理。对数据中的异常值、空缺值、错误值进行清洗处理，并进行集成、规约、变换。

（5）挖掘算法选取。结合目标需求（描述、诊断、预测、控制等）选取适用的数据挖掘方法。

（6）分析模型评估。对数据挖掘算法进行参数优化和测试比较，通过误差分析等评价方式选择最优模型。

（7）结果发布诠释。结合业务场景，与业务专家共同对分析结论进行通俗化、直观化阐述，并形成面向业务支撑的初步报告。

（8）模型迭代优化。结合挖掘结论和业务理解，再次对上述建模全流程进行迭代优化。

142.什么是算法？

答：算法（Algorithm）是计算分析方法，实现了目标问题准确完整的解决策略。算法一般包括数据输入、计算分析和结果输出3部分。具体而言，首先需要对现实的具体问题进行抽象化分析，明确问题的影响因素（数据输入），分析问题发生或者作用的机理过程（计算分析），最后形成事件发生结果（结果输出）。

一个算法由原操作（固有数据类型操作）和控制结构（顺序、分支和循环）共同构成，算法时间取决于两者的综合效果。为了便于比较同一个问题的不同算法，通常的做法是，从算法中选取一种对所研究的问题（或算法类型）来说是基本操作的原操作，以该基本操作的重复执行次数作为算法的时间量度。

衡量算法的优劣通常考虑计算过程的时间复杂度（Time Complexity）和空间复杂度（Space Complexity）。时间复杂度指执行完成算法所消耗的时间，算法消耗时间取决于原操作和控制结构的共同作用效果；空间复杂度指在算法运行过程中消耗的硬件资源，通常包括存储算法本身所占用的存储空间、算法的输入输出数据所占用的存储空间和算法在运行过程中临时占用的存储空间。

143.什么是关联分析？

答： 关联分析通过数学逻辑从数据集中获取变量与变量之间的关联关系。购物篮问题分析就体现了关联分析的行业应用价值。

购物篮问题（图6-3）指的是，超市内供顾客购物时使用篮子进行商品的统一结算，顾客付款时购物篮内的商品被收银员通过收款机逐一登记结算，商家分析客户购物篮子所购买的商品信息研究顾客的购买行为，找出什么样的

图6-3 购物篮问题（超市购物关联分析）

商品应该放在一起便于顾客购买，什么样的商品可以捆绑促销，进而提高商品的销量利益和行业竞争力。

谷歌与美国疾病控制与预防中心（CDC，Centers for Disease Control and Prevention）共同推出的"谷歌流感趋势"（Google Flu Trends）也是一种典型的关联分析应用。"谷歌流感趋势"通过对谷歌用户在搜索引擎中输入的"流感预防""流感症状""流感药品""流感检查"等关键词数据，与流感典型临床表现及诊断治疗实时库关联分析，实现对全球流感的态势评估和趋势预测。经过验证，美国疾病控制与预防中心官方报告与谷歌统计分析报告能够达到高度契合，但官方报告较谷歌报告晚2周左右。

144. 什么是Apriori算法？

答：Apriori算法是基于频繁项集特性（先验知识）的关联规则挖掘算法，其核心思想是频繁项集理论的逐层迭代搜索（图6-4，图6-5）。

Apriori算法流程可归纳为以下步骤：

（1）分析频繁项集。从全量数据库迭代中获取不小于预设最小支持计数阈值的所有项集（连接、剪枝、枚举）。

（2）获取强关联规则。基于最小支持度和最小置信度标准，从已分析获取的频繁项集中提炼关联规则。

对Apriori算法本身的挖掘关联规则而言，关联规则的支持度较高、置信度较低则说明该关联规则可靠性较差；关联规则的支持度较低、置信度较高则说明该关联规则应

Apriori算法概念描述

- **所有项集（Items）**
  实例（故障）中所有的告警种类的集合，即Alarm1~Alarm5；
- **项集（Itemset）**
  同时出现的项目的组合，例如：{Alarm1，Alarm2}、{Alarm2，Alarm3，Alarm4}；
- **n-项集（n-Itemset）**
  含有n个项的项集，例如：{Alarm1}为1-项集，{Alarm3，Alarm5}为2-项集；
- **支持度（Support）**
  描述关联规则的普遍性和频繁性，支持度高的关联规则反映其可能适用于数据集的大部分事件。以**4**个项集{Alarm1}、{Alarm3,Alarm5}、**{Alarm1,Alarm2}**、{Alarm2,Alarm5,**Alarm1**}为例：

  Support {Alarm1, Alarm2} = {Alarm1, Alarm2}出现次数 / 项集总数 = 2 / 4 = 0.5

- **置信度（Confidence）**
  描述关联规则的可靠性和准确性，即：在Alarm1出现的前提下，Alarm2出现的概率（条件概率）。以**4**个项集{Alarm1}、{Alarm3,Alarm5}、**{Alarm1,Alarm2}**、{Alarm2,Alarm5,**Alarm1**}为例：

  Confidence {Alarm1 → Alarm2}
  = 同时包含Alarm1和Alarm2的项集个数 / 包含Alarm1的项集个数 = 2 / 3 = 0.67

图6-4　Apriori算法概念描述

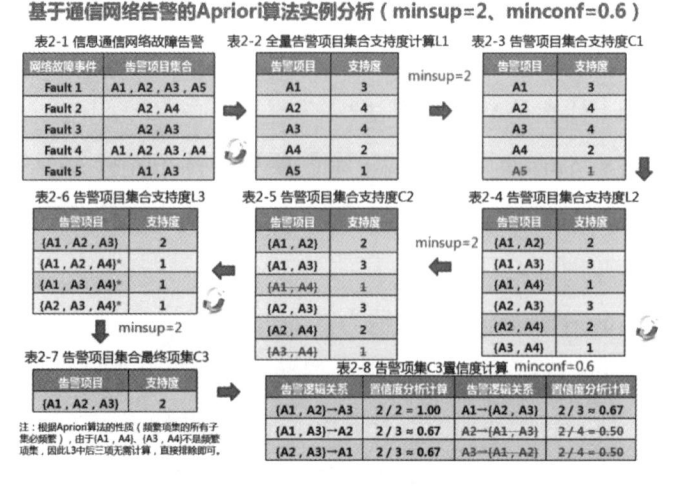

图6-5　Apriori算法实例分析

用性较差。最小支持度计数和最小置信度均为用户人工设定，如果某些关联规则同时满足上述两个参数，则认为该关联规则是需要被关注的。在实际应用过程中，需要结合行业规则价值需求，合理设置支持度和置信度的匹配关系。

145.什么是FP-Growth算法？

答： FP-Growth算法（图6-6）较Apriori算法而言，不是首先生成候选项集，然后统计计算是否频繁的"项集生

在Apriori算法思想基础上，2000年由西蒙菲莎大学韩家炜教授采取扩展前缀树数据结构与类树枝局部生长相结合的分区搜索方法，FP-Growth（Frequent Pattern-Growth）算法，其回避了Apriori算法重复遍历数据库问题，提高了关联规则挖掘效率。

表1-1 信息通信网络故障告警

网络故障事件	告警项目集合
Fault 1	A1，A2，A3，A5
Fault 2	A2，A4
Fault 3	A2，A3
Fault 4	A1，A2，A3，A4
Fault 5	A1，A3

（1）扫描事务数据库（**表1-1**），将每种告警按出现频次数递减排序，删除频次小于最小支持度（minsup=2）的告警（**表1-2**），即：A2:4，A3:4，A1:3，A4:2，删除A5（第一次扫描数据库）；

（2）创建FP-Tree根节点Root，将处理后的网络故障事件及其对应的告警数据插入到FP-Tree枝径中，FP-Tree生成过程参见**图1-1**（第二次扫描数据库）；

表1-2 信息通信网络故障告警（筛选排序后）

网络故障事件	告警项目集合
Fault 1	A2，A3,A1
Fault 2	A2,A4
Fault 3	A2,A3
Fault 4	A2，A3,A1,A4
Fault 5	A3,A1

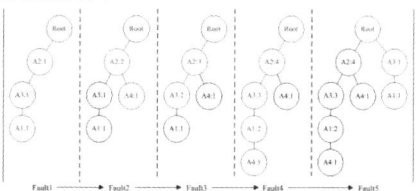

图1-1 FP-Tree生成过程

（3）为便于FP-Tree进行遍历分析，创建频繁项头表（Frequent Item Header Table）并将每个项通过一个节点链（Node Link）指向所在枝径的位置，进而将频繁模式数据挖掘转换成对FP-Tree挖掘分析，最终形成FP-Tree（**图1-2**）。

（4）基于FP-Tree结构挖掘频繁项集分析

对于FP-Tree结构中告警末端项A4而言，其出现在两个枝径：<A2 A3 A1 A4>和<A2 A4>，设A4为后缀项，它所对应前缀枝径为<A2 A3 A1: 1>和<A2: 1>，即：A4的条件模式基。由于最小支持度为2，因此删除A3和A1，A4的条件FP-Tree包含枝径为<A2: 2>，该枝径产生的频繁模式的组合为<A2 A4>（**表1-3**）。

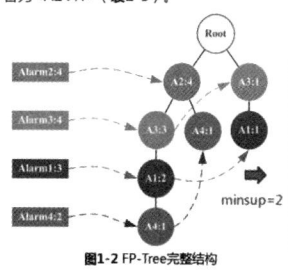

表1-3 FP-Growth关联挖掘算法过程

告警项	条件模式基	条件FP-Tree	频繁模式
A4	<A2 A3 A1: 1> <A2: 1>	<A2: 2>	<A2 A4>
A1	<A2 A3: 2> <A3: 1>	<A2: 2 A3: 3>	<A2 A1> <A3 A1> <A2 A3 A1>
A3	<A2: 3>	<A2: 3>	<A2 A3>

图1-2 FP-Tree完整结构

图6-6　FP-Growth算法过程分析

成—频繁评估"方式，而是将事务数据集逐个读入，构建并映射到频繁模式树FP-Tree（Frequent Pattern-Tree）的某条枝径之中，大量不同事务所包含的若干相同数据项通过FP-Tree形成重叠枝径，进而实现并提升样本数据的压缩效果。如果FP-Tree的枝径分叉点较小（样本种类较集中），则不必重复访问硬盘数据，直接从内存提取频繁项集，提高数据挖掘分析效率。

146.什么是知识图谱？

答：知识图谱（KG，Knowledge Graph）又可称为知识域可视化、知识领域映射地图。知识图谱是一种规模非常大的语义网络系统，通过不同的图形显示知识发展进程及其结构关系，即使用可视化技术描述知识资源及其载体，挖掘分析、构建绘制并直观呈现真实世界里实体或概念之间的关联关系。

知识图谱的构建环节包括模型建模、知识抽取、知识融合、存储计算以及知识应用等环节。构建知识图谱的三元组的两种表现形式是：实体—关系—实体，实体—属性—属性值。

通过三元组将信息构成路径，结合推理机制形成新的实体之间的关系，基于新实体关系可以让机器学习更多的实体关系，通过三元组的结构路径更容易让人和机器理解实体之间的复杂逻辑。基于知识图谱的典型应用包括智能搜索、实体推荐、自动问答、对话系统等产品服务。

147.什么是聚类分析?

答：聚类分析（CA，Clustering Analysis）是一种将数据所对应的研究对象进行分类的统计方法（图6-7）。它将个体（样品）或对象（变量）按相似程度（距离远近）划分类别，使类间元素的同质性最大化（相似度高、距离近），类与类间元素的异质性最大化（相似度低、距离远）。

聚类分析中使用最频繁的是k-means算法，它通过输入n个样本，拟定聚类个数k，选取k个不同的样本点作为初始聚类中心迭代直至收敛，即聚类中心不再有很大变化，并且每个样本到对应聚类中心的距离之和不再有很大变化。

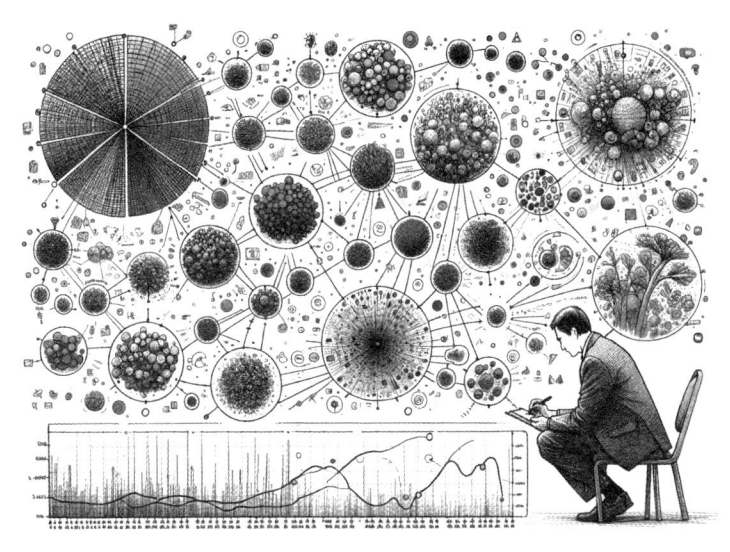

图6-7　聚类分析

下面举例说明：

随机初始化3个中心点，所有的数据点都还没有进行聚类，默认全部标记为红色，经过多次迭代之后，基本上收敛，最终形成3个类。

由于初始点的选取是随机的，所以k-means算法并不能保证总是能得到全局最优解。但从整体来看，k-means算法的聚类思想简单明了，聚类效果也较好，是一种简单高效、应用广泛的聚类方法。此外，不同的聚类算法可实现各异的聚类形态。

148.聚类分析方法有哪些？

答：典型聚类分析方法包括：层次法、划分法、密度法、网格法和模型法。（表6-5）

（1）层次法（Hierarchical Methods）。层次法是基于目标数据集合进行层次化的分解过程。根据目标数据集合的层次分解过程，可以分为凝聚式层次法（自底而上）和分裂式层次法（自上而下）。凝聚式层次法将目标数据集中所包含的每个对象作为一个类，然后逐步迭代合并相近的对象或者类，直至合并成为一个包含所有对象的类或者达到所设置的其他终止条件；分裂式层次法是将目标数据集中所包含的所有对象视为一个类，然后迭代分解为更小的类直至每个对象成为一个类或者达到所设置的其他终止条件。层次聚类法的典型算法有：ROCK聚类算法、BIRCH聚类算法、CURE聚类算法。

（2）划分法（Partition Methods）。划分法将包含n个对象的数据集合按照分类规则划分为k个类（k不大于n），每个类至少包含一个对象，每个对象只属于一个类。该方法实现过程是：首先初始化类的个数k，创建一个初始划分，通过迭代优化形成更优的类划分结果，划分过程遵循"相同类分组距离越近越好，不同类分组距离越远越好"。划分聚类法的典型算法有：CLARANS聚类算法、k-Means聚类算法、k-Modes聚类算法、k-Prototypes聚类算法等。

（3）密度法（Density-based Methods）。密度法以目标数据的分布密度为基础，规避了距离聚类方式的球状聚类局限性，进而实现任意形态的聚类形式。该方法实现过程为：首先设定密度阈值m和聚类包含数据最小个数n，当某个区域的目标数据分布密度超出阈值则形成聚类，且每个类中目标数据个数不小于n。密度聚类法的典型算法有：基于密度分布函数的DENCLUE聚类算法、基于高密度连接区域的DBSCAN聚类算法。

（4）网格法（Grid-based Methods）。该方法首先将目标数据空间划分为n个单元的网格结构，然后基于网格单元进行聚类划分。网格聚类法的典型算法有：基于统计信息的STING聚类算法、基于小波变换的WaveCluster聚类算法、基于网格和密度的OptiGrid聚类算法、基于聚类高维空间的CLIQUE聚类算法等。

（5）模型法（Model-based Methods）。模型法通过自行设定聚类条件模型，寻找目标数据与设定聚类条件模型之间的最佳匹配模式，假设目标数据集合具有一系列的概率分布规律特征。模型聚类算法有：COBWeb（统计学方法）聚类算法。COBWeb是增量式概念聚类方法，通过采用分类树的形式表征层次聚类。

表6-5 传统典型聚类算法比较

类别	算法名称	可伸缩性	适合的数据类型	高维性	异常数据抗干扰性	聚类形状	算法效率
层次法	ROCK	很高	混合型	很高	很高	任意形状	一般
层次法	BIRCH	较高	数值型	较低	较低	凸形球形	很高
层次法	CURE	较高	数值型	一般	很高	任意形状	较高
划分法	CLARANS	较低	数值型	较低	较高	凸形球形	较低
划分法	k-Prototypes	一般	混合型	较低	较低	任意形状	一般
密度法	DENCLUE	较低	数值型	较高	一般	任意形状	较高
密度法	DBSCAN	一般	数值型	较低	较高	任意形状	一般
网格法	WaveCluster	很高	数值型	很高	较高	任意形状	很高
网格法	OptiGrid	一般	数值型	较高	一般	任意形状	一般
网格法	CLIQUE	较高	数值型	较高	较高	任意形状	较低

149.高维数据聚类分析有哪些新问题?

答:1961年由Bellman提出"维度灾难",即在多变量函数中数据对象属性维数增加,网格单元数量将会以指数级速度增长,因而在多维网格中优化该函数是不可能的事情。

高维数据聚类分析就是典型的"维度灾难"问题分析。高维数据特征导致高维数据对传统聚类分析带来了一系列困难与挑战:

(1)稀疏性(Sparsity)。随着维度增长的目标数据在维度空间中会遵照其自身的分布特征,但是对于同步增长的维度空间而言,仍然是稀疏的。

(2)空空间现象(Empty Space Phenomenon)。以正态分布的目标数据密度函数为例,当维度值增加为10,分布在中心区域的数据点不到1%。

(3)维度效应(Dimensionality)。目标数据的维度数量过多将导致数据索引效率下降。当目标数据维度增大,数据样本之间的距离变得等距且稀疏,这使传统的平等使用每个特征的距离度量将失效。对于高维数据聚类分析而言,数据自身蕴含大量无关属性,数据噪声和冗余特征将直接影响聚类分析效果。

(4)Hubness现象(Hubness Phenomenon)。高维数据空间Nk(x)分布呈现出明显右偏态,随着数据维度增大,该分布特征越明显,导致少量数据点频繁出现在其他数据点的k最近邻列表中。

(5)离群点检测(Outlier Detection)。高维数据自

身的稀疏分布特点，导致高维数据中的离群点检测难度提高，特别是基于深度、偏差、距离或密度的传统聚类分析在高维数据流方面存在明显不足。

（6）相似性度量（Similarity Measure）。对于高维数据采用传统聚类距离度量法判别衡量对象之间的相似度，导致搜索近邻点结果的有效性和稳定性降低。

150.如何对高维数据进行聚类分析？

答：（1）维数简化（Dimension Reduction）。通过降维处理将高维属性降至较低维空间，进而使用传统聚类分析方法进行数据分析。维数简化可以通过特征变换（FT，Feature Transformation）和特征选择（FS，Feature Selection）进行，或者采用非线性维数简化方法（流形学习）。典型的流形学习方法有等距映射、局部线性嵌入以及拉普拉斯特征变换。对于需考虑数据子集属性差异的，亦可采用全局维度简化（GDR，Global Dimension Reduction）或者局部维度简化（LDR，Local Dimension Reduction）等不同的维数简化分析手段。

（2）索引技术（Indexing Technique）。高维数据将导致聚类算法的复杂程度在时间维度和空间维度呈现出指数增长，通过构建快速的高维数据索引结构和优化高维相似性查询手段实现高维数据信息的快速检索和交互。高维索引结构包括向量空间索引结构（SAM，Spatial Access Method），例如R-tree、R*-tree；度量空间索引结构（MAM，Metric

Access Method），例如M-tree、M+-tree等。

（3）结果表征与评价（Result Demonstrability and Evaluation）。通常，聚类结果表征与评价内容包括可伸缩性、多数据类型数据处理能力、发掘任意形状簇的能力、输入参数依赖性、噪声数据分拣能力、数据顺序敏感度、聚类结果可诠释性等。但是由于高维数据具有多维属性，对聚类关系结果表征与评价的复杂度提升，特别是聚类关系可视化和聚类逻辑解释存在较高的难度，进而导致对于聚类结果的有效性和准确性缺乏有效评估手段。

151.什么是群体智能？

答：自然生态系统和各类生物构成的群体系统所表现出的对复杂问题的自适应性和高效能性特征（例如群体协作、生物进化、免疫系统、神经传导等），为复杂科学问题提供了新的研究方向思路和应用解决方案，例如粒子群优化算法（PSO，Particle Swarm Optimization Algorithm）、萤火虫算法（FFA，Firefly Algorithm）、猫群优化算法（CSO，Cat Swarm Optimization）等。

群体智能（Swarm Intelligence）是指自然界各类生物个体在生存、协作、演化过程中所表现出的宏观智能群体行为，其中生物个体不仅包括细菌、细胞、昆虫等微小生物个体，鸟类、哺乳类等中型生物个体，而且涵盖植物类生物（图6-8）。群体智能一般具有以下特征：

（1）分布式控制。生物群体中不存在特定的控制点，

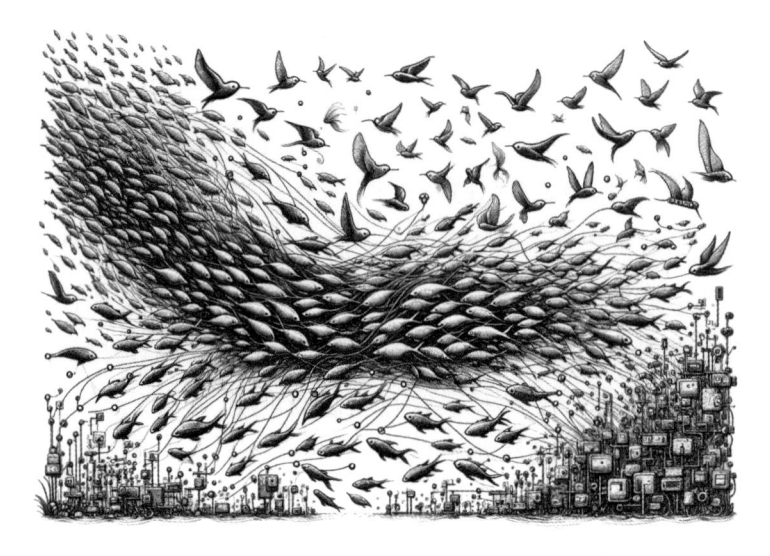

图6-8 群体智能行为（鱼群、鸟群）

在某些个体存在变异或者死亡的突发情况下不会影响整个生物群体的正常运行，因此鲁棒性较好。

（2）间接信息传递。生物群体通过邻近、相邻个体间接信息传递手段形成生物群体的全局信息传播，因此，生物个体在数量规模增大情况下，生物群体信息交互开销仍然较小。

（3）个体简单与群体智能。生物个体生存方式和行为规则简单直接，但是由它构成的生物群体却表现出了高度智能的复杂协作行为。

群体智能算法在经济分析预测、结构损伤定位检测、交通运输指挥调度、疏散路线规划、目标识别跟踪、厂房选址评估、通信网络规划、路由方案制订、移动机器人路径规划等工程问题优化求解方面开展了应用研究，特别是对于大数据复杂分析和求解计算具有独特的优势。

152.什么是蚁群算法？

答：1989年昆虫学家Goss的非对称双桥实验与Deneubourg的对称双桥实验说明，虽然每只蚂蚁的自身智力和记忆力存在局限性，但是蚂蚁通过感知信息素形成个体间的信息交互，并且表现出了惊人的群体智能行为。在Goss非对称双桥实验中，不仅反映出蚂蚁在Deneubourg对称实验中表现出的信息素正反馈作用过程，而且展示了蚂蚁依托信息素动态调整选择最短觅食路线的生物行为。蚂蚁在搜索食物的过程中释放信息素，同时感知路径环境中的信息素强度进而调整行进的方向，信息素强度越高，则蚂蚁路径选择概率越大（图6-9）。

图6-9　蚁群觅食行为

蚁群算法以其个体协作、分布运行、正反馈机制等优势受到了研究人员的广泛关注。1991年，意大利学者A. Colorni等人结合蚂蚁的群体社会行为提出了蚁群算法，并将之较好地应用于求解旅行商问题（TSP，Traveling Salesman Problem）。蚁群算法求解TSP问题描述：假设区域内有n个城市，存在一条路径可遍历所有城市，且每个城市只能经过一次，求解所有这些路径中的最短路线。蚁群算法求解该问题思路：假设m只蚂蚁随机从不同的城市出发，每只蚂蚁根据某种转移概率选择下一个目的地城市（不含已经过的城市）；蚂蚁在所经过的路径上释放信息素，同时所有路径已有的信息素信息也会不断衰减；当蚂蚁经过所有城市后，一次循环结束，并更新每条路径信息素强度；循环往复直至达到终止条件（终止条件可设置为循环次数或者最优路径无更新），最终获得最优路径。

153.什么是粒子群算法？

答：1987年，动物学家Craig Reynolds通过建立鸟群个体飞行规则（避免碰撞、速度一致、中心汇聚）模拟鸟群自组织（Self-organization）聚集飞行过程。1995年，Kennedy等人分析了鸟类觅食中的群聚、分散、迁徙过程，即鸟群在随机搜寻某未知区域特定食物时，鸟群个体都不明确食物所处的位置，但已知当前所处位置与食物之间的距离，最简单有效的策略是搜寻目前距离食物最近的鸟的周围区域。整个觅食过程实现了低智能鸟群个体的信息共享、竞争协作，体现了群体智能在获取最优解过程中由无序到有序的演变价值（图6-10）。Kennedy将鸟类个体视为单个粒子并提出了粒子群优化算法。整个过程遵循了环境刺激评价、邻近个体比较、学习领先邻近个体原则。

PSO算法首先对粒子群进行初始化，即在可行解空间中对粒子群随机设定位置和速度，每个粒子均为优化目标问题的一个可行解，并通过优化函数为之设定一个适应度值（Fitness Value）；每个粒子将在可行解空间中进行运动，粒子的速度决定下一步运动的方向和距离。粒子以迭代的方式接近当前的最优粒子直至最优解，迭代过程中在每个粒子将接近两个最优解，即粒子个体至今所获取的最优解（POS，Particle Optimum Solution）和粒子群整体至今所获得的最优解（GOS，Global Optimum Solution）。

图6-10　鸟群觅食行为

大数据与数据挖掘分析·专题自测

1. 什么是大数据的主要特征?

A. 数据总量较大　　B. 数据复杂性

C. 单一数据来源　　D. 高度结构化

正确答案:B

答案解析:大数据的主要特征之一是数据的复杂性,具体包括多样性、不规则和高维度等。

2. 数据挖掘是什么?

A. 将数据存储在数据库中

B. 从数据中提取有用信息的过程

C. 压缩数据以节省存储空间

D. 将数据传输到云服务器

正确答案:B

答案解析:数据挖掘是从数据中提取有用信息和模式规律的过程,进而实现数据驱动下的科学预测和合理决策。

3. 以下哪个不是数据挖掘任务?

A. 分类　　　　B. 聚类

C. 数据存储　　D. 关联规则挖掘

正确答案:C

答案解析:数据存储不是数据挖掘任务,而是数据管理的组成部分。

4.在大数据分析中,什么是"数据预处理"?

A.从大数据中删除所有异常值

B.准备数据以进行分析,包括清洗、转换和规范化

C.使用高级算法处理数据

D.将数据转换成图形

正确答案:B

答案解析:数据预处理包括数据清洗、转换和规范化等步骤,为后续的数据分析准备高质量数据。

5.数据清洗是数据挖掘过程的哪个阶段?

A.建模　　B.评估　　C.准备　　D.解释

正确答案:C

答案解析:数据清洗是数据挖掘过程中的准备阶段,用于清除错误、不完整或不一致的数据。

6.数据挖掘中的"关联规则挖掘"任务是什么?

A.预测数值结果　　　　　B.寻找异常值

C.发现数据项之间的关联关系　D.进行离散化处理

正确答案:C

答案解析:关联规则挖掘任务是发现数据项之间的关联关系,如购物篮问题中的商品关联分析。

7.大数据技术中的数据湖(Data Lake)是什么?

A.存储结构化数据的数据库

B.用于数据挖掘的算法

C.存储大规模数据的存储库,包含结构化和非结构化

数据

D. 用于数据可视化的工具

正确答案：C

答案解析：数据湖是一个存储大规模数据的存储库，既包含结构化数据，也包含非结构化数据。

8. 数据挖掘中的特征选择是指什么？

A. 从数据集中选择所有特征

B. 从数据集中选择一部分特征，以减少复杂性和噪声

C. 仅选择数值型特征

D. 选择目标变量

正确答案：B

答案解析：特征选择是从数据集中选择一部分特征，以提高模型的运算性能和减少计算的整体复杂性。

9. 数据脱敏的主要作用是什么？

A. 增加数据的清晰度　　B. 减少数据的复杂度

C. 保护数据的隐私性　　D. 提高数据的准确性

正确答案：C

答案解析：数据脱敏是一种数据保护技术，通过删除、替换或隐藏数据中的敏感信息，减少数据泄露的风险，保护敏感数据的隐私性。

10. 数据可视化的主要作用是什么？

A. 使数据更难理解　　B. 提高数据分析复杂度

C. 更好地理解数据　　D. 增加数据处理的时间

正确答案：C

答案解析：数据可视化通过视觉化方式直观地呈现数据特征、变化趋势和逻辑关系，从而实现更深入的数据分析和更有效的战略决策。

11. 数据挖掘中的回归分析主要用于什么？

A. 预测离散类别　　B. 寻找数据中的异常值

C. 预测数值结果　　D. 发现数据项之间的关联关系

正确答案：C

答案解析：回归分析用于预测数值结果，例如就医人数预测、环境温度预测。

12. 在数据挖掘中关联分析实现了什么功能？

A. 预测数值型数据　　B. 识别数据中的异常值

C. 寻找数据之间的关系　　D. 分类和聚类分析

正确答案：C

答案解析：关联分析是一种在数据集中寻找变量间关联关系（频繁项集、关联规则）的技术。

13. 大数据技术中的"数据压缩"是什么？

A. 将数据转换为图形图像

B. 通过编码减少数据的存储空间

C. 将数据从云存储中删除

D. 增加数据的采样率

正确答案：B

答案解析：数据压缩是通过编码等方式减少数据的存储空间。

14.数据挖掘中的聚类是什么?

A. 预测一个离散的类别　　B. 将相似数据进行分组

C. 发现数据关联规则　　　D. 填补缺失的数据

正确答案：B

答案解析：聚类是将相似的数据点分组在一起的任务。

15.在大数据分析中，什么是"维度削减"?

A. 增加数据的维度以提高分析精度

B. 减少数据的维度以减少存储空间

C. 选择性地保留数据的某些维度

D. 将数据转换成时间序列数据

正确答案：C

答案解析：维度削减是选择性地保留数据的某些维度，以减少数据的复杂性，同时最大限度保持数据的可用性。

第七部分

人工智能

154. 对人工智能有哪些误解?

答:**人工智能就是智能机器人。**人工智能并不等同于智能机器人。人工智能是赋予计算机系统自主学习能力的技术,而机器人是一种物理实体,内嵌人工智能的机器人表现出了智能化的行为特征。

人工智能可以像人类一样思考。人工智能可以执行复杂的任务,人工智能通过数据和算法实现了训练生成的输出内容或者控制功能,似乎具有了像人一样的决策思维,但是人工智能并不会像人类一样具有自我意识。

人工智能可以完全取代人类工作。随着数据、模型、算力的提升,人工智能可以自动化一些重复性任务或者生成式内容,同时也创造出了新的工作机会(AI数据标注员、AI提示词工程师、AI伦理评估师等）。因此，人工智能将与人类进行协作创新，同时也需要人类的监督和维护。

人工智能是绝对安全的数字技术。人工智能系统受到训练数据和算法模型的影响，可能会出现不完善或者偏差错误，导致面向个体或者群体的公平性风险。因此，需要适当的人工监督和安全防护措施。

人工智能的使用需要较高成本。虽然大规模AI项目可能需要大量的投资，但是仍有许多AI工具平台可以直接低成本使用，人工智能与行业需求的发掘融合可以让个人或者中小企业获得新的发展机遇。

人工智能可以读懂人类的思维情感。人工智能可以分析和理解文本、语音、图像和视频，但人工智能并不是专业的心理学家，并不能真正读懂人类思维、道德和情感渴望。

人工智能可以替代人类的创造能力。人工智能可以通过已有的训练数据和算法模式生成文本、音乐、图像，却不具有真正的创造力和想象力，但这点并不影响它成为人类创造的辅助支撑工具。

155.什么是人工智能？

答：人工智能（AI，Artificial Intelligence）是研究模拟、延伸、扩展人的智能（符号理解、问题求解、逻辑推理、规划设计等）的理论方法和技术应用的综合性学科，涉及计算机科学、控制理论、信息理论、神经生理学、心理学、语言学等多个学科的渗透融合。人工智能的本质是对人类思维过程的模拟，例如学习、思考、推理、规划等。

人工智能历经：20世纪50年代至70年代的"推理期"，即基于逻辑知识的表达、逻辑演绎的结果表示；70年代中期的"知识期"，即基于逻辑知识表示，利用各领域的知识获取来实现专家系统，并在80年代催生了具备自主学习的机器学习相关研究；90年代，人工智能开始在工业机器人、交通物流、语音识别、医疗诊断等产业领域应用，学术成果逐步实现了商业的落地转化。

156. 人工智能领域鼓励发展的方向有哪些？

答：根据国家发展和改革委员会令（第7号）《产业结构调整指导目录（2024年本）》，人工智能领域鼓励发展的方向如下：

（1）人工智能芯片，工业互联网、公共系统、数字化软件、智能装备系统集成化技术及应用。

（2）网络基础设施、大数据基础设施、高效能计算基础设施等智能化基础设施。

（3）人工智能标准测试及知识产权服务平台。

（4）产业智能化升级：智能家居、智能医疗、医疗影像辅助诊断系统、智能安防、视频图像身份识别系统、智能交通、智能运载工具、智能教育、智慧城市、智能农业、智能口岸建设。

157.什么是"强人工智能"和"弱人工智能"？

答：强人工智能（Strong AI）指的是一种理论上的人工智能形态，它展现出了真正的智能意识。强人工智能不仅能够模拟人类智能意识行为，进行自我意识、学习、理解、推理和使用语言，自主做出决策而不依赖于预先设定的编程指令，而且能够理解感觉和体验感受。

目前，强人工智能还没有较好的实际应用案例，但仍可预见一些应用场景。在医护领域，具有自主意识的陪伴机器人可以与患者进行深层次的对话，不仅可以给予医疗健康方面的指导意见，而且可以根据患者的情绪、爱好给予安慰或者鼓励。在科研领域，具有研究能力的人工智能系统可以自主地开展基础理论学习、交叉学科碰撞，提出新的研究观点并实施实验论证和迭代，最后对研究结果进行解释和修正。

弱人工智能（Weak AI）是人工设计用来面向特定问题或执行具体任务，从大量数据中学习形成相应模式识别的智能系统。这类系统貌似"智能"，但并没有真正意义上的人类的意识理解，而是模拟了人类智能的某些体现方式。

目前，弱人工智能在各类场景中得到了广泛的应用。在个人助理方面，人们可以通过手机唤醒智能助理功能，通过语音设定任务提醒、寻求问题答案等，甚至提供具体约束条件来完成任务（预订机票、远程宠物投喂等），但是这些都是基于训练模型或者程序设定形成的智能化功能。在视频推荐方面，智能系统根据观众的观看历史、年龄性别、网络行为等多源数据特征来预测其大概率的影视偏好，甚至可以根据观众在视频播放过程中的"快进"操作来反向提升剧本情节的内容编写质量。

整体来看，弱人工智能已经逐步融入了我们的日常生活，并且在影响着各类工作，更多的应用场景正在被不断创造，而强人工智能虽然是一个更加遥远的目标，但在一些科幻影视作品中已经可以看到它的身影。

158.什么是机器学习？

答：机器学习（ML，Machine Learning）融合了概率论、统计学、逼近论、凸分析、算法复杂度理论等多学科领域知识，主要研究计算机模拟并实现人类学习行为。机器学习的核心是归纳总结而不是演绎推理，即从大量历史数据中学习总结泛化规律，完成目标问题的特征的选择，获取隐藏在数据中的知识信息。

计算机在"大脑"中总结规律的过程，叫作"建模"；计算机在"大脑"中总结出的规律，称为"模型"；计算机通过反复学习训练总结出规律，然后学会辨识文字语言、图像视频等的过程，就叫"机器学习"。

"瑞雪兆丰年"是古人从大量样本（历史年份粮食产量）中学习总结得出的泛化规律：瑞雪（气象特征）与下一年粮食丰产之间存在强相关关系，今年下大雪预示着明年会有较好的收成。

机器学习的学习方式可分为无监督学习（UL, Unsupervised Learning）、监督学习（SL, Supervised Learning）、半监督学习

（SSL，Semi-Supervised Learning）和强化学习（增强学习，RL，Reinforcement Learning）。

（1）无监督学习直接对人工未做标注的数据进行建模，让算法通过分析自动获得其中的潜在关系。常见的无监督学习有聚类问题（K-means〔K-均值〕聚类等）、降维问题（主成分分析等）。

（2）监督学习是对人工已标注过的输入数据与输出数据之间的关系进行建模并生成关系函数，然后实现对未标注的输入数据进行预测性的数据输出。常见的监督学习有分类问题（输出离散，K近邻分类器、决策树、支持向量机、朴素贝叶斯、神经网络模型等）、回归问题（输出连续，线性回归、多项式回归等）。

（3）半监督学习是当人工标注数据出现信息缺失或者数据特征异常时，利用大量人工未标注的数据进行辅助学习，也可以理解为将有限的、已标注的样本数据与大量的、未标注的样本数据共同训练学习形成规律模型，例如半监督分类（SSC，Semi-Supervised Classification）、半监督回归（SSR，Semi-Supervised Regression）、半监督聚类（SSC，Semi-Supervised Clustering）、半监督降维（SSDR，Semi-Supervised Dimensionality Reduction）等。

（4）强化学习采用人工未标注的数据，通过设定评价条件（奖惩函数）来评价模型分析结果与正确结果之间的"远近"，形成模型的互动试错学习过程（奖励/惩戒），最终形成数据环境与模型动作之间的最佳映射关系（模型策略），例如马尔可夫决策过程（MDP，Markov Decision Process）、Q-learning（Q学习）等。

159.什么是深度学习？

答：深度学习（DL，Deep Learning）是机器学习的一个重要研究领域，最早的深度学习可以追溯到人工神经网络（ANN，Artificial Neural Network）的研究，它通过自动学习数据的低层特征形成高层数据特征，进而发掘数据内部潜在的特征表示，其实质是模仿人脑的数据理解分析机制来解释数据。

20世纪80年代以来，机器学习分别经历了浅层学习（SL，Surface Learning）和深度学习两个发展阶段。人工神经网络的反向传播算法开启了基于统计模型的浅层学习，支持向量机（SVM，Support Vector Machine）、最大熵模型（MEM，Maximum Entropy Model）、逻辑回归模型（LRM，Logistic Regression Model）等带有一层隐层节点或者没有隐层节点的神经网络均为浅层学习模型。深度学习模型较浅层学习模型而言，在神经网络层次结构方面具有更好的特征学习能力，通过构建类似人脑的分层模型结构，对输入的数据逐级进行特征提取，形成从底层信号到高层特征的映射关系，实现对数据的更深层次的认知分析。

160.统计学、机器学习和深度学习有什么区别？

答：统计学是一种理论方法，不能为机器学习提供特征，机器学习实现了让计算机自动学习规律。深度学习是机器学习的重要分支，它通过对底层数据特征的组合学习得到更抽象、更高层次、更准确的数据核心特征，同时随着数据量的增大，分析结果将更加准确。

以猫狗分类问题为例，传统机器学习需要定义面部分类特征，例如猫狗的胡须、耳朵、鼻子、嘴巴的模样等，然后计算机来学习这些人工定义的特征差异，最后对分析对象进行分类识别。深度学习不需要定义分类特征，它将自动地找出猫狗分类问题所需要的重要特征，然后进行分类识别。

深度学习适合处理大数据，机器学习更适合处理数据量比较小的情况；深度学习对硬件设施的依赖性更强，而机器学习的硬件需求相对较低；深度学习是从数据中学习特征，而机器学习几乎需要通过行业专家确定特征，然后在分析系统程序中写入特征再进行分析处理；深度学习是一次性端到端地分析解决问题，而机器学习通常采用分步逐个分析问题然后重新组合的方式。

161.什么是机器学习的"过拟合"和"欠拟合"？

答：当一个数据挖掘模型过于庞杂，该模型在数据挖掘过程中就会容易受到训练数据中较多的噪声和随机波动影响，进而产生过拟合（Overfitting）的情况。过拟合所产生的模型在采用训练数据时通常具有较好的表现，但在采用新的数据（测试集）运行时则往往表现较差。

过拟合通常是由于模型过于复杂（参数或层次过多）、训练时间过长、训练数据量太少或者不够多样化。因此，可以采用丰富训练数据、降低模型复杂程度、交叉验证、正则化技术等方式来避免过拟合问题。

当一个数据挖掘模型过于简单，无法在训练数据中获取到所包含的核心模式和规律特征，就会产生欠拟合（Underfitting）的情况。欠拟合所产生的模型在训练数据和新的数据（测试集）上均表现较差。

欠拟合通常是由于模型层次结构简单、训练不足导致数据特征未能充分发掘。因此，可以通过增加模型复杂性（增加参数、层数等）、延长训练时间或更换比较同类其他算法模型等方式来避免欠拟合的情况。

162.什么是自然语言处理？

答： 自然语言处理（NLP，Natural Language Processing）是指通过计算机技术来解决实体命名、文本分类、形似性检验、机器翻译、阅读理解等问题，并且人类使用者在使用自然语言处理的相应功能时，这些功能的正确率可以达到"图灵测试"要求的效果。

（1）实体命名。实体命名就是对自然语言文本中的实体进行标签化处理，标注定位具有某些预定义实体的字串，例如姓名、地名、机构名称、日期等。通过实体命名可以更好地理解自然语言的内容并支撑场景描述分析或者关键信息检索。

（2）文本分类。文本分类就是将自然语言文本划分为不同的类别，即给文本按照其特征或者属性打上预先定义好的标签。根据输出的类别数目的不同可以将文本划分为二分类问题和多分类问题。二分类问题的输出只有一个类别，例如"是"或"否"，而多分类问题的输出则有多个类别，例如鹦鹉、黄鹂和云雀。

（3）文本情感分析。文本情感分析是从词、短语、句子、篇章等不同维度的语料中形成情感特征判断。文本情感分析一般需要原始文本素材准备、文本预处理、构建语料情感库、情感分析等过程，分析的内容涉及情感分类、隐藏情感、情感溯源等方面。

（4）文本相似性分析。自然语言处理过程中，如果考虑字符出现的先后顺序，可以通过比较字符串中每个字符是否"相等"来判断两个文本之间的相似程度。如果不考虑字符出现的顺序，可以通过比较两个文本之间相同字符的数量来判断其相似性。对于中文文本的场景，也可以转化为笔画、拼音、五笔、编码等其他形式来分析文本相似程度。

（5）阅读理解。阅读理解是让计算机仿照人类理解文本的内容。计算机阅读一段篇章之后，能够结合篇章的内容回答相应的问题，回答问题的形式可以是直接从文中找到相同的内容，也可以是对文章理解后的作者潜在表达内容。

163.什么是写作机器人？

答：写作机器人又称为机器写作、自然语言生成，属于自然语言处理领域，通过综合应用大数据分析、内容理解和自然语言生成等技术手段实现机器智能生成文本内容。写作机器人主要应用领域包括，针对数据库中表格数据和知识库生成自然语言的新闻报道，即简讯；利用已有文字精炼合成的总结报道，即资讯。机器写作流程步骤如下：

（1）数据采集。通过各种信息渠道收集所报道对象的各类数据、资料、信息（模式、事件）。

（2）数据分析。对采集的数据进行零散化解析，结合时间关系、内容逻辑、描述背景进行解读，形成复杂抽象的信息阐释（消息、关系）。

（3）自动写稿。根据数据分析获取的模式和趋势，在特定场景中凝练形成具有可操作性的写作观点和意见，并按照预设的格式结构进行文字排布（规划、结构、矫正、规范）。

（4）审核签发。对生成的文字内容通过自动、半自动、人工等方式进行内容审定，并发布到指定的信息平台。

写作机器人可以根据已有材料和目标要求实现不同层次和要求的文档写作，主流方式如下：

（1）原始创作。输入结构化数据进行文字创作，例如天气预报、医疗报告、财经报道等。

（2）二次创作。根据已有文字素材（新闻报道、咨询报告、专利论文等）进行二次创作，形成基于原始文字素材的文稿，例如对同一事件不同新闻机构的报道进行对比、归纳、综述形成舆论分析报告。

（3）混合创作。计算机将原创和二次创作相结合，直接生成文稿中的结构化数据描述，其余描述从已有文字内容中提炼或改写生成。

写作机器人未来在文本改写、语音交互、看图成句、视频成章、文稿模板等方面将形成具有特色的行业应用。

164.什么是数据标注？

答：数据标注是在机器学习和人工智能领域中对原始数据添加标签或者注释的过程。计算机将标注后的训练数据与机器学习算法进行模型训练，使计算机能够理解和识别数据中潜在的模式、特征和关系。

数据标注过程可以是全人工标注方式或者"自动标注工具+人工审核修正"的半自动方式。数据标注既可以由专业训练的标注工程师（标注服务公司）完成，也可以通过众包平台上的独立标注工程师来完成。

数据标注所构成的训练数据集是机器学习和人工智能算法模型训练的重要环节，高质量的标注数据有助于提升机器学习模型的准确性、鲁棒性，因此，提升数据标注效率和质量是提高机器学习系统有效性的重要手段之一。

165.什么是文本标注？

答：文本标注是为文本数据添加标签或注释的过程，这些标注后的文本数据主要用于自然语言处理方面的机器学习算法学习训练，进而实现文本分类、命名实体识别、情感分析、信息抽取等功能任务。文本标注常见任务如下：

（1）文本分类。通过文本数据标注为每个文本样本分配不同的类别，例如将新闻稿件分为民生、教育、体育、经济、环保等类别。

（2）命名实体识别。为识别文本中的每个实体分配相应的名称标签，例如人物名、地址名、机构名、日期时间等。

（3）情感分析标注。对分析文本中的内容进行判断并分配积极、中性、消极等相应的情感色彩标签，例如积极情感（喜悦、赞扬、满意等）、消极情感（痛苦、压抑、愤怒等）、中性情感（客观陈述、中立表达等）。

（4）词性分类标注。对文本中的每个词汇分配语法角色和功能词性标签，例如名词、动词、形容词、介词等。

（5）句法组成分析。分析文本中句子的句法结构和成分并分配相应的句法关系标签，例如主谓宾关系、修饰关系等。

文本标注为机器理解文本内容提供了有效的训练数据，通过人工智能的学习和推断，可以满足在线客服、舆情监控、教育辅助等各类应用场景下的语义理解、情绪识别、交互应答、场景描述等功能服务。

166.什么是语音标注？

答：语音标注是在语音识别和语音处理领域中，为语音数据添加标签或注释。这些标注后的数据可以帮助计算机通过机器学习算法理解和处理语音数据，实现语音识别、语音合成、语音情感分析等智能化任务。语音标注常见任务如下：

（1）语音识别标注。将语音音频数据转换为文本格式，即为语音中的每个单词、短语添加文字标签，通过标注数据训练语音识别模型，实现语音转换为文本的功能。

（2）情感分析标注。对语音内容标注相应的情感表达标签，例如喜悦、激动、悲伤、烦躁等，使人机交互具有语音情感色彩状态分析能力。

（3）说话人识别标注。对不同语音标注所对应的说话人身份设计标签，使机器能够根据声音特征（响度、音调、音色等）区分不同说话人的不同内容。

（4）语音事件识别标注。对语音数据中的每个事件进行相应的标注，使机器能够识别语音中的特定事件（例如着火、急救等）或动作（例如拨打电话、定闹钟等）。

语音标注通常由专门训练的标注工程师进行纯人工标注或者使用自然语言处理工具进行辅助人工标注，以便机器学习算法通过标注数据训练出能够正确地理解和处理语音数据的模型。

167.什么是图像标注？

答：图像标注是为图像数据添加标签或者注释的过程，可以帮助机器学习算法理解和处理图像数据，实现图像分类、目标检测、图像分割等智能化任务。图像标注常见任务如下：

（1）图像分类标注。对每个图像样本标注不同类别的标签，例如将植物图像分为喜阳植物、喜阴植物、水生植物、湿生植物等类别。

（2）目标检测标注。标记图像中特定目标，标注其位置和边界框，例如对月季图像中的根系、茎部、叶片、花朵、果实等目标标记，框出其位置。

（3）语义分割标注。对图像数据中的每个像素标注语义标签，区分不同的物体和背景，例如将校园图像中的每个像素标记为学生、操场、教学楼、停车场、花丛、天空等。

（4）实例分割标注。实例分割不仅要标注不同的物体，还要区分同一物体的不同实例，例如对于图像中的多个车辆（轿车、公交车、环卫车等）区分标注它们的轮廓。

（5）关键点标注。标记图像中的关键点或关键部位，用于进行姿态估计、人脸识别等，例如标记人体图像中的头顶、颈部、肩部、手肘、手腕、胸部脊椎中心、膝关节等关键点。

图像标注构成的训练数据库将用于机器视觉领域，在行为异常检测、智能监控识别、医疗阅片诊断、无人自动驾驶等领域已经形成了相关的应用案例。

168.什么是视频标注？

答：视频标注是对视频数据添加标签或者注释，标注后的视频数据可以支撑机器学习算法理解和处理视频数据，实现视频分类、目标检测、行为识别等任务。视频标注常见任务如下：

（1）视频分类标注。对每个视频样本标注相应的标签，将视频内容划分为不同的类别，例如将视频片段划分为动画片、战争片、纪录片等。

（2）目标检测标注。标注视频中的特定目标的位置或者边界范围，例如对视频中的行人、车辆、交通信号等目标进行位置标框或者状态描述。

（3）行为识别标注。对视频数据中的特定行为或动作事件进行标注，例如标记运动比赛视频中的违规动作。

（4）关键帧提取标注。标记视频中的关键帧或重要帧，以便用于视频摘要生成或视频检索等任务，例如从电影视频中提取具有代表性或关键性的帧。

（5）动作检测标注。标记视频中的动作或运动轨迹，以便进行动作识别或运动分析，例如标记体育比赛视频中运动员的运动轨迹和动作。

视频标注通常需要专门训练过的标注员使用视频标注工具进行标注，以便机器学习算法能够正确地理解和处理视频数据。高质量的视频标注数据对于训练出准确、稳定的视频处理和分析模型至关重要，因为它们为模型提供了学习和推断的基础。

169.什么是计算机视觉？

答：计算机视觉是机器模仿人类视觉系统实现对视觉信息（视频、图像）的识别、处理和分析，其主要的任务功能如下：

（1）识别分类。通过计算机识别视频、图像中的特定对象、场景或者活动所属类别，例如河边中的植物、动物、车辆等。

（2）对象检测。识别和定位图像中一个或多个特定对象，例如球赛中的球员、教练、裁判等。

（3）图像分割。将图像分割成多个区域或者对象，进而更加详细地分析图像的内容，例如医疗影像中的肿瘤检测。

（4）运动分析。在视频中跟踪特定对象的运动模式和轨迹，例如篮球比赛战术跑位分析。

（5）场景重建。通过一组不同视角的图像重建三维场景，例如古老历史建筑场景重构。

（6）图像恢复。将原始低质量图像提升质量，例如噪声去除、细节增强等。

（7）特征提取。从原始图像中提取有价值的特征，例如文物碎片轮廓角点、图案纹理等。

计算机视觉已应用于工业缺陷检测、自动驾驶汽车、无人机姿态评估、医学图像分析、环境智能监控、自动内容分级分类等领域。

170.什么是人脸识别技术？

答：人脸识别（Face Recognition）技术是一种基于人类面部特征信息进行身份识别的生物特征识别技术，随着半导体、集成电路与云计算、大数据、人工智能等新一代信息技术的发展普及而得以广泛应用（图7-1）。

从广义的范围来看，人脸识别系统是人脸图像采集、人脸区域定位、人脸识别预处理、个体身份确认和个体身份查找等一系列技术集。从狭义的范围来看，人脸识别只是指通过人脸图像特征分析确认个体身份信息、查找身份信息的智能系统。

人脸识别技术的应用模式主要包括人脸验证、人脸辨识和人脸聚类：

（1）人脸验证（Face Verification）是判断所提供的人脸图像是否与目标人脸图像属于同一个人，例如证核验等身份认证类功能模式。

（2）人脸辨识（Face Identification）是判断输入的某

图7-1 基于人脸识别技术的公共安全应用

个人脸图像是否与注册库中的储存身份信息一致,同时返回辨识结果。人脸辨识通常应用于静态检索或动态布控类功能模式。

(3)人脸聚类(Face Clustering)是将给定的一批人脸图像中具有相同特征的图像划分至同一个类,同时可按照不同的特征需求划分为多个不同的类型归属,例如智能相册等。

目前,主流的人脸识别算法主要包括人脸检测、人脸预处理、特征项提取、对比识别、活体鉴别等步骤环节(图7-2)。其中,人脸检测、人脸预处理、特征项提取统称为人脸视图解析过程。人脸视图解析过程首先从视频图像中检测出人脸所在的视频图像区域,通过对人脸图像质

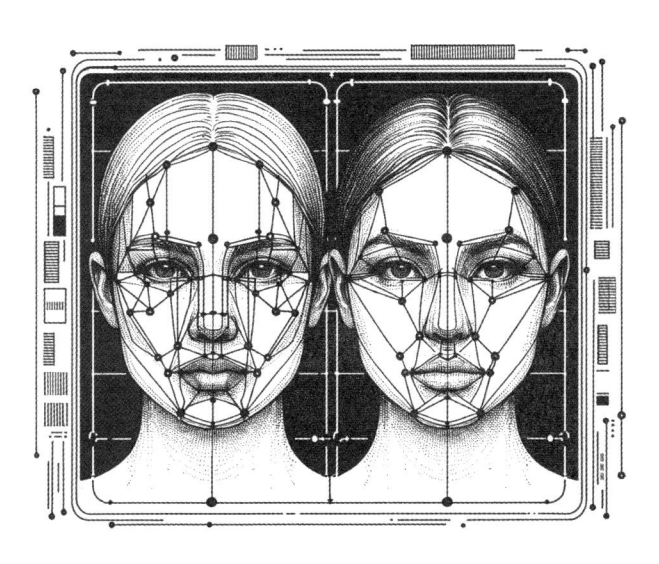

图7-2 人脸识别特征标注

量判断分析，选取合适的人脸图片，然后提取人脸特征向量，用于后续比对识别。比对识别处理可根据需求划分为人脸验证（1:1）和人脸辨识（1:N）两类。活体鉴别算法则可以判断人脸识别处理中所采集的人脸图像是否来自真实人体。

171.什么是行为识别技术？

答：行为识别（Behavior Recognition）技术是通过图像、视频、温度、压力、加速度、磁力等单一传感器或者多种传感器融合的方式，对被测目标信息进行数据采集和测量识别的技术（图7-3）。行为识别技术融合了传感、数据挖掘、机器学习、模式识别等多种类型的信息技术。行

图7-3　行为识别测试实验

为识别技术通过对人类行为中的表层形态及深层次行为规律的特征提取,实现了对目标人体的站立、行走、奔跑、跳跃等各类形式的静止或运动状态的精确表达。

目前,人体行为识别主要包括头部运动识别、手势识别、步态识别、基本姿态识别、异常姿态识别等多个方面。根据所采用的识别技术的差异,人体行为识别可分为基于计算机视觉的行为识别、基于传感器系统的行为识别、基于多模态数据融合的行为识别。

172.什么是大模型?

答:人工智能领域的"大模型"是指大规模、高复杂的机器学习模型,这类模型需要通过复杂的算法模型来处理学习巨量的数据。这些模型的特点如下:

一是模型包含大量参数。大模型通常包含数十亿到数万亿个参数。这些参数是机器学习模型的重要组成部分,使模型能够获取并学习巨量数据中的复杂模式和各类关系,例如OpenAI的GPT-3模型有1750亿个参数。

二是大规模的训练数据。为了有效地训练这些大模型,需要大量且多样化的标注数据。这些标注数据需要涵盖各类主题和功能场景,使大模型能够处理各类输入形式和不同的场景需求。

三是高性能计算资源。大模型的训练和运行需要消耗大量的计算资源。对于人工智能场景则需要使用具有高性能GPU集群或者面向AI的处理器所构成的智算中心。

四是多样化任务功能。大模型通常要求具有一定的通用性和泛化能力，能够处理文本、图像、音频、视频等不同的数据类型，同时要具有在没有特定训练数据集条件下的任务适应能力。

人工智能大模型在基于自然语言处理的智能写作与代码编写、基于图像识别技术的自动驾驶和阅片诊断、基于语音识别技术的智能家居和个人助理等方面给出了开创性的业务解决方案。同时，人工智能大模型的训练和运行带来了大量的电力能源和计算资源消耗，大模型结论的透明性和可解释性成为加速广泛应用的重要研究方向，人脸识别、算法伦理、数据隐私等安全问题也成为影响其发展的不确定因素。

173.大模型和一般算法模型有什么区别？

答：大模型和一般算法模型的区别不仅涉及模型规模和复杂程度，还包括模型的训练方法、训练数据、计算资源、功能用途、泛化能力等。大模型与一般模型之间的主要差异如下：

（1）模型大小和复杂性。大模型通常具有巨量的参数，参数数量为数十亿个甚至是数万亿个，这样才使它能够获得更复杂、更细微的数据特征。一般模型的参数数量相对较少，最多只有数百万个或者数千万个，此类模型通常处理较简单或者涉及数据集较小的问题。

（2）训练数据和资源需求。大模型需要大量的训练数据来学习优化各类任务，同时也需要大量的由高性能GPU或者专用硬件构成的计算资源。一般模型的训练所需的数据量相对较少，使用较少的计算资源就可以完成分析任务。

（3）功能用途。大模型通常可以实现多种类型的任务或者用途，例如文本生成、图像识别和语音处理等。一般模型主要用于特定任务需求，例如特定图像识别、细分领域文本分析。

（4）泛化能力。大模型通常具有更强的泛化能力，能够在没有额外训练的情况下适应新的任务。一般模型则需要调整模型或者训练数据才能适应新的应用场景需求。

（5）可解释性。由于大模型的复杂性较高，其决策过程可能较难理解和解释。一般模型的内部结构相对简单，在理解和解释其输出结果方面相对清晰。

174. 什么是联邦学习？

答：在传统的机器学习中，通常是将数据收集到一个中心位置进行模型训练，这可能涉及传输大量数据到中央服务器，这种方式可能产生数据隐私保护、行业竞争壁垒、数据安全防护等方面的问题。因此，多源数据的有效集合成为制约人工智能模型训练的突出问题。联邦机器学习（Federated Machine Learning/Federated Learning）也称为联邦学习、联合学习、联盟学习，其主要作用就是对分布在不同设备上的原始数据进行联合训练，不需要将原始数据传输汇聚到中央服务器。在联邦学习中，原始数据存储在多个分布式设备上，例如智能手机、边缘服务器、个人或者组织独立服务器等，每个设备都独立保留了其本地数据，因而不需要将这些数据传输到中央服务器。

在联邦学习开始时，算法开发工程师在中央服务器上对全局模型进行初始化，这个模型通常是一个神经网络或其他机器学习模型。在联邦学习训练中，每个分布式设备都在本地读取、使用本地数据对全局模型进行训练，全局模型在每个设备上都进行了一些局部更新，以符合该设备的数据特征规律。经过本地训练后，设备将本地模型参数更新并发送回中央服务器（发送的并不是原始数据）。中央服务器将接收到的本地模型参数聚合在一起，并进行全局模型参数更新，本次更新参数后的全局模型将作为下一轮本地训练的初始化模型。最后，全局模型根据训练结束条件进行迭代终止。

联邦机器学习的数据训练和模型更新过程中原始数据并不会离开本地设备，因此，它在保护隐私和数据安全方面具有明显优势，在医疗图像诊断、个性兴趣推荐、金融欺诈预警等领域得到了探索应用。

175.什么是AI新基建？

答：AI新基建是指围绕人工智能技术领域开展的基础设施建设，其目标是加快推动人工智能技术的发展和应用，支撑和促进数字经济和智能社会的建设步伐。AI新基建涉及数据、算法、算力、场景、创新等多个环节，各环节主要内容如下：

（1）数据基础设施（数据）。数据基础设施包括但不限于各类数据中心、大数据存储和处理系统、云计算服务平台等面向数据管理、存储、分析的技术和装置，实现对人工智能算法的数据支持。

（2）算法模型设施（算法）。算法模型设施包括深度学习框架、机器学习算法库、模型部署平台等，为人工智能模型的开发部署提供技术支持和工具服务。

（3）计算基础设施（算力）。计算基础设施包括高性能计算（HPC）系统、GPU服务器集群、量子计算机等，用于支持人工智能复杂计算任务，加速模型训练、逻辑推理过程。

（4）业务解决方案（场景）。业务解决方案是指基于人工智能技术的各类应用场景，例如智慧能源、智能制造、智慧交通、智能城市、金融科技等，"为人工智能找工作"将推动"人工智能为人找工作"，创造出各类新型就业岗位。

（5）人才科研平台（创新）。人才科研平台不仅包括人才培训、研究院所、实验室等科研和人才单位，同时也包括技术成果评价、成果转化中介、知识产权服务、产业咨询智库、人才项目招引等产业服务机构。

AI新基建是构建人工智能基础设施体系和产业生态创新系统的基础工程，是推动人工智能产业升级和各行业领域经济增长的核心动能。推动AI新基建将成为现阶段及未来经济持续高质量发展的重要引擎和优势储备。

176.什么是人机交互?

答: 人机交互(HCI,Human Computer Interaction)实现了人与计算机之间为执行某项特定任务所进行的信息交换过程,即人们与手持设备、家居设备、穿戴设备、机器人、无人汽车等设备装置,通过多种自然模态(语音、手势、行为等)产生可理解的信息反馈互动(图7-4)。

在信息呈现和交互表达方面,人机交互最大程度地符合人对现实世界已有的认知,信息传输畅通且内容充分,最大限度地降低甚至无需学习成本。人可以通过比较模糊的表达和信息传递方式使机器端能够理解所表达

图7-4 人机交互

的意愿，进而实现相应的服务功能。例如谷歌的人工智能小程序"猜画小歌"就是人在一定时间（20秒）内画出图案，"猜画小歌"对所输入的画作进行辨识猜物的人机交互过程。

177.什么是多智能体？

答：多智能体是指由多个具有自主决策能力的智能实体（AI Agent）构成的系统，多智能体不仅能够感知环境、信息交互，而且可以根据任务目标和规则要求采取相应行动。每个智能体不仅可以独立思考和行动，而且可以与其他智能体进行通信、协作甚至是相互竞争。多智能体系统的主要特征如下：

（1）自主决策。每个智能体都具有自主决策的能力，可以根据自己的感知和任务做出独立的决策判断。

（2）局部感知。每个智能体只能感知到局部的环境信息，需要通过与其他智能体的信息交互才能获得全局信息。

（3）交流互动。智能体之间可以进行交流和互动，通过竞争合作来实现共同的目标任务。

（4）异质特性。每个智能体可以具有不同的能力、知识和目标，通过差异性和异质性可形成多种功能。

多智能体和群体智能的概念和侧重有所不同。多智能体系统涉及分布式系统、博弈论、人工智能等学科领域，群体智能主要涉及仿生学、协作控制和集体决策等学科领域。多智能体强调系统中存在多个具有自主决策能力的智能实体，而群体智能强调的是简单个体所构成的整体复杂协同行为。多智能体关注的是独立的智能个体，它们具有各自的目标、知识和能力，而群体智能关注的是集体行为的建模分析，不是个体的智能化问题，更强调群体行为的规律性和复杂性。

多智能体在无人驾驶车辆系统中的行驶协同、物流管理系统中的协作配送、应急灾害系统中的搜寻救援等方面均有所应用。

178.什么是机器人3.0？

答：机器人的发展历程展示出了人类社会从电气时代进入数字时代的演变过程，大致经历了以下3个阶段（图7-5）：

（1）机器人1.0阶段（1960年至2000年）。该阶段机器人主要应用于制造业领域，实现了替代人工的机械式重复劳动过程，该阶段的特征是机器人控制系统预先被编程设定形成固定的运动指令，并逐条重复精确执行（示范预设）；另一个特征是机器人与人之间无信息交互，被直接隔离在生产流水线上实现设备制造（人机隔离）。

（2）机器人2.0阶段（2000年至2015年）。该阶段实现了传感器技术与数字技术的相互融合，实现了机器人的感知能力，进而模拟人类的简单判别功能。该阶段的特征包括：机器人通过视频、压力、加速度等传感器信号实现了对工作环境的感知（初步感知）；数字化的信息处理能力为机器人注入了基础的数据处理和判断能力,对于执行过程中的异常情况可以进行主动修正(初级智能);应用领域由工业制造延伸至商业服务,实现了人机互动功能(初现协作)。

(3)机器人3.0阶段(2015年至今)。随着精准感知、快速计算、智能控制等技术的迭代升级,图像识别、自然语音分析、认知学习等新兴信息技术在机器人领域渗透应用,机器人呈现出了无处不在(工业、农业、商业等)的全面人机融合、情感交互阶段特征。

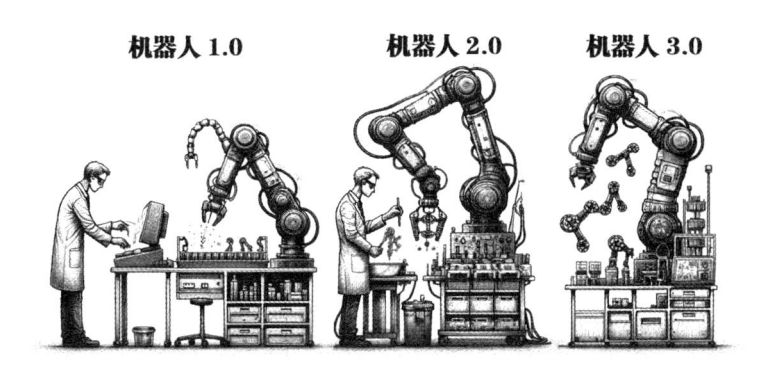

图7-5 机器人发展各阶段

179.什么是知识图谱?

答:知识图谱是由一系列实体(Entity)、实体之间的关系(Relation)、实体和关系的属性(Attribute)共同构成的图形化结构。知识图谱实现了各类主体(人物、事物)的图形化,不仅可以更直观简洁呈现出复杂的信息,而且可以通过机器来理解和推理这些主体的信息。知识图谱的基本特征如下：

（1）语义内容翔实。知识图谱直观准确地展现出了实体及其相互关系和属性。

（2）结构化表示。知识图谱是以图形化的方式呈现，即以"实体1—关系—实体2"三元组的结构形式来表示实体之间的关系。

（3）可扩展性。知识图谱可以添加新的实体、关系和属性，进而持续丰富知识库内容。

知识图谱在搜索引擎、智能问答、个性推荐、健康医疗等领域均有所应用，进一步提高了信息检索的精准性、内容推荐的准确性、问题解答的有效性等。在搜索引擎方面，可以采用知识图谱技术为检索用户提供与搜索主题相关的信息摘要、实体属性、相关链接等。在智能问答方面，知识图谱可以帮助用户快速获取问题的答案，同时可以将知识图谱中的实体和关系通过自然语言处理技术进行推理问答。在个性推荐方面，根据用户的兴趣和行为分析，利用知识图谱中的实体和关系进行用户画像分析，进而推荐相关的内容或商品。在语音助手方面，知识图谱可以用于构建智能语音助手，帮助用户进行语音交互和信息查询。在健康医疗方面，知识图谱可以构建基于医学知识、疾病特征、诊疗资源、用药处方等数据的实体和关系，辅助医生高效诊断，帮助患者理解医疗方案。

180.人工智能如何应用于提升数据中心运营管理？

答：以数据中心预测性维护场景为例，人工智能驱动该场景的过程包括确定系统范围、收集历史数据、数据预处理、选取核心指标、标注典型数据、选择算法模型、模型参数训练、模型验证调优、与现有系统集成、监测控制干预等10个环节以及人机回路迭代（图7-6），详述如下：

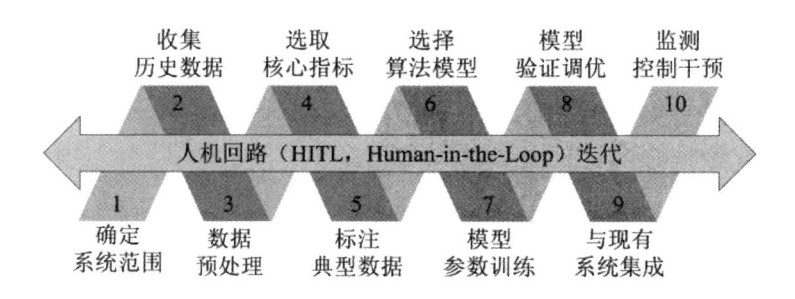

图7-6 人工智能驱动数据中心运营业务场景环节方法

（1）确定系统范围。明确需要开展预测性维护的数据中心软硬件系统目标范围，包括但不限于所需监控监测的各类设备及其关键技术指标。

（2）收集历史数据。从数据中心内的各种系统中汇集历史数据，包括但不限于设备基础参数、操作控制数据、运行状态性能、内外环境条件、历史维护记录以及可能影响运行状态的各类传感、操作、维护日志数据。

（3）数据预处理。针对数据存在的缺失值、异常值和重复值等情况进行数据清理和相应的预处理，进而确保数据适合人工智能模型训练。

（4）选取核心指标。从数据集中选取对数据中心设备性能健康度影响程度较高的典型指标或特征变量。

（5）标注典型数据。对数据中心发生故障前期和发生故障中的历史数据进行标注，将标注后的数据用于训练人工智能预测性维护模型。

（6）选择算法模型。根据数据中心预测性维护所涉及的业务场景特点和数据属性特征选择合适的人工智能模型。例如适合处理和预测时间序列中间隔和延迟相对较长的长短期记忆网络（LSTM，Long Short-Term Memory）。

（7）模型参数训练。采用标注后的数据集来训练优选后的机器学习模型，通过历史数据建立学习特征和故障发生之间的算法模型。

（8）模型验证调优。使用同类型独立的数据集对人工智能模型进行可靠性验证和模型参数调优，以确保该模型具有更好的适用性和一致性。

（9）与现有系统集成。将训练调优后的人工智能模型与数据中心之前的运维系统进行功能化融合集成，并通过内嵌人工智能模型的实时运维系统持续接受新的数据进行预测。

（10）监测控制干预。基于内嵌人工智能模型的实时运维系统实现设备潜在故障的预测性监控，将相关监测分析报告及时推送数据中心运营商形成维护干预意见。

提升数据中心运营管理，需要定期采集系统新数据进行人工智能模型训练，并可采取人机回路（HITL，Human-in-the-Loop）方法将人类专家（业务专家、流程专家、技术专家等）的经验决策融入人工智能系统训练过程及决策控制流程中。通过跟踪分析变化过程、中间结果、模型反馈、后台执行等过程，进一步增强人工智能系统的透明度和可解释性。

181.如何对基于AI的自然语言处理工具提出高质量问题?

答：随着基于AI的自然语言处理工具平台的广泛应用，OpenAI的ChatGPT、科大讯飞的"讯飞星火"、百度的"文心一言"、阿里的"通义千问"、腾讯的"混元助手"、中国知网的"AI学术研究助手"等平台展现了理解和学习人类语言知识的基础能力，并且在撰写文案、编写代码、辅助科研等方面体现出了强大功能。一个好答案需要依赖一个好问题，因此，对这些工具平台提问要注意以下方面：

（1）问题清晰简洁。问题的表达要简明扼要，尽量采用具有针对性的短句，避免描述模糊或者产生歧义。

"坏"示例："请告诉我如何去机场？"

"好"示例："我预计明天上午从医院出发十点去机场，哪种方式最便捷安全？"

（2）表述具体明确。问题要能够提供详细和具体的信息，使自然语言处理工具能够结合上下文正确理解问题内容，避免过于抽象或泛泛的问题表述。

"坏"示例:"请解释下科技是什么?"

"好"示例:"人工智能是什么?它在政务服务领域如何应用?"

(3)避免经验假设。尽量避免在问题中假设自然语言处理工具已经具备相关知识背景,对于新兴概念或者知识要先询问知悉情况,然后再提出相关问题。

"坏"示例:"你觉得'特种兵式旅游'有哪些优势?"

"好"示例:【问题一】"你知道什么是'百模大战'吗?"【问题二】"你觉得'百模大战'会带来什么问题?"

(4)问题合乎逻辑。合理的问题才能获得准确和有效的答案,过于主观臆断或不符合逻辑的问题可能导致产生随意和不可靠的答案。

"坏"示例:"如何通过绿植降低数据中心能耗?"

"好"示例:"如何通过绿色能源降低数据中心整体能耗?"

(5)明确输出格式。要明确回答内容输出的形式或者格式,例如表格、柱状图、折线图、散点图等。

示例:"请以表格形式对比'自行车'和'摩托车'的异同。"

(6)答案延伸拓展。如果自然语言处理工具给出的答案还不能满足用户的答案需要,可以使用引导式的追问来进一步丰富答案的维度或者内容。

示例:"除了上述方面,还有哪些方面可以提高教育数字化水平?"

另外,每个自然语言处理工具由于开发机构所在区域的差异,采用本地主要语言的语料数据较多,其本地语言理解度会更好。因此,建议转化为本地语言提问,可能效果会有所提高。同时,还要考虑不同区域的文化差异和特定语境,自然语言处理工具对相同的问题可能会形成不同的答案,对于敏感问题可能会产生明显的理解偏差和认知差异。

人工智能·专题自测

1.什么是人工智能?

A. 机器可以思考和感知　　B. 计算机模拟人类智能

C. 自动化所有工作过程　　D. 网络连接设备的技术

正确答案:B

答案解析:人工智能是计算机科学的重要分支领域,其主要目标是模拟和实现人类智能的学习思考和决策行为。

2.以下哪项不是人工智能的子领域?

A. 机器学习　　B. 自然语言处理

C. 机器视觉　　D. 云计算

正确答案:D

答案解析:云计算虽然与人工智能相关,但不是人工智能的子领域,而是一种计算资源管理和服务方式。

3.机器学习是什么?

A. 让机器拥有感知能力

B. 计算机模拟人类思考过程

C. 让机器从数据中学习规律并进行预测或决策

D. 用机器代替人类工作的过程

正确答案:C

答案解析:机器学习是一种人工智能领域的技术,使机器能够从数据中学习潜在规律,并在没有预设编程输出结果的情况下进行预测或决策。

4.机器学习中的"过拟合"是指什么?

A. 模型性能不足

B. 模型过于简单

C. 模型过度拟合训练数据,导致在测试数据上性能下降

D. 模型欠拟合训练数据,导致无法学习到模式

正确答案:C

答案解析:过拟合是指模型在训练数据上表现良好,但在测试数据上性能下降,主要是由于模型过于复杂(参数或层次过多)、训练时间过长、训练数据量太少或者不够多样化等。

5.机器学习中的"欠拟合"是指什么?

A. 模型性能不足

B. 模型过于复杂

C. 模型过度拟合训练数据,导致在测试数据上性能下降

D. 模型欠拟合训练数据,导致无法学习到模式

正确答案:D

答案解析:欠拟合通常是由于模型层次结构简单、训练不足导致模型没有将数据特征充分发掘学习。

6.什么是深度学习?

A. 机器学习的分支,使用深度神经网络进行学习

B. 计算机模拟人类的思考深度

C. 通过深度连接设备的技术

D. 机器模拟人类的感知深度

正确答案：A

答案解析：深度学习是机器学习的一个分支，使用深度神经网络进行学习和模式识别。

7. 人工神经网络是受什么启发而设计的？

A. 计算机硬件　　B. 大脑的神经元网络

C. 量子物理　　　D. 机械工程

正确答案：B

答案解析：人工神经网络的设计是受到了大脑神经元网络运行方式的启发。

8. 人工智能中的"强人工智能"是指什么？

A. 一种专业领域的人工智能

B. 一种特定任务的人工智能

C. 具有与人类相似的智能决策和自主思考能力的人工智能

D. 只能执行预定任务的机器

正确答案：C

答案解析：强人工智能不仅能够模拟人类智能意识行为，进行自我意识、学习、理解、推理和使用语言，自主做出决策而不依赖于预先设定的编程指令，而且能够理解感觉和体验感受。

9. 人工智能中的"弱人工智能"是指什么？

A. 一种专业领域的人工智能

B. 一种特定任务的人工智能

C. 具有与人类相似的智能决策和自主思考能力的人工智能

D. 只能执行预定任务的机器

正确答案：B

答案解析：弱人工智能是人工设计用来面向特定问题或执行具体任务，从大量数据中学习形成相应模式识别的智能系统。这类系统貌似"智能"，但并没有真正意义上人类的意识理解，而是模拟了人类智能的某些体现方式。

10.自然语言处理是什么？

A. 一种古代文字解释技术

B. 一种模拟人类语言理解和生成的技术

C. 计算机编程语言

D. 一种文字处理协议

正确答案：B

答案解析：自然语言处理是模拟人类理解、生成人类语言的技术，可以实现人类和人工智能之间的对话沟通。

11.什么是人工智能的"训练数据"？

A. 用于训练机器学习模型的数据集

B. 机器学习模型的输出结果

C. 用于测试机器学习模型的数据集

D. 机器学习模型的超参数设置

正确答案：A

答案解析：训练数据是标注后用于训练机器学习模型的数据集合。

12.相较于传统模型，大模型的主要优势是什么?

A.更快的训练速度　　B.需要更少的数据进行训练

C.更强的泛化能力　　D.更简单的模型结构

正确答案：C

答案解析：大模型能够更广泛、更深层次地学习到数据的特征和模式，因而具有更强的泛化能力，即某些任务内容虽然在模型训练环节中没有针对性地使用训练数据，但仍能被较好地处理。

13.相较于传统模型，训练大模型的主要挑战是什么?

A.数据质量的忽视　　B.过度依赖特征工程

C.巨大的计算成本　　D.缺乏预定义的结构

正确答案：C

答案解析：训练大模型作为资源密集型任务，通常需要消耗巨大的计算成本，不仅需要GPU、TPU等高性能硬件资源，还需要能源和时间。

14.什么是联邦学习的主要特点?

A.数据集集中存储在单个中心服务器上

B.所有参与方共享完整的原始数据

C.模型更新在本地执行，只上传参数更新

D.所有参与方共享同一个模型

正确答案：C

答案解析：联邦学习的主要特点是在本地执行模型更新，只是上传参数更新给中央服务器，而不需要共享完整的原始数据或者在某个中心化的服务器上存储所有数据集。

15. AI新基建的主要内涵是什么?

A. 传统基础设施建设的更新和升级

B. 新兴技术在传统基础设施中的应用

C. 以人工智能技术为核心的全新基础设施建设

D. 对传统基础设施的完全替代

正确答案：C

答案解析：AI新基建的内涵主要是建设面向人工智能技术及其应用的基础设施，它不仅涉及传统基础设施的更新升级，也包括数据、算法、算力、场景、创新等多个基础能力环节。

16. 多智能体系统中的"智能体"指的是什么?

A. 单个人工智能程序　　　B. 单个物理机器人

C. 单个参与者或决策实体　D. 单个传感器设备

正确答案：C

答案解析：多智能体系统中的每个"智能体"通常是单个参与者或者决策实体，可以是人、机器人或者程序等。

17. 给AI提出高质量问题时，以下哪项是推荐的做法?

A. 提出开放性问题，不限制答案范围

B. 提出问题时附带给出解决方案

C. 仅使用关键词而不是完整句子

D. 只关注问题的表面而忽略背后的本质原因

正确答案：A

答案解析：给AI提出高质量问题时，要激发AI的创造力和思考力，推荐提出开放性问题且不限制答案范围，使之产生更加丰富和深入的解答。

第八部分

区块链

182. 对区块链技术有哪些误解？

答：**区块链技术就是比特币。**比特币是区块链技术的一种应用场景，区块链不等同于比特币。区块链是一种分布式账本技术，具有去中心化、防篡改和可追溯等特点，而比特币是一种数字货币。

采用区块链技术就意味着绝对安全。采用区块链技术可以进一步提升数据的安全性和流程的透明性，但是在区块链智能合约编写、加密货币交易等环节仍可能存在漏洞风险，因此，采用区块链技术并不意味着绝对安全。

区块链是无法被篡改的。区块链技术强化了上链数据防篡改功能，但并不意味着链上数据完全不可能被篡改。当网络攻击者掌握了区块链网络51%的计算能力，就拥有了记账权优势，同时也具备了篡改区块链数据的权利。

区块链技术一定是高效的应用。区块链技术通常涉及各类主体共同参与，不仅需要复杂的共识算法，还需要大量的计算资源。因此，参与主体种类数量、数据交互吞吐量和能源消耗约束等因素将影响区块链应用的运行效率。

区块链技术需要采用加密货币作为行业应用的基础。区块链技术并不是以加密货币作为其行业应用的基础条件，它可以不依赖加密货币这种应用方式而独立应用于其他领域，例如供应链金融、供应链管理、版权存证等。

区块链技术适用于各类数据存储的需求场景。区块链适用于特定的重要数据存储需求场景，例如交易记录、供销合同、电子票据等可能存在交易抵赖风险的场景。对于非敏感的大规模普通数据存储仍可通过传统的数据库技术来实现。

区块链可以彻底消除欺诈。区块链可以通过技术手段强化链上数据的可信度，但这并不意味着完全消除欺诈行为。特别是物理实体世界和数字信息世界的接口信任问题，即如果上链数据是虚假的，则数据仍存在可靠性风险。

区块链是完全匿名的。在区块链的解决方案实践中，区块链上的参与者或合约可以用地址作为唯一标识符，区块链上的交易都是可以被追踪和记录的。因此，区块链并不是完全匿名的。

区块链技术不需要监管。区块链技术具有"去中心化"特征，但并不等于"去监管"。因为如果没有监管，就可能会出现违规行为和欺诈行为，破坏市场公平性竞争。因此，需要依托全流程监管技术来实现区块链的合规应用和风险防范。

183.什么是区块链？

答：2009年至今，区块链技术历经了以加密数字货币为代表的区块链1.0（比特币）、以智能资产和智能合约为代表的区块链2.0（金融应用、以太坊）、以跨组织互信与实体经济融合为代表的区块链3.0阶段。2017年起，区块链技术开始从实验室步入了行业应用，并且在各领域内部和领域之间探索与业务需求契合度更高、区块链技术适应度更好的行业解决方案。

狭义来讲，区块链是按时间顺序将数据区块以顺序相连的方式组合形成的链式数据结构，和以密码学技术保证数据不可篡改、不可伪造、共识互认的分布式存储记账方式。广义来讲，区块链技术是利用块链式数据结构来验证与存储数据、利用分布式节点共识算法来生成和更新数据、利用密码学技术保证数据传输和访问的安全、利用由自动化脚本代码组成的智能合约来编程和操作数据的一种全新的分布式基础架构与计算方式。

区块链技术实现了任何访问互联网的用户都可以在一个庞大的、开放的数据记录系统进行查询，但没有特定的机构和部门来负责维护，而由分布于全球不同位置的分布式网络计算机来支持，且属于自愿参与。提供计算资源的用户有时候会得到一些回报。

数据记录的所有信息都是持续存储且无法篡改的,每台计算设备均保存着一份记录。如果某个用户计划对区块链系统进行修改,则需要对全球不同位置的分布式网络计算机都进行修改操作且得到所有计算机的批准,因此这些记录无法伪造。单点数据的入侵篡改不影响整个系统的运行,即"去中心化"。

从产业融合来看,区块链实现了行业各环节向产业长链条的贯通,同时推动了平行产业之间的交错融合,即由点及链的行业融合,由链至面的产业融合。从适用场景来看,区块链的技术效果(分布式存储、去中心化、防篡改、可追溯)决定了其适用的应用场景(参与方众多、交易链条长、中心化效率低、不够透明、缺乏信任)。从用户主体业务来看,单用户主体主要运用于自身内部的部门间的业务过程,多用户主体则通过发掘共性业务需求或者共振传导需求实现跨领域的多方效能提升。从用户技术感知来看,区块链运用需强依附于业务需求,如果说其他技术的感知类型属于to B(面向企业)或者to C(面向消费者),区块链则通过"附着"于业务流程,"融合"于大数据和人工智能等新一代信息技术,进而"无感"达到新的技术效果和业务能力。

184.如何理解区块链中的"区块"与"链"?

答:区块链是由一系列的"区块"数据结构组成的,

每个数据区块均包含一定数量的记录信息并且通过加密算法与前一个区块数据按照时间顺序依次连接成"链"（图8-1）。"区块数据+链式结构"的基本特征如下：

（1）数据结构。每个数据区块均包含一组数据记录信息，类似账本的一页交易记录，在这页账本上记录了在特定时间范围内发生的所有交易。

（2）加密安全。每个数据区块都通过密码学方法（例如哈希函数）与前一个数据区块连接。在一段完成的区块链数据中，如果要更改其中任何一个数据区块信息，就必须更改其后面的所有数据区块。从实际操作层面来看，这种篡改某一个数据区块的操作几乎是不可能的。

（3）时间戳。每个数据区块在生成过程中都会以其创建的时间作为标记时间戳，这种方式可以保持区块链的顺序并提高区块链自身的透明度水平。

（4）共识机制。在区块链网络中，共识机制决定了新

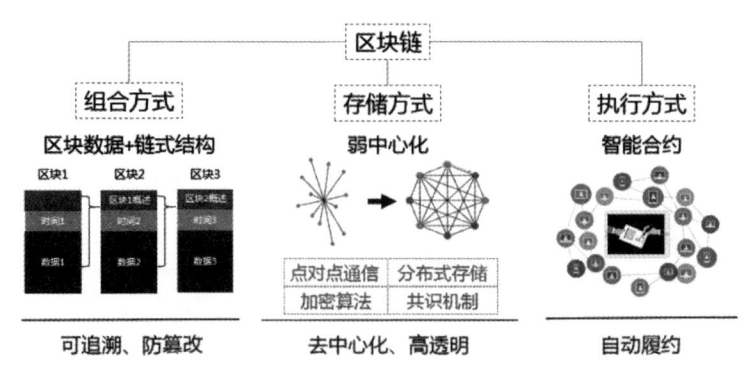

图8-1　区块链主要技术构成

的数据区块的创建、添加方式。

（5）去中心化。区块链上的数据区块不由特定单一的中心化实体节点（计算机）进行统一管理，而由网络中的多个节点（计算机）共同维护。

整体来看，数据区块是构成区块链的基本单元，融入密码学、时间戳、共识机制和去中心化等技术方式，通过链式结构将数据区块连接到一起，进一步提升链上数据的完整性、透明度和可靠性水平。

185.区块链与分布式数据库有什么区别？

答：分布式数据库是在互联网背景下应对大数据量和分布式请求的需求而产生的，在中心化控制下假设每个节点都具有高度准确性，从而由多节点共同维护一个具有逻辑整体性的分布式数据库。主要解决的是节点宕机、节点间通信不可靠的问题。

区块链由多个节点共同维护一个分布式账本，没有中心化的控制机构。区块链假设任何一个单点均不可靠，但系统内具有高度准确性的节点占大多数，由此搭建起了一个无需信任的信任体系。

分布式数据库可以理解为一个数据库，A可以写入数据，B、C、D、E也可以；区块链技术也可以理解为数据库，A可以写入，但是必须得到B、C、D、E的认可。（表8-1）

表8-1　分布式数据库与区块链对比

项目	分布式数据库	区块链	是否相同
数据分布性	不同地域、不同机器	不同地域、不同机器	是
对用户透明性	内部架构对用户透明	内部架构对用户透明	是
管理统一性	单一管理入口、全局化控制、逻辑整体性	多管理入口、全局化控制	否
数据安全性	有冗余备份、单点作恶影响全局、单点错误不影响全局	全冗余备份、单点作恶不影响全局、单点错误不影响全局	否
扩展性	中心化控制下的可扩展性	公链：超强可扩展性，随时进出 联盟链：多节点控制下的可扩展性	否
自治性	单点可独立管理数据	单点不可独立管理数据	否

186.什么是智能合约？

答：智能合约（SC，Smart Contract）的概念最早由法律学者尼克·萨博（Nick Szabo）提出，"智能合约就是执行合约条款的可计算交易协议"。智能合约可以理解为是用计算机程序语言来实现法律语言记录和执行的电子化合约，智能合约可以由计算机自动执行。智能合约可以有效降低合约签署、履约执行、风险监管、三方仲裁等各环节的资源成本。

智能合约中的"智能"并不等同于人工智能中的"智能",智能合约中的"合约"也不是完全等同于法律合约中的"合约"。从技术角度来看,智能合约是缔约各方以数字化方式形成的承诺,合约中签订各方均具备权利和义务,签订后则依托区块链技术实现自动执行和链上可验的功能。从用户角度来看,智能合约类似于自动担保账户,当满足约定条件后,合约将会通过程序自动执行。

以供应链金融为例,核心供应商A与下游服务商B签订了运输服务合同,但是下游服务商B暂时缺少流动资金完成本次运输服务。下游服务商B找到了贷款银行C,贷款银行C通过链上合同确认了核心供应商A与下游服务商B所签订运输服务合同的有效性,并与下游服务商B合同约定:"下游服务商B完成运输服务,核心供应商A所支付的合同款到账后,下游服务商B所借金额将第一时间直接划入贷款银行C的账户",同时将该合约作为"智能合约"上链执行。当核心供应商A将合同款划入下游服务商B的资金账户后,万一下游服务商B收到核心供应商A的运输款项后想挪作他用,"智能合约"将拒绝"挪作他用"的资金操作,同时在运输款项进入下游服务商B账户的时刻将资金按照借款金额自动划入贷款银行C的账户。

187.什么是区块链的"共识算法"?

答:区块链的"共识算法"实现了区块链分布式网络上所有参与者的交易和状态达成一致,进而有效地添加新的交易记录或者区块，防止双重支付（一币多付）等类似问题，即使在网络存在恶意节点或者网络故障的特殊情况下，也能确保整个系统的安全可靠性。

整体来看，区块链的共识算法主要解决了分布式系统中一致性和可信度的问题。共识算法实现了分布式系统中的每个节点均可验证其他节点提出的交易合法性，并确定了交易的有效性和次序性，进一步规避了节点之间的信息传递存在延迟或者其他不确定性可能导致的不同节点之间对系统状态的认知不一致问题。共识算法大大提升了系统节点被恶意篡改数据或者交易记录的攻击成本，从而进一步提升了网络节点中的信任度。

不同的共识算法因具有不同的特点而适用于不同的场景，选择适合区块链的共识算法可以提升区块链网络效率和安全性。常见的共识算法包括工作量证明、权益证明、权益质押、权益股份等。

（1）工作量证明（PoW，Proof of Work）。工作量证明中的节点通过解决一个复杂的数学难题来证明它对网络的贡献程度，然后根据贡献程度给予添加新的区块到区块链上的权利。由于数学难题的求解需要大量计算资源，因此，工作量证明是一种耗能较大的共识算法，该算法的安全性建立在算力竞争的基础上。

（2）权益证明（PoS，Proof of Stake）。权益证明中的节点选举权和记账权是由它拥有的加密货币数量（权益）决定的，持有更多货币的节点更有可能被选中来添加新的区块。权益证明不像工作量证明那样需要大量的计算资源，但是由于权力相对集中，权益证明算法下的攻击者只需要控制一定数量的加密货币，就给区块链带来了攻击的风险。

（3）权益质押（PoS-B，Proof of Stake with Bonding）。权益质押算法类似于权益证明算法，但引入了"质押"的概念，即节点需要锁定一定数量的加密货币作为质押。采用质押的方式参与共识过程，不仅增加了网络的安全性和稳定性，而且强化了参与者的长期参与黏性。

（4）权益股份（PoS-DV，Proof of Stake with Delegated Voting）。在权益股份中持有加密货币的节点可以选择委托给其他节点来代表自己参与共识过程，被选中的代表节点负责添加新的区块到区块链上并获得相应的奖励。权益股份机制进一步提高了网络的效率和扩展性。

除了上述共识算法，还有权益共识（PoA，Proof of Authority）、拜占庭容错（BFT，Byzantine Fault Tolerance）等其他共识算法，用户可以细化分析特定业务场景特点，结合网络性能、安全等级、参与激励等因素综合选用合适的共识算法。

188.什么是区块链的"哈希函数"？

答：哈希函数是将任意内容和长度的输入数据（信息）转换为固定大小输出的计算方法，主要应用于数据加密、数字签名、数据比较、索引创建等方面。哈希函数的基本特征如下：

（1）"输入—输出"确定性，即相同的输入数据（信息）经过哈希函数得出的输出总是相同的。

（2）快速计算，即哈希值的计算过程可以快速完成。

（3）固定输出大小，即无论输入数据（信息）的内容长度或者大小，输出的哈希值长度总是固定的。

（4）还原攻击抗性，即虽然掌握哈希值但不能反向逆推还原出原始输入数据（信息），只能由原始输入数据（信息）单向计算出哈希值。

（5）"小变化输入—大变化输出"，即输入数据（信息）的轻微变化会使输出哈希值结果产生显著变化。

（6）抗碰撞性，即两个不同的原始输入数据（信息），很难产生相同的哈希值输出。

哈希值的实际长度取决于采用的具体哈希函数。不同的哈希算法会产生不同长度的哈希值。常见的哈希算法及其相应哈希值的长度如下：

MD5算法产生一个128位（16字节）的哈希值，通常以32位十六进制数表示。

SHA-1算法产生一个160位（20字节）的哈希值，通常以40位十六进制数表示。

SHA-256算法产生一个256位（32字节）的哈希值，通常以64位十六进制数表示。

SHA-512算法产生一个512位（64字节）的哈希值，通常以128位十六进制数表示。

哈希值越长则其抗碰撞性和安全性越强,但相应地计算成本也会更高。区块链的"哈希函数"所输出的哈希值不仅提升了数据的完整性和防篡改水平,而且提高了数据处理效率和匿名化隐私保护程度。

189.区块链有哪些组织结构类型?

答:从区块链服务组织形式来看,可分为公有链、联盟链和私有链(图8-2)。

公有链(Public BlockChains)中参与互联网的任何人既是参与者又是记账者,通过去中心的方式自主建立可信运行机制,需要兼顾运行效率、安全隐私、激励机制等方面因素。典型的场景为数字货币。

联盟链(Consortium BlockChains)在行业内外部指定多个预设中心节点作为记账者,其他参与者作为数据接入节点,按照授权范围通过应用程序接口进行数据的录入、查

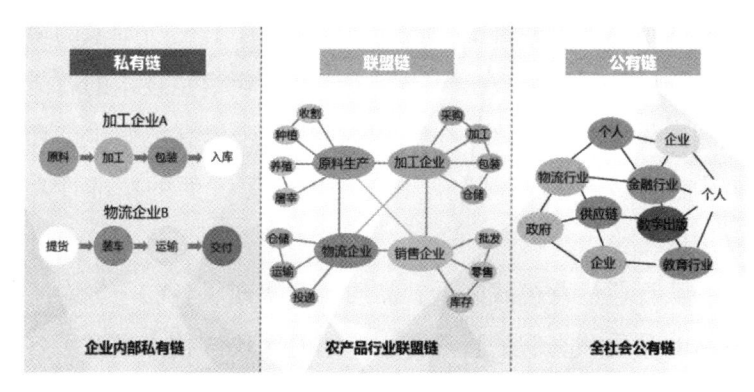

图8-2 区块链的组织结构类型

询等操作，通常可以节约协作成本、提升业务效能。典型的场景为供应链金融。

私有链（Private BlockChains）通常由机构、企业、组织的内部成员作为参与者，根据业务流程选择相应环节内部成员作为记账者，具有各环节数据中心化、全环节数据非中心化的特点，由于私有链处于机构个体内部，因此其隐私安全、运行效率相对较好。

190.区块链可以解决品质溯源中的哪些问题？

答：在品质溯源领域，存在多方信息系统数据可信同步待提升、数据信息采集不够规范透明、物流管理环节不够标准规范等难点痛点。

从行业应用价值来看，区块链技术提升了商品流通中的物流、信息流和资金流的互联互通和互信协作。商品溯源业务自身具有供销全链条长、服务用户类型多、消费用户分布散等特点，区块链技术通过各环节参与方参与分布业务链条各环节数据上链，进而降低了中心化所带来的多方信任风险和网络攻击风险。基于新一代信息技术的智能化溯源管理系统（图8-3），可以进一步提高造假难度和技术成本，提升追溯定位和派送召回等方面的精准性和效能度。

从行业运营模式来看，品质溯源实现了各参与方对于商品的品质和真假的管理需求，同时区块链技术提升了各环节数据上链后的防篡改、高透明和可追溯等特性。区块

图8-3 融入区块链的品质溯源应用

链技术主要跟踪的商品类型包括高价值商品（奢侈品、字画古董等）和高安全商品（酒类、药品、婴儿用品等）。在生产环节和供给环节采取业务流程扫码或射频识别录入，在消费环节采取验真返利等方式促进各环节数据上链，同时通过消费数据可防止跨区域串货，还可以分析用户消费习惯支撑商业运营。

191.区块链可以解决金融领域中的哪些问题？

答：在供应链金融领域，存在上下供应商、服务商、经销商、资金方之间业务流程不及时透明，合同签订环节多、难修改，合同可信可靠难度大，票据收账流通难验证，担保抵押类型少、风险高，融资渠道少、成本高等行业共性问题。

从行业服务方式来看，基于区块链电子签名、时间戳、哈希值校验等技术，可实现电子合同的电子签章流转和分布式加密存储，进而提升电子合同的可信度；上下游中小企业可直接授权投融资机构对可信电子合同和流转业务票据部分贸易信息进行授权查询和审核放款；基于智能合约技术可对合作双方或贷款双方的合同款到账进行优先自动付款或还款操作，有效规避账款滞留、截留和挪用等问题。

从行业运营模式来看，供应链金融中的核心企业为其上下游企业搭建了电子化业务流程，提供了投融资信用背书，进一步增加上下游中小企业的合作黏性，提升行业竞争壁垒和话语权，同时在融资环节获取一定的服务收益；上下游中小企业依托核心企业可信电子业务平台简化了合同签订、环节审核、票据核查、合同验证等业务流程，极大地简化优化了融资流程、降低了融资成本；投融资机构基于区块链的多方业务协同平台提升了抵押物的真实有效性，降低了金融风险和资本运转效率。供应链金融作为区块链技术较为典型应用场景实现了信息流、贸易流、物资流、金融流的跨域融合和可信协作。

192.区块链可以解决版权存证中的哪些问题？

答：在存证维权领域，移动互联网和社会数字化进程的发展，有效提升了基于电子化交易合同和流通凭证的商务贸易、信息产权（Information Property）和知识产权（Intellectual Property）的文化创意产品服务（网络文学、书法绘画、影视作品等)等相关行业领域的便捷性和高效性，同时也带来了一些新的问题。以文化版权为例，互联网为版权作品带来了传播范围更广、传播速度更快等便捷，同时也产生了版权保护成本高、取证举证专业、维权周期长等问题。

从行业应用过程来看，基于区块链的分布式存储和时间戳可以实现上链快速存证，通过加密技术可以实现版权拥有方的便捷确权，即"上链即存证、发布即确权"；通过区块链的全程留痕、可追溯、防篡改技术效果，可以实现流通方的授权分销和使用方的正版使用，同时利用互联网的数据提取技术，可以实现自动侵权对比核查和证据自动留存，即"传播须授权、侵权即存证"。

从行业运营模式来看，由创作人支付少量费用实现作品（哈希值）存证上链，由版权平台运营方对存证作品进行存证并在互联网进行连续检索和抓取对比，如果发现侵权则自动留存侵权证据并发布侵权案件诉讼任务，行业律师主动选择承接诉讼任务，相应赔偿由律师和权利人按比例分配。

193.区块链可以解决能源供应链服务中的哪些问题？

答：供应链交易是能源供应链业务的重要环节，具有流程多样、结算灵活等特点，但传统的企业信息系统难以适配供应链快速、灵活、智能的服务需求，造成了管理难度大、管理成本高等问题。在融资过程中，一是金融机构对核心企业的授信仅覆盖上游一级供应商和下游一级经销商，难以解决能源供应链领域的中小微企业融资授信问题；二是商品流、资金流、物流、信息流各环节数据采集难度大、记录方式落后、信息化程度参差不齐、数据准确性和可信度不足，难以做到自动智能和可信交互。

利用区块链去中心化、可追溯特性和分布式存储、共识机制等技术，构建可信数据池，数据和审计账本保存融资流程中的关键数据，并对数据操作存证校验，实现数据安全可追溯、共享数据实时一致、数据共享网络自管理、核心企业交易信用数字化，并将数字化信用按交易逻辑传递，在核心企业采购生态圈中完成信用共享，促进中小供应商融资便利。

基于区块链的能源供应链服务（图8-4），可整合优化

图8-4　融入区块链的能源供应链服务

供应链资源，强化企业供应链管理能力；可盘活供应链成员流动资产，提升供应链内部整体竞争力；可激活企业在银行的闲置授信，提升融资能力。

194.区块链可以解决电力需求侧响应服务中的哪些问题?

答：当用电过程中存在"错峰避峰限电"时，电网公司将事先通过电话方式与电力需求侧（电力用户）进行沟通，就时间和节电阶段达成一致后，由电力需求侧在当天执行节电行为。该工作流程由电力公司发起，未形成主动需求侧响应的生态。该过程中存在亟须解决的痛点包括，一是电表不及时显示响应负荷数据，且最终在能源局网站公示的响应量也只有总响应量，客户无法快速方便获知实际响应的15分钟级负荷数据，无法及时核对实际响应量；二是所有响应数据由电网公司单方提供，监管部门对数据来源缺乏有效监管手段。

利用区块链技术公开透明、多方共识、不易篡改等特性，构建基于区块链的需求侧响应平台，电网侧发布节电计划，用户侧按需进行主动响应。通过将实时负荷数据上链，相关利益方实现数据的一致性与可信共享，运营方针对需求响应数据，按比例获得服务收益。电网公司发布节电计划，节省定向主动沟通成本的同时，提高响应撮合度，有效实现移峰填谷，优化电力资源配置。响应侧变被动响应为主动选择，获得响应补贴的同时提高响应能动性及参与积极性。监管部门可以实现平台上资源的实时透明全局监控，实现多方受益与共赢。

基于区块链的需求侧响应平台，可以解决用户对响应数据、费用结算准确性等的信任问题，监管方可实现有效监管，节约监管成本，提升监管效率。

195.区块链可以解决新能源充电服务中的哪些问题？

答：传统的新能源汽车充电网络系统存在收费和计费不透明的问题，一是充电桩的形态结构各异，多数充电桩未安装用电表，因此车主无法核实实际充电量；二是充电服务企业掌握着充电站内的某个充电桩的使用情况，没有第三方机构可以实现对额外基础电费和服务费用的有效监管。

在每个充电站加装物联网设备、嵌入软件开发工具包并分配私钥，该私钥保存在控制中心的安全存储区域（图8-5）。每当一个充电桩给一个车主的汽车完成一次充电后，会将充电数据（用户、充电站、电量等）上报到充电

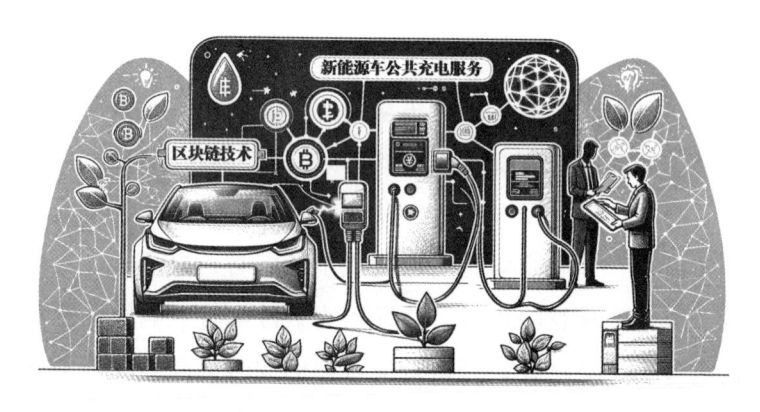

图8-5 融入区块链的新能源充电服务

站的控制中心；智能电表将充电站的电量使用情况上报至后台并全网广播；用户端经本人确认并私钥签名后，将本次交易广播至全网；第三方可信监管节点调用区块链网络上的智能合约，判断分析三者的数据偏差程度，并将判断结果输出到链上。如果出现较大的偏差，线下根据链上输出的结果来启动仲裁流程。

构建新能源汽车充电数据可信采集网络，可以对充电桩输出电量标准进行统一管控和付费透明，收集车辆的充电信息并将之传递到专用的能源区块链网络上。监管单位可以获得真实的车辆充电情况，为政府提供监管和电力资源智能调度，使资源得到合理化应用，为广大用户提供公开透明的用电计费系统，杜绝计费不透明的问题。

196.区块链可以解决政务数据交换服务中的哪些问题？

答：政务数据交换服务中可能存在数据交换需求导向不足、资源整合有待提升、服务能力仍有欠缺、监管体系相对薄弱等问题，导致各单位之间存在数据孤岛、可信交换程度低、业务协同效率低等情况。

通过建立各单位节点及超级审核节点，底层构建区块链层，各单位根据标准建立资源目录和数据目录并上链记录，保障数据权属，通过智能合约定义资源目录与数据目录的开放与使用权限。建立数据管理单位、职能监管单位、资金结算单位三大超级节点审核，对目录变更需求和业务协同即智能合约执行需求进行审核。通过目录链系统定位数据，在智能合约系统的控制下，从各部门获取数据，经过加密传输、沙箱计算等一系列安全计算步骤，完成对数据的处理，并将处理结果交付给使用方，完成"可用不可见""用后即焚"的数据可控交换。基于区块链可溯源、不可篡改、全程留痕的特性，依据目录信息完善度、数据被使用次数、数据的正确返回率、数据更新频次、定期抽样结果、定期巡检结果等指标，对资源目录、数据目录及各委办厅局进行打分评价，建立完善的管评机制，保证资源目录与数据目录完整有效，使数据保持鲜活，监测系统和运行管理系统对数据交换过程进行全流程管理，实现政府部门之间相关数据资源的整合，解决数据孤岛、可信交换程度低等问题，提高业务协同水平和服务能力。

197.区块链可以解决物流对账中的哪些问题？

答：物流领域最重要的业务之一是核心企业和承运商之间的结算。物流承运一般要经过下单、询价、承运、签收等诸多环节，结算双方企业通过系统接口对接完成不同阶段数据的共享与流通。传统层面上，不论信用签收还是纸质运单，双方各有一套清结算数据，结算双方在每个结算周期进行对账，其间需要人工审核大量的纸质单据。这实质上只打通了信息流动环节，却没有形成完全意义上的信任。随着业务量的扩展，成本高、效率低、结算周期长等问题将更加凸显。针对快运承运商的应付账款对账，存在对账周期长、承运商体验差、对账被动、账单回收率难控、手工对账、对账覆盖面窄、准确性难以保障、有纸化办公带来的成本管理上的浪费、对账管理成本高、对账工作效率低等难题。

依托区块链和电子签名技术打造快运对账平台，实现结算双方运输凭证的无纸化签收，生成基于区块链的电子运输结算凭证。在承运阶段，通过射频识别等物联网技术，确保物流配送过程数据收集的真实性。与此同时，将包含运价规则的电子合同写入区块链，共享结算双方认可的交易数据和运价规则。结算阶段，计费对账单基本是一致的，如果存在异常账单可以通过调账完成，调账的审核过程和结算付款发票信息作为存证写入区块链，整个对账过程就此完成。

基于区块链等技术的物流对账应用可以降低纸质运单成本，减轻业务运营人员核对负担，打通承运方与收发货（分拣中心运营人员）终端，实现信用签收；实现交易即清算，缩短对账时间成本；积累信用数据，完成评级定级，为第三方金融、信贷机构提供可靠的承运方评级、征信服务。

198.区块链如何应用于电子票据领域？

答：纸质发票在流转过程中存在一票多报、虚报虚抵、真假难验的问题，同时造成开票企业、消费者的时间成本和人力成本的消耗，用票企业存在财务管理风险和涉税风险。

利用区块链技术的分布式、多中心、可追溯、防篡改等特征，实现发票的开具、流转、报销和申报的全流程上链，确保发票全生命周期在链上都可查、可验和可追溯，解决发票在流转过程中一票多报、虚报虚抵、真假难验等难题，减少开票企业、消费者的时间成本和人力成本，降低了用票企业的财务管理风险和涉税风险。基于区块链技术的电子发票打破了传统的先核定发票票种、票量、面额的管理方式，实现"交易即开票""开票即报销""发票即数据"。

199.区块链如何应用于电子处方领域？

答：部分医疗机构，取药流程复杂，处方难以外流，系统相对独立，形成许多医疗数据孤岛，处方存在不合规现象，存在可改、冒用、过期等问题。

医院、药店、医保局、卫健委、药监局等多个节点共同参与，实现与医院信息系统（HIS）、药店零售资源管理（ERP）的实时对接，确保把线下实体医院、互联网医院的每一条诊疗行为（患者信息、检查检验报告、诊断记录、电子处方、处方分发、患者拿药、结算等信息）都完整地记录并实时上链，实现就诊、处方开具、审方、配送、患者用药等全流程医疗行为追踪。在电子处方分发和使用的过程中，将身份校验、权限验证、安全加解密等要求写入智能合约，依靠智能合约来保证业务执行的合规性，确保数据安全使用与流转。通过对电子处方流转的每一个节点的实时监管，保障电子处方合法合规。

区块链应用于电子处方，可以推动医疗数据流转与资源协同，降低取药成本，减轻就医压力，缓解看病难的难题；提升医院便民服务能力，推动医药分离，增强政府监管效力，改善人民群众就医体验；保障医疗互联网服务的诊疗、用药、支付数据的可信、可追溯、安全。

200.区块链可替代其他信息技术吗?

答：以物联网、云计算、大数据、人工智能、区块链等为代表的新一代信息技术，各项技术的演进既是本学科自身技术发展，同时也是前置学科的交叉应用演进。从区块链技术行业应用来看，这些应用是信息技术集成创新的结果，例如物联网可以实现数据采集，5G可以提供数据的高速传输，云计算为数据存储和计算提供支撑，大数据实现了数据挖掘，人工智能构建了智能机器，区块链增强了数据可信交互。所以说，好的行业解决方案不是单一技术的一招半式，而是复合技术的组合拳。

区块链·专题自测

1.区块链是什么?

A. 一种数字货币　　　　B. 一种分布式数据库技术

C. 一种网络安全协议　　D. 一种云计算服务

正确答案：B

答案解析：区块链是一种分布式数据库技术，用于提升数据记录和交易信息的安全性。

2.区块链的主要特征是什么?

A. 高度集中化　　　　　B. 数据可修改

C. 去中心化和不可篡改　D. 高速数据传输

正确答案：C

答案解析：区块链的主要特征是去中心化和不可篡改。

3.区块链的最主要价值是什么?

A. 提高数据存储效率

B. 实现高速数据传输

C. 增加数据的可修改性

D. 增强数据安全性和可信度

正确答案：D

答案解析：区块链的主要技术效能是增强数据安全性和可信度，降低参与各方之间的信任成本。

4.区块链中的"区块"是什么?

A.链接到互联网的设备　　B.存储数据的存储器

C.存储交易记录的数据块　　D.区块链的安全协议

正确答案:C

答案解析:"区块"是指存储区块链上交易记录的数据块,"区块"+"链"的结构模式将大大提升数据篡改的难度。

5.区块链的数据存储方式是什么?

A.集中式　　B.分布式

C.本地存储　　D.云存储

正确答案:B

答案解析:区块链的数据存储在多个分布式节点上。

6.区块链技术在哪方面不太可能完全替代传统数据库技术?

A.数据安全性　　B.数据处理速度

C.数据不可篡改性　　D.数据去中心化

正确答案:B

答案解析:区块链在数据防篡改和去中心化方面具有明显优势,在面向多类用户、复杂场景、高频交易的场景下,区块链的共识机制和分布式特性可能导致处理速度较慢,在数据处理速度方面通常并不优于传统数据库系统。

7.区块链中的"挖矿"是指什么?

A.从区块链上提取数字资产

B.创建新的区块并添加到区块链中

C.交易加密货币

D. 区块链的数据备份

正确答案：B

答案解析："挖矿"是创建新的区块并添加到区块链中的过程。

8. 区块链中的"智能合约"是什么？

A. 人工智能算法　　　B. 自动化的法律合同

C. 区块链挖矿算法　　D. 区块链的网络协议

正确答案：B

答案解析：智能合约是自动执行的法律合同，存储在区块链上。

9. 区块链中的"智能合约"能够自动执行的条件基于什么？

A. 时间　　　　　　　B. 随机数

C. 代码和预设条件　　D. 区块链的共识规则

正确答案：C

答案解析：智能合约的自动执行条件基于代码和预设的条件。

10. 区块链中的"共识算法"是用来做什么的？

A. 确保数据可修改性

B. 确定哪个用户拥有数据的所有权

C. 确定哪个节点有权添加新区块

D. 加密数据传输

正确答案：C

答案解析：共识算法用于确定哪个节点有权添加新区块

到区块链中。

11.区块链中的"哈希函数"是用来做什么的?

A. 存储私钥

B. 生成随机数

C. 将数据转换成固定长度的哈希值

D. 传输加密数据

正确答案:C

答案解析:哈希函数用于将数据转换成固定长度的哈希值,用于保护数据的完整性。

12.基于区块链的品质溯源系统的主要优势是什么?

A. 数据处理速度快　　B. 操作简单易懂

C. 数据不可篡改　　　D. 数据存储成本低

正确答案:C

答案解析:区块链的核心优势之一是数据不可篡改的特性。在品质溯源系统中,一旦数据被记录到区块链上,就无法被变更或者删除,进而提升了数据的可信度,确保了各类业务过程的透明性和可靠性。

13.在区块链品质溯源系统中,哪个特性能帮助追踪产品的完整供应链历史?

A. 交易速度　　　　　B. 数据的时间戳

C. 用户友好的界面　　D. 自动化的合同执行

正确答案:B

答案解析:数据的时间戳是区块链中用于追踪产品供应链完整过程的重要特性。每个区块链记录(例如产品的运输、仓储或者使用等活动）都会被打上时间戳，显示其准确的创建时间，进而形成一个透明、不可篡改且按时间顺序排列的产品可追溯历史记录。

14. 在基于区块链的供应链金融中，智能合约的作用是什么？

  A. 自动兑换国家货币 B. 提供实时金融数据

  C. 自动执行合同条款 D. 加密个人交易数据

  正确答案：C

  答案解析：智能合约是一种自动执行、控制记录合同相关事件的计算机程序，当合同满足预设条件时，合同条款将被自动执行，例如在货款到账后自动偿还贷款，从而提高了信贷资金偿还效率。因此，在基于区块链的供应链金融中，智能合约的主要作用是自动执行合同条款。

15. 区块链技术在版权存证中如何提高版权交易的透明度？

  A. 提供公开的交易记录

  B. 降低交易费用

  C. 提供版权评估服务

  D. 加速支付处理

  正确答案：A

  答案解析：区块链技术通过提供公开的交易记录提高版权交易的透明度。在区块链上，每笔交易都有详细的公开记录，包括时间戳、参与方等信息，版权交易过程对所有参与方都是透明且无法随意篡改的，提高了版权交易的可信度和安全性。

第九部分

X现实技术与元宇宙

201.对X现实技术有哪些误解？

答：X现实（XR，X Reality）技术是一种具体的技术。XR并不是一种独立的数字技术或者设备装置，它是一个概念性术语，包括了虚拟现实、增强现实、混合现实等多种数字技术。

X现实技术只能用于娱乐方面。 XR技术在游戏娱乐领域得到了广泛应用，但也在医疗保健、实验教育、工业制造、应急训练、建筑设计等领域得到了探索实践。

X现实技术需要昂贵的设备装置。 高端XR设备确实需要昂贵的费用，但通过智能手机、平板等移动设备和XR软件应用仍可以享受到经济实惠的技术应用。

X现实技术需要高级编程技能。 虽然一些XR技术开发需要编程技能，但也有许多软件工具和平台提供模块化的开发功能，让非专业人员能够简单地创建XR数字内容。

X现实技术只能在特定环境中使用。XR技术在室内和室外均可以使用，根据不同场景需求和技术设备的支撑能力，可以满足不同行业的业务应用。

X现实技术仅限于视觉体验。视觉影像是XR的最为直观的感官体验，随着相关技术的进步，XR技术还提供了其他感官，不仅包括听觉、触觉、嗅觉，甚至还有味觉的虚拟体验。

X现实技术是虚幻无价值的。XR技术创造的虚拟体验确实是虚幻非真实的，但也在创造真实的价值，例如飞机故障逃离应急处置虚拟仿真演练。

X现实技术可以完全替代现实世界。XR技术的主要任务是对现实世界的增强或者扩展，而不是取代现实世界。XR技术给用户提供虚拟环境来丰富人们在物理世界的创造能力和沉浸体验。

202.什么是X现实技术？

答：X现实技术是现实世界与虚拟世界相融合技术的统称，其涵盖内容包括虚拟现实、增强现实、混合现实。

虚拟现实（VR，Virtual Reality）利用计算机模拟产生一个三维空间的虚拟世界，提供一种多源信息融合的、交互式的三维动态视景和实体行为系统仿真，并使用户沉浸到该环境中。

增强现实（AR，Augmented Reality）通过电脑技术，将虚拟的信息应用到真实世界，真实的环境和虚拟的物体实时地叠加到了同一个画面或空间，使两者同时存在。

混合现实（MR，Mix Reality）合并现实和虚拟世界产生新的可视化环境，在新的可视化环境里，物理和数字对象共存并实时互动。

203.X现实技术有哪些应用？

答： X现实技术受到了学术界、产业界的广泛关注，相关产品也构建形成了主机型、移动型和一体机型等不同的形态模式。主机型虚拟现实设备需要依赖外接主机，具备强大的图形处理和计算能力，适用于需要进行高性能图形处理和复杂交互任务的高清游戏、虚拟演播等应用场景。移动型虚拟现实设备通常内置处理器和传感器，可以独立运行虚拟现实应用，适用于需要自由移动的虚拟旅游、教育培训等应用场景。一体机型虚拟现实设备集成显示器、处理器和传感器，无需外接设备，适用于简单便捷的虚拟会议、文物展示等应用场景。

在教育方面，XR技术应用于文字知识可视化、危险实验虚拟化、操作规程模拟化、图书资料直观化等。在军事方面，XR技术应用于单兵种训练（伞兵跳伞、军械操控、战术演练等）、多方协同训练等。在自动驾驶方面，XR技术应用于辅助设计和自动驾驶决策测试分析等。在工业工程领域，XR技术应用于日常运维巡检和安全演练、异地协同互动与指导、工业虚拟设计优化等。在医学领域，XR技术应用于临床手术与辅助诊断、心理干预治疗、应急救援训练等。在文化娱乐方面，XR技术应用于网络游戏、虚拟社交、视频直播、历史文化艺术体验馆等。

伴随着5G和高速信息网络的社会化应用，用户体验将由初级沉浸（EI，Elementary Immersion）、部分沉浸（PI，Partial Immersion）向深度沉浸（DI，Deep Immersion）、完全沉浸（PI，Perfect Immersion）逐步过渡。

204.什么是虚拟现实技术？

答：虚拟现实中，用户所看到的场景和人物全是虚拟非真实的，用户的意识被带入一个完全由计算机生成的虚拟世界（图9-1）。VR是纯虚拟场景，因此VR装备（位置跟踪器、数据手套、运动捕捉系统、数据头盔等）更多地用于用户与虚拟场景的交互。

用户穿戴虚拟现实头戴式显示设备，使视觉、听觉完全沉浸在虚拟环境中，用户将感受身临其境的沉浸交互体验。通过各类位置跟踪、体感手套、运动捕捉控制装置，可以实现用户与虚拟三维环境中对象或者场景的互动。虚拟现实技术的常见装置和技术如下：

（1）头戴式显示器。头戴式显示器是虚拟现实体验的核心组件，通常包含多个显示屏、耳机和各类传感器件，显示屏分别安装在两个眼睛之前，将虚拟画面投射到用户的眼睛前方，并形成立体的视觉效果。

图9-1 虚拟现实（VR）技术应用场景

（2）位置跟踪技术。通过使用传感器和摄像头，虚拟现实系统可以跟踪用户的头部和身体的位置变化，进而自动调整虚拟环境的视角和深度，使视觉图像与用户的位置变化相呼应。

（3）手部姿态识别。虚拟现实系统还具备感知、控制手部控制器，用户可以在虚拟场景中自由操控互动，进一步增强用户在虚拟环境中的沉浸感。

（4）运动捕捉系统。运动捕捉系统采用传感器来跟踪用户的身体动作，使用户能够在虚拟环境中模拟各种动作，例如奔跑、跳跃，甚至是游泳。

虚拟现实技术在各行业领域得到了广泛使用，例如采用虚拟现实技术开展手术教学模拟、飞行驾驶培训、火灾应急处置、文化遗址重现等。

205.什么是增强现实技术?

答：增强现实技术通过在现实世界中叠加虚拟信息、图像音频、触觉气味等各类感知元素，进一步增强用户的感知体验（图9-2）。相较于虚拟现实技术，增强现实技术是将虚拟元素与用户的真实环境相结合，而不是创造一个完全虚拟的环境。增强现实技术的常见装置和技术如下：

（1）传感装置。传感装置用于捕捉用户所在的现实环境情况，如摄像头、陀螺仪、加速度计等传感器，这些装置为系统提供环境感知和位置跟踪功能。

（2）虚拟元素生成。通过创建和呈现虚拟元素的专业软件和图形引擎，生成能够与现实世界环境相适应的虚拟场景，例如在现实房屋环境下生成的虚拟家具、装饰品。

（3）实时渲染技术。为生成的虚拟元素与现实画面提

图9-2 增强现实（AR）技术应用场景

供实时渲染，确保虚拟场景和现实之间的有效融合和无缝交互，例如在增强现实游戏环境中实时调整虚拟元素的角度和光影效果。

增强现实技术通过将现实世界与虚拟世界相融合，可以实现与现实街道相融合的AR导航、与工业实体设备相融合的设备安装、与生物教学相融合的生长全周期展示等新型体验。

206.什么是混合现实技术?

答：混合现实技术合并了虚拟现实和增强现实的元素，将虚拟和现实元素相融合，虚拟物体与真实物体交织共存，用户难以准确区分虚拟和真实的物体（图9-3）。

图9-3 混合现实（MR）技术应用场景

混合现实技术可以用于医学解剖学练习，让学生在真实人体模型上进行虚拟手术操作。通过混合现实眼镜，游客可以在真实景点中看到虚拟的历史事件场景或者文化遗迹复原。在工业设计操作台上，混合现实技术可实现在已完成的基础组件上设计、调整、制造完整的工业装置。

207.虚拟现实、增强现实、混合现实之间有什么异同？

答：虚拟现实、增强现实、混合现实是3种不同的X现实技术，主要区别和联系如下（表9-1）：

虚拟现实、增强现实、混合现实都可以提供丰富的可视化虚拟元素和视觉感知体验。就虚拟元素而言，虚拟现实的整个环境都是虚拟的，用户置身于虚构或模拟的世界中，无法看到现实世界，用户与现实世界完全隔离。增强现实是将虚拟元素叠加到现实世界中，用户可以保持对现实的感知。混合现实是将虚拟元素与现实环境相融合，用户感知虚拟和真实元素的共存。

虚拟现实、增强现实和混合现实都允许用户与虚拟元素进行互动。虚拟现实主要是采用手柄或者控制器等设备装置进行互动，增强现实通常采用手势、触摸、语音等指令方式实现互动，混合现实允许用户采取多种方式在虚拟和真实环境中进行实时互动。

虚拟现实通常用于游戏娱乐、环境模拟和操作培训。增强现实主要应用于交通导航、医疗健康、教育娱乐等领域。混合现实主要应用于工业制造、医疗诊断、教育娱乐等领域。

表9-1 虚拟现实、增强现实和混合现实的特征

特征类型	虚拟现实（VR）	增强现实（AR）	混合现实（MR）
虚拟性质	完全虚拟的环境	现实叠加虚拟	虚拟与现实共存
用户感知	与现实世界隔离	保持对现实世界的感知	难以区分虚拟和现实
用户体验	完全虚拟的体验	现实中的虚拟元素叠加	虚拟与现实共存
互动方式	手柄、控制器	手势、触摸、语音等指令	多种方式实时互动
应用领域	游戏娱乐、环境模拟、操作培训	交通导航、医疗健康、教育娱乐	工业制造、医疗诊断、教育娱乐

208.什么是元宇宙？

答：元宇宙（Metaverse）是一个数字化、多维度、强互动的虚拟空间，不仅模拟了现实世界，而且包含了超出现实世界的虚构元素和沉浸体验。

元宇宙可以创造各种虚拟世界，包括城市建设、自然环境、社交空间、游戏场所等，用户可以在这些虚拟世界里创建角色、建造虚拟房屋、参与社交活动等。在元宇宙的虚拟世界中可以加入虚拟社交圈、参加虚拟社交活动，甚至举办演唱会、学术交流会、新品发布会等。

用户可以在元宇宙中设计、创造、发布、销售自己

的虚拟服饰、虚拟建筑物、虚拟艺术品,通过交易过程可以将这些虚拟商品转化成等价值的虚拟货币并形成虚拟资产。参与元宇宙世界的主体可以是独立的个体,也可以是各类组织(公司、机构等)。元宇宙通过各类主体的参与互动、协作创造和价值交换,形成具有实际价值的数字生态系统。

元宇宙不仅是一个虚构的数字空间,而且正在影响着现实世界的发展。元宇宙用户可以参与虚拟影院播放,享受低价高质的广阔屏幕和音响效果,还可以不必乘坐漫长的航班就能够与研究合作者进行及时沟通,甚至可以在虚拟实验室中共同分析讨论测试结果。企业培训也不需要奔赴远在千里之外的油田开采区,通过元宇宙将现实世界与虚拟世界相融合,构建安全系数高、动手实操便捷的沉浸式低成本教育模式。大到摩天高楼、小到钢笔笔尖,元宇宙提供了数字化世界的全新体验和创造方式,也为未来现实世界发展提供了新的选项。

209.元宇宙与X现实技术有什么关联?

答: 元宇宙和XR技术是两个不同的概念。元宇宙采用了虚拟现实、增强现实等相关数字技术,XR技术创建了元宇宙中的虚拟世界和交互环境,例如构建虚拟城市建筑、搭建虚拟社交场所、组织虚拟交流场所,XR技术还可用于在现实世界中叠加虚拟元素,为元宇宙中的用户提供更多的体验。

从内涵定义来看，XR技术是一个技术术语，包含了虚拟现实、增强现实、混合现实等一系列的可视化交互技术。XR技术通过将虚拟元素与现实世界融合，丰富了用户感知和互动体验。元宇宙是一个虚拟概念，建立的是数字世界的虚拟宇宙，在元宇宙的世界中包括了虚拟环境、虚拟社交、虚拟经济、虚拟创作等各类虚拟元素和感官体验。

从目标任务来看，XR技术的主要目标是进一步丰富用户的感知和互动体验，提供更多的虚拟元素和体感增强，通常与现实世界相关联。元宇宙的主要目标是创建一个完整的虚拟宇宙，身在其中的用户可以创造元素、社交互动、经济交易。

从发展阶段来看，XR技术已经相对成熟，正在广泛应用于文旅娱乐、医疗健康、专业培训等各行业领域。元宇宙的概念和应用正处于发展探索阶段，尚未形成统一、普及的数字世界，大量创新者正在不断丰富数字世界的应用场景。

从社交功能和经济属性来看，XR技术可以支持虚拟社交和虚拟经济，主要功能在于扩展用户感知和社交互动，而不是社交和经济的全部环节。元宇宙则侧重于社交性和经济性，实现了用户之间的虚拟社交互动、虚拟经济交易等活动，是一个相对完整的数字生态系统。

从虚拟世界规模来看，XR技术通常实现的是相对较小规模的虚拟世界，例如虚拟游戏、培训场景等。元宇宙的目标是实现更大规模的虚拟世界，包括数以百万的参与用户、琳琅满目的虚拟物品、不胜枚举的虚拟地点，构建广泛普遍的、虚拟社交的、综合的数字宇宙。

总之，XR技术是一种可视化和交互技术，而元宇宙是一个更广泛的虚拟世界和数字社会的概念，融合了各类数字技术，包括数字社交、虚拟经济、数字创作等方面。

210.元宇宙中涉及哪些数字技术？

答：构建元宇宙虚拟环境，开展虚拟社交、数字创作等领域有效运营，涉及多种数字技术，相关技术在元宇宙中的应用说明如下：

（1）5G及未来通信技术。5G技术提供了高速率、大带宽、低延迟、广连接的网络通信能力，支持元宇宙中虚拟环境下的场景高质量展示互动和用户实时沟通交互，增强了用户的体验感和参与感。

（2）虚拟现实技术。创建逼真的虚拟环境，让用户可以沉浸式地体验不同的虚拟场景，例如虚拟文旅景点、虚拟游戏世界，并且通过VR设备增强用户感知度。

（3）增强现实技术。通过智能手机、AR眼镜等设备在现实世界中叠加虚拟内容，AR技术在元宇宙中可以用于交通标识导航、产品组装演示、虚拟商务社交等方面，进一步增强用户的信息交互和交流互动。

（4）混合现实技术。MR技术结合了虚拟现实和增强现实的基本能力，支持用户实现虚拟元素和现实物体实时互动，例如医学诊疗辅助、3D模型设计、工业维修辅助等。MR技术让虚拟世界和现实世界更加紧密地相互融合。

（5）云计算技术。元宇宙构建了庞大的虚拟世界和用户交互方式，而云计算技术为元宇宙提供了强大的计算和存储能力，保证元宇宙创建大规模应用场景和支持批量用户程序调用，并可实现灵活的计算资源调度和弹性化资源扩展。

（6）人工智能技术。元宇宙中通过人工智能技术构建虚拟角色和虚拟助手，支撑系统理解相应用户的语言和行为，协助用户更便捷地融入元宇宙环境，提供智能自然的交互沟通功能。

（7）区块链技术。区块链技术在元宇宙中支持虚拟资产的所有权记录、交易确权记录，提升了用户在元宇宙世界中的个人信息和数字资产的安全性和透明性。跨链技术还可以增强元宇宙中区块链上不同数字系统的数据和资产之间的连接交互的可信度。

上述数字技术在元宇宙的发展和实现中发挥着重要作用，不同类型的元宇宙环境及其应用程序将会使用不同的技术组合，这些技术使每一位元宇宙用户能够实现与虚拟世界的互动和探索，并在虚拟社交、虚拟经济和数字创意中创造出新的价值。

211.如何创建一个元宇宙？

答：创建一个元宇宙是一项复杂的任务，不仅需要虚拟现实、增强现实、云计算、区块链、人工智能等数字技术工具，还需要社会工程学、管理伦理学、组织行为学等经济社会学知识。无论是现实世界还是虚拟世界，都是以人为本的社会历史，生产力或生产工具的进步需要与思想意识达到同步共振。具体而言，创建元宇宙的一般步骤和考虑因素如下：

一是要明确定义目标愿景。对计划创建的虚拟世界的主要功能、用户群体、应用场景和运营模式要有清晰的理解和定位，防止为了上项目而建设无用工程。

二是要选择适当的技术平台。根据建设的目标定位、投入规模和能力储备，选择适合的技术工具平台和建设团队，并做好进度规划和阶段任务。

三是要开发基础虚拟环境。创建虚拟世界的基础设施和元素环境，具体包括：场景设计建模、建筑元素、基础物品、人物角色等。

四是开发用户界面和交互设计。采用头盔、手柄、手势识别和语音控制等交互设备，让用户可以通过开发界面轻松便捷地创造云宇宙中的各类事物。

五是开发集成社交互动系统。开展社交活动是元宇宙世界能够活跃起来的关键因素。开发便捷多样的社交功能，让用户能够通过兴趣、年龄、行业等不同属性，快速建立虚拟社交圈子并产生有效互动、内容分享等。

六是创建虚拟经济循环系统。虚拟数字商品的流通必然需要一般等价物的交换，这就需要虚拟货币、虚拟资产，因此应预先设定相应的经济运行系统。

七是信息安全和用户隐私防护。虚拟世界中的用户信息和虚拟资产均需要得到有效保护，因此，在系统建设中要特别关注确保安全性和隐私性。

八是开发基于人工智能的虚拟助手。开发虚拟助手协助用户与虚拟角色无缝衔接互动，并使用人工智能技术提供个性化的常规交流和操作任务。

九是系统测试和功能优化。在正式发布之前，进行性能、压力、安全、兼容等方面的测试和优化，确保虚拟世界的稳定性和流畅性。

十是发布推广和持续改进。当元宇宙虚拟世界系统准备就绪，通过各种营销渠道进行推广宣传，采用阶段性奖励等方式强化用户黏性，同时有效归集使用问题和优化建议，及时更新改进，保持行业竞争力和用户吸引力。

元宇宙的创建和运维是一项庞大的系统性任务，需要跨学科的团队共同参与，不仅包括XR技术开发者、程序员、设计师、内容创作者、信息安全等工程领域专家，还需要经济学家、法律顾问等经济社会领域专家。成功的元宇宙要吸引并保持用户黏性，还需做好用户技术支持和培训讲解，持续提升用户体验和内容质量。

X现实技术与元宇宙·专题自测

1.X现实（XR）技术涵盖了哪些感官？

A. 仅涵盖视觉感官

B. 涵盖视觉、听觉、触觉和嗅觉感官

C. 仅涵盖听觉感官

D. 仅涵盖触觉感官

正确答案：B

答案解析：XR技术涵盖了多种感官，包括视觉（图像）、听觉（声音）、触觉（压力和材质等）、嗅觉（气味）甚至是味觉（味道）。

2.X现实（XR）技术的主要特征是什么？

A. 完全取代现实世界　　B. 支持创建虚拟元素

C. 仅限于娱乐领域　　　D. 依赖于大量计算资源

正确答案：B

答案解析：XR的主要特征之一是支持创建各类虚拟元素并与现实世界相结合。

3.X现实（XR）技术主要包括以下哪些类型技术？

A. 只有虚拟现实

B. 只有增强现实

C. 虚拟现实、增强现实、混合现实

D. 只有全息图像技术

正确答案：C

答案解析：XR技术包括虚拟现实、增强现实和混合现实等多种类型的技术。

4. 虚拟现实技术在提供视觉体验时通常使用什么技术来增加真实感？

A. 4K分辨率显示　　B. 环绕声音效

C. 立体声音效　　　D. 3D图像渲染

正确答案：D

答案解析：虚拟现实技术在提供视觉体验时通常使用3D图像渲染技术来增加真实感。3D图像渲染技术可以创造出立体的、三维的虚拟环境，模拟真实世界的视角和深度，使用户具有身临其境的沉浸感和真实感。

5. 以下哪一项对增强现实（AR）的描述最准确？

A. 完全虚拟的体验，将用户置于虚拟世界中

B. 将虚拟元素叠加到现实世界中的数字技术

C. 通过全息图像技术带给用户沉浸式体验

D. 主要用于创建虚拟游戏的数字技术

正确答案：B

答案解析：增强现实是将虚拟元素叠加到现实世界中的数字技术，进一步丰富、扩展了用户的感知体验。

6. 虚拟现实（VR）与增强现实（AR）的主要区别是什么？

A. VR使用头盔显示器，而AR不使用头盔显示器

B. VR创建完全虚拟的环境，而AR在现实世界中叠加虚拟元素

C. AR技术更先进

D. VR只用于娱乐，而AR用于教育

正确答案：B

答案解析：虚拟现实和增强现实的主要区别在于它们与现实世界的交互模式。虚拟现实技术生成的是一个完全虚拟的环境，用户完全沉浸在这个虚拟世界中。增强现实技术是在现实世界的视觉图像上叠加虚拟图像或者信息，增强用户对现实世界的感知。简而言之，虚拟现实是完全虚拟的世界，而增强现实是在现实环境中增加了虚拟元素。

7. 混合现实（MR）技术的主要特点是什么？

A. 完全虚拟的环境

B. 在真实环境中仅显示数字信息

C. 真实和虚拟环境的交互融合

D. 高分辨率视频播放

正确答案：C

答案解析：混合现实技术的主要特征是深度融合了真实世界和虚拟世界的元素。MR技术不仅将数字影像叠加到真实环境中（类似于增强现实），而且这些数字元素能够与现实世界互动响应，呈现出沉浸式的互动体验。

8、混合现实（MR）技术在哪个领域的应用最有潜力？

A. 电子游戏　　B. 数据分析

C. 教育培训　　D. 电影制作

正确答案：C

答案解析：混合现实技术可以将虚拟对象和信息融入真实世界环境中，为学习者创造出直观、互动的学习场景。因此，混合现实技术更加适合于具有交互实操特点的技能训练、医疗教育等教育培训领域，通过混合现实的学习方式，不仅降低了学习成本和安全风险，而且增强了直观理解和形象记忆。

9. 元宇宙是什么？

A. 完全虚构的数字概念

B. 独立于现实世界的虚拟游戏

C. 综合性的数字环境，融合虚拟和现实世界

D. 只用于娱乐游戏的虚拟空间

正确答案：C

答案解析：元宇宙是一个综合性的数字环境，其目标是构建融合虚拟和现实的世界。

10. 在元宇宙中，以下哪项技术可以实现不同平台之间的数字资产和身份的互操作性？

A. 人脸识别技术　　B. 深度学习技术

C. 跨链技术　　　　D. 模糊逻辑技术

正确答案：C

答案解析：跨链技术允许不同的区块链之间进行数据和资产的互操作，从而实现不同平台之间数字资产和身份的互操作性。人脸识别技术是用于识别和验证个体身份。深度学习技术是用于训练算法模型的机器学习方法。模糊逻辑技术

用于处理模糊和不确定性的推理问题。

11.元宇宙是否需要高级技术?

A.是的,只有高级技术才能构建元宇宙

B.不需要技术,元宇宙只是虚构的概念

C.需要一定的技术,但也有易于使用的工具

D.元宇宙只能由科学家和工程师构建

正确答案:C

答案解析:构建元宇宙需要一定的技术,对于不同的需求场景需要采用不同级别的开发工具,但仍有一些易于使用的工具和平台使参与者能够参与其中。

12.元宇宙的构建是否依赖于虚拟现实技术?

A.是的,元宇宙只能由虚拟现实技术构建

B.不仅依赖于虚拟现实技术,也涉及增强现实和其他技术

C.元宇宙的构建与技术无关

D.元宇宙仅依赖于全息图技术

正确答案:B

答案解析:元宇宙的构建不仅依赖于虚拟现实技术,还涉及增强现实和其他各类技术。

13.元宇宙技术在教育领域的主要优势是什么?

A.降低教育成本　　　　B.降低教师工作量

C.沉浸式互动学习环境　D.自动化教学评估

正确答案:C

答案解析:在元宇宙环境下,学生可以有历史事件重现、植物生长模拟等互动式沉浸学习体验,增加了学习的吸

引力和记忆效果。因此，元宇宙技术在教育领域的主要优势在于能够创建沉浸式和高互动的学习环境。

14.在工业领域，元宇宙技术最可能应用的环节领域是什么?

A.提高生产线的物理效率　　B.进行远程协作和培训

C.直接替代物理设备　　　　D.减少能源消耗

正确答案：B

答案解析：元宇宙提供了一个虚拟的、交互式的环境，员工在元宇宙环境中可以模拟实际的工业场景进行技能培训、工程协作，而无需物理上的移动或搭建复杂的工作环境。因此，元宇宙适用于工业领域的远程协作和培训。

15.元宇宙在零售行业的应用将如何影响消费者体验?

A.提供更多的支付选项

B.缩短物流交付时间

C.创建虚拟试衣间体验

D.减少产品退换率

正确答案：C

答案解析：元宇宙虚拟世界中的消费者可以在虚拟试衣间中浏览服饰，这不仅增加了购物的趣味性，还帮助消费者更好地做出购买决策。

第十部分

信息安全

212. 什么是信息安全等级保护？

答：信息安全等级保护是对信息和信息载体按照重要性等级分级别进行保护的相关工作，广义上涉及标准、产品、系统、信息等内容，狭义上一般指信息系统安全等级保护。信息安全等级保护工作包括定级、备案、安全建设和整改、信息安全等级测评、信息安全检查5个阶段。

信息安全等级测评是验证信息系统是否满足相应安全保护等级的评估过程。信息安全等级保护要求不同安全等级的信息系统应具有不同的安全保护能力。通过在安全技术和安全管理上选用与安全等级相适应的安全控制来实现差异化安全保护。分布在信息系统中的安全技术和安全管理上不同的安全控制，通过连接、交互、依赖、协调、协同等相互关联关系，共同作用于信息系统的安全功能，使信息系统的整体安全功能与信息系统的结构以及安全控制间、层面间和区域间的相互关联关系密切相关。

《信息安全等级保护管理办法》规定，国家信息安全等级保护坚持自主定级、自主保护的原则。信息系统的安全保护等级应当根据信息系统在国家安全、经济建设、社会生活中的重要程度，信息系统遭到破坏后对国家安全、社会秩序、公共利益以及公民、法人和其他组织的合法权益的危害程度等因素确定。（表10-1）

表10-1 信息系统的安全保护等级

安保等级	具体情况
第一级	信息系统受到破坏后，会对公民、法人和其他组织的合法权益造成损害，但不损害社会秩序和公共利益、国家安全
第二级	信息系统受到破坏后，会对公民、法人和其他组织的合法权益产生严重损害，或者对社会秩序和公共利益造成损害，但不损害国家安全
第三级	信息系统受到破坏后，会对社会秩序和公共利益造成严重损害，或者对国家安全造成损害
第四级	信息系统受到破坏后，会对社会秩序和公共利益造成特别严重损害，或者对国家安全造成严重损害
第五级	信息系统受到破坏后，会对国家安全造成特别严重损害

国家等级保护认证是中国最权威的信息产品安全等级资格认证，由公安机关依据国家信息安全保护条例及相关制度规定，按照管理规范和技术标准，对各机构的信息系统安全等级保护状况进行认可及评定。

其中，等保三级是国家对非银行机构的最高级认证，属于"监管级别"，由国家信息安全监管部门进行监督、检查，认证测评内容涵盖等级保护安全技术要求的5个层面（物理安全、网络安全、主机安全、应用安全、数据安全及备份恢复）和安全管理要求的5个层面（安全管理制度、安全管理机构、人员安全管理、系统建设管理、系统运维管理），主要包含信息保护、安全审计、通信保密等在内的近300项要求，共涉及测评分类73类。

213.什么是信息系统后门？

答：信息系统后门是一种可以绕过安全性控制而获得对程序或系统访问权的隐蔽程序或方法。在软件的开发阶段，程序员有时会在软件内创建后门以便修改程序。如果后门被其他人知道，或是在发布软件之前没有删除后门，那么就可能被利用来建立隐蔽通道，甚至植入隐蔽的恶意程序，达到非法访问或窃取、篡改、伪造、破坏数据等目的。

214.什么是信息系统漏洞？

答：信息系统漏洞是软件在开发过程中没有考虑到的某些缺陷，也叫软件的bug（缺陷、臭虫）。操作系统、应用软件在开发过程中不可避免地存在大量漏洞。虽然根据业界的规则，在补丁程序发布之前，漏洞信息不会事先公布于众，但很多网络与信息系统疏于及时更新补丁程序，导致这些网络与系统存在巨大的安全脆弱性。针对已知的系统漏洞以及用户的一些不良网络使用习惯（例如随意下载来历不明的软件、口令过于简单等），攻击者们开发了很多强有力的攻击工具，并通过互联网广泛传播。这些工具使用方便，且往往配有详细的攻击教程，掌握初级计算机应用水平的人，就可以依靠这些工具完成复杂的攻击行动。另外，还有一些人利用自己掌握的计算机技能主动发掘漏洞并出售牟利，危害巨大。

215.什么是信息系统补丁？

答：信息系统补丁是软件开发厂商为堵塞安全漏洞，提高软件的安全性和稳定性开发的程序，可实现对原软件的升级和功能融合。用户要定期从厂商处获取并安装最新的补丁程序，避免从非正规网站下载未知的补丁程序而带来的安全风险。

216.什么是计算机病毒？

答：计算机病毒不同于生物医学上的"病毒"，是指编写的或者在计算机程序中插入的破坏计算机功能或者毁坏数据，影响计算机使用并能自我复制的一组计算机指令或者程序代码。由于其所作所为与生物病毒很相像，得名"病毒"。

217.什么是计算机蠕虫？

答：计算机蠕虫（Worm）主要是指利用操作系统和应用程序漏洞传播，通过网络通信功能将自身从一个节点发送到另一个节点并启动运行的程序。蠕虫具有计算机病毒的传播性、隐蔽性、破坏性等特点，同时具有不利用文件寄生（有的只存在于内存中）、可与其他黑客技术相结合等特点。局域网条件下的共享文件夹、电子邮件、大量存在漏洞的服务器等都可成为蠕虫的传播途径。互联网使蠕虫可以在短时间内传播蔓延至全球范围，消耗内存或网络带宽导致服务节点拒绝或退出服务，进而造成网络规模性瘫痪。

218.什么是计算机木马？

答：计算机木马（Trojan Horse）一词来源于希腊神话中的"特洛伊木马"，是指隐藏在合法程序中的非法程序。该非法程序在用户不知情的情况下被调用执行。当有用程序被调用时，隐藏的木马程序将在不经用户同意的情况下自动执行危害用户和计算机的功能，例如删除关键文件、发送隐私信息等，并能间接实现授权用户才能实现的功能。木马通常不会感染其他寄宿文件，清除木马的方法是直接删除受感染的程序。

219.计算机木马和病毒有什么区别？

答：木马与病毒的重大区别是木马不具传染性，它并不能像病毒那样复制自身，也并不"刻意"地去感染其他文件，它主要通过将自身伪装起来，吸引用户下载并调用执行。要使木马传播，必须在计算机上有效地启用这些程序，例如打开电子邮件附件或者将木马捆绑在正常软件中放到网络上吸引用户下载执行等。

220.什么是逻辑炸弹？

答：逻辑炸弹（Logic Bomb）可以理解为在特定逻辑条件满足时触发启动具有破坏性的计算机程序。与病毒相比，逻辑炸弹强调破坏作用本身，而实施破坏的程序通常不会传播。

逻辑炸弹在软件中出现的频率相对较低，原因主要有两个方面。一是逻辑炸弹不便于隐藏，可以追根溯源；二是逻辑炸弹在民用产品中的应用是没有必要的，因为这种手段"损人不利己"，而在军事、工业等特殊领域，例如武器指挥系统、超级计算机设备等，逻辑炸弹可以使武器的电子控制系统通过特殊通信手段传送情报或删除信息，也可以限制超级计算机设备的运行性能，甚至造成直接宕机。

221.什么是入侵检测系统？

答：入侵检测系统（IDS，Intrusion Detection System）在网络或系统中的若干关键点收集信息并进行分析，从中发现网络或系统中是否有违反安全策略的行为和被攻击的迹象。入侵检测系统是进行入侵检测的软件或软硬件组合，用于监测信息系统中可能存在的入侵信息系统行为。入侵检测系统通常分为网络型和主机型两种，包括探测器、控制台等组件。

网络型入侵检测系统是以网络上的数据包作为数据源，监听所保护网络内的所有数据包并进行分析，从而发现异常行为的入侵检测系统。

主机型入侵检测系统是以系统日志、应用程序日志等作为数据源，或者通过其他手段（例如监督系统调用）从所在的主机收集信息进行分析，从而发现异常行为的入侵检测系统。

探测器用于收集可能指示入侵行为或者滥用信息系统资源的实时事件，并对收集到的信息进行初步分析。网络型入侵检测系统的探测器安装在网络的关键节点处，监听流经网络的数据；主机型入侵检测系统的探测器以主机代理的形式安装在主机系统上，收集主机的运行状态和主机信息。

控制台用于探测器管理、策略配置、数据管理、告警管理、事件响应、升级事件库以及其他管理工作，并对入侵行为进行深层次分析。一个控制台可以管理多个探测器。

222. 什么是脆弱性扫描？

答：脆弱性扫描也称为漏洞扫描，与防火墙、入侵检测等技术互相配合，能够有效提高网络的安全性。通过对网络的扫描，网络管理员可以了解网络的安全配置和运行的应用服务，及时发现安全漏洞，更正网络安全漏洞和系统中的错误配置，客观评估网络风险等级。如果说防火墙和网络监控系统是被动式防御手段，那么脆弱性扫描就是一种主动式防范措施。

脆弱性扫描技术主要分为两类：主机脆弱性扫描技术和网络脆弱性扫描技术。网络脆弱性扫描技术主要对网络系统和设备中不合适的设置、脆弱的口令以及其他同安全规则相抵触的对象进行检查和补救等；主机脆弱性扫描技术则通过执行一些脚本文件模拟对系统进行攻击的行为并记录系统的反应，从而发现其中的漏洞，并采取一定的防范补救措施。

223.什么是物理隔离？

答：物理隔离（PI，Physical Isolation）是指内部网络不得直接或间接地连接公共互联网，在物理传输上阻断内部网络和外部网络连接，且没有任何公共的存储介质，确保外部网络不能够通过网络连接侵入内部网络，防止内部网络信息被泄露到外部网络。

物理隔离的目的是保护内部网络的路由器、工作站、网络服务器等硬件实体和通信链路免受自然灾害、人为破坏和搭线窃听等各种形态的攻击。

防火墙（Firewall）不是物理隔离产品。通过防火墙，不同网络之间实现了数据交换和相互访问，同时实现了防御恶意或非法访问。防火墙虽然通过包过滤技术、应用代理技术、虚拟专用网络等手段实现了安全防护，但关键点在于内外部网络数据仍然可以有选择地通过，而非彻底的数据隔离。

物理隔离与防火墙属于不同概念，虽功能互补，但不可互相代替。对于需要保密的核心数据，要严格保护，实行物理隔离；而对一般数据，则交由防火墙去保护。

224. 什么是逻辑隔离？

答：逻辑隔离（LI，Logical Isolation）采用逻辑隔离器实现被隔离的计算机资源不能被访问。逻辑隔离器是一种不同网络间的隔离部件，被隔离的两端仍然存在物理上的数据通道连线，但通过技术手段保证被隔离的两端没有数据通道，即逻辑上隔离。逻辑隔离通过协议进行加密信息传输、定义传输方向（单向、双向）、监控数据交互等。较逻辑隔离而言，物理隔离实现了完全的内部网络和外部网络之间的连接断开。

逻辑隔离一种是"同硬盘同IP"，即数据存储有物理连接，单硬盘隔离卡在隔离的时候数据是放在同一个硬盘存储上，数据存储没有物理上的断开，虽然可以采用软件技术控制内外网数据放于不同区域，但是数据仍存在物理的连接，所以不属于物理隔离；另一种是"双硬盘双IP"，即网络有物理连接，存储设备配置双硬盘隔离卡，内外网通过同一网线连接到计算机网卡，通过交换机两个不同的IP段来控制IP地址，虽然这两个网络不可互相访问,但两个网络的数据在同一条线路上传输,因此仍属于逻辑隔离。这种情况下如果要实现物理隔离,必须内外网有单独的交换机。

225.HTTPS协议与HTTP协议有什么区别?

答: 超文本传输安全协议(HTTPS)与超文本传输协议(HTTP)的主要区别如下:

HTTPS通常运行在443端口,网址以"https://"开始。HTTPS提供了数据加密传输能力,通过安全套接层(SSL,Secure Socket Layer)或者传输层安全性协议(TLS,Transport Layer Security)进行数据加密,即使传输数据被拦截,也无法被轻易解读。HTTPS包含了加密和解密的过程,因而在性能方面可能会稍有降低,在高性能硬件设备上的用户体验并不是很明显。HTTPS需要服务器端具备由第三方证书机构颁发的SSL/TLS证书,这类数字证书主要用于验证服务器的身份。

HTTP通常运行在80端口,网址以"http://"开始。HTTP不提供数据加密功能,传输数据采用明文的形式,因而容易受到外部攻击。由于HTTP没有加密和解密过程,因此不存在此环节的性能开销。HTTP不需要SSL/TLS数字证书。

整体来看,HTTPS在保障数据安全方面优于HTTP。因此,对于网上银行、电商平台等数据丰富且敏感的网站,均采用HTTPS技术提升数据安全防护能力。

信息安全·专题自测

1. 实施信息安全等级保护的主要目的是什么？

A. 提高信息系统的性能和速度

B. 限制信息系统的使用范围

C. 对信息系统进行分级安全保护措施

D. 统一所有信息系统的安全标准

正确答案：C

答案解析：信息安全等级保护的目的是根据信息系统的重要性和敏感性进行分级，并针对不同等级的系统采取对应的安全保护措施，而不是为了提高性能、限制使用范围或者统一安全标准。

2. 防范信息系统后门的最佳做法是什么？

A. 定期更改系统的管理员密码

B. 提升系统的硬件配置性能

C. 及时更新系统软件和安全补丁

D. 关闭系统的网络连接

正确答案：C

答案解析：防范信息系统后门的最佳做法是定期更新系统软件补丁和安全防护软件，最大限度地修复已知的软件漏洞和安全弱点，而不是仅仅更改密码、增加硬件配置或者关闭网络连接。

3.什么是信息系统漏洞?

A. 硬件设备的缺陷和故障

B. 软件开发过程中未考虑到的缺陷

C. 网络连接不稳定引起的问题

D. 用户对系统操作不当导致的错误

正确答案：B

答案解析：信息系统漏洞通常是指在软件开发过程中未考虑到的缺陷，而不是硬件问题、网络连接或者用户操作不当导致的错误。

4.哪项是信息系统漏洞可能引起的后果?

A. 数据加密和安全提升

B. 系统性能提升和速度加快

C. 未经授权的访问和数据泄露

D. 用户体验增强和操作便捷

正确答案：C

答案解析：信息系统漏洞可能导致未经授权的访问和数据泄露，而不是数据加密、系统性能提升或者用户体验增强。

5.信息系统补丁的主要作用是什么?

A. 提高系统速度性能

B. 修复系统中已知的漏洞和安全问题

C. 增加系统的特性功能

D. 强化系统的防火墙和安全策略

正确答案：B

答案解析：信息系统补丁是用于修复系统中已知的漏洞和安全问题，而不是提高性能、增加功能或者强化防火墙和安全策略。

6.计算机病毒是什么？

A.用于加密文件的安全工具

B.用于提高计算机性能的软件程序

C.能够在系统中复制自身并传播的恶意软件

D.用于备份数据的工具软件

正确答案：C

答案解析：计算机病毒是一种能够在系统中复制自身并传播的恶意软件，不是用于加密文件、提高计算机性能或备份数据的工具软件。

7.计算机蠕虫是什么？

A.一种硬件故障引起的计算机问题

B.用于提高网络速度的软件程序

C.能够通过网络自我传播复制并消耗网络资源的恶意软件

D.用于网络身份验证的安全工具

正确答案：C

答案解析：计算机蠕虫是通过网络通信功能将自身从一个节点发送到另一个节点并启动运行的恶意软件，消耗内存或网络带宽导致服务节点拒绝或退出服务，进而造成网络规模性瘫痪。

8.计算机木马是什么?

A.计算机硬件设备

B.能够自我复制并传播的恶意软件

C.伪装合法程序,但实际上能够在系统中执行恶意操作的软件

D.用于加密文件的安全工具

正确答案:C

答案解析:计算机木马是一种伪装成合法程序,但实际上执行恶意操作的软件。

9.以下哪项描述更符合木马与病毒的区别?

A.木马具有传染性,可以自我复制并传播到其他文件和系统中;病毒则需要用户主动介入执行

B.木马不具有传染性,无法自我复制,通常需要用户主动介入执行;而病毒具有传染性,可以自我复制并传播到其他文件和系统中

C.木马和病毒都不具有传染性,它们都需要用户主动介入执行才能生效

D.木马和病毒都具有传染性,可以自我复制并传播到其他文件和系统中

正确答案:B

答案解析:木马和病毒的主要区别是,木马不具有传染性,需要用户主动介入执行;而病毒具有传染性,可以自我复制传播。

10.逻辑炸弹与病毒的主要区别是什么?

A. 逻辑炸弹不具有传播能力,而病毒可以自我复制传播

B. 逻辑炸弹主要用于网络攻击,而病毒更常见于个人电脑

C. 逻辑炸弹可以对系统进行加密,而病毒主要操纵文件

D. 逻辑炸弹通常用于加速系统性能,而病毒会导致系统崩溃

正确答案:A

答案解析:逻辑炸弹主要区别于病毒的地方在于它不具备传播能力,而病毒可以自我复制并传播到其他系统。

11.入侵检测系统的主要功能是什么?

A. 防止所有入侵行为发生

B. 监测网络或系统中是否存在违反安全策略的行为和被攻击的迹象

C. 加速网络数据传输速度

D. 加密敏感数据以保护隐私

正确答案:B

答案解析:入侵检测系统的主要功能是监测网络或系统中是否存在违反安全策略的行为和被攻击的迹象,而不是防止所有入侵行为发生、加速网络数据传输速度或者实现加密数据功能。

12.主机脆弱性扫描技术通过什么方式发现系统中的漏洞?

A. 执行脚本文件模拟对系统进行攻击并记录系统的反应

B. 监控网络上的数据包并进行分析

C. 检查操作系统的版本和补丁信息

D. 分析系统的运行状态和日志信息

正确答案：A

答案解析：主机脆弱性扫描技术通常是通过执行脚本文件，模拟对系统进行攻击并记录系统的反应，来发现系统中存在的漏洞，而不是监控网络数据包、检查操作系统的版本信息或者分析系统的运行状态和日志信息。

13.物理隔离与防火墙的主要区别是什么?

A. 防火墙可以防止自然灾害和人为破坏

B. 物理隔离不允许内部网络与外部网络直接或间接连接

C. 物理隔离主要通过数据包过滤技术进行安全防护

D. 防火墙实现了彻底的数据隔离

正确答案：B

答案解析：物理隔离的主要功能是实现阻断内部网络和外部网络的连接，确保内网和外网之间不存在直接或者间接连接，而防火墙并不能实现这种彻底的物理隔离。

14.逻辑隔离与物理隔离的主要区别是什么?

A. 是否存在物理上的数据通道连线

B. 是否采用协议加密信息传输

C. 是否完全断开内部和外部网络之间的连接

D. 是否依赖于逻辑隔离器来实现隔离

正确答案：A

答案解析：逻辑隔离与物理隔离的主要区别在于是否存在物理上的数据通道连线，逻辑隔离通过技术手段确保被隔离的两端之间没有数据通道，而物理隔离则完全断开了内部和外部网络之间的连接。

15.HTTP和HTTPS之间的主要区别是什么？

A. 是否运行在相同的端口上

B. 是否提供数据加密传输功能

C. 是否需要SSL/TLS数字证书

D. 是否具有数据压缩功能

正确答案：B

答案解析：HTTP和HTTPS之间的主要区别在于是否提供数据加密传输功能，HTTP不提供数据加密，而HTTPS提供了加密传输，因此HTTPS在数据安全方面优于HTTP。

第十一部分

相关技术及行业应用

226.什么是脑机接口技术?

答: 脑机接口(BCI,Brain Computer Interface)技术是将人脑与外部设备之间直接进行信息交互的技术。它通过记录装置采集大脑的神经活动(神经元活动、脑电图信号等),通过机器学习等方式将它转换为可以识别的意图指令或者控制信号,同时也可以接收外部设备产生的反馈信息,最终实现人类意识与外部设备之间的直接交互(图11-1)。

脑机接口技术包括非侵入式、半侵入式和侵入式三大类。非侵入式脑机接口技术并不侵入大脑,而是将穿戴设备附着在头皮上来实现对大脑信息的记录解读。由于颅骨对于大脑信号的传播衰减和神经元发出电磁波的干扰叠加

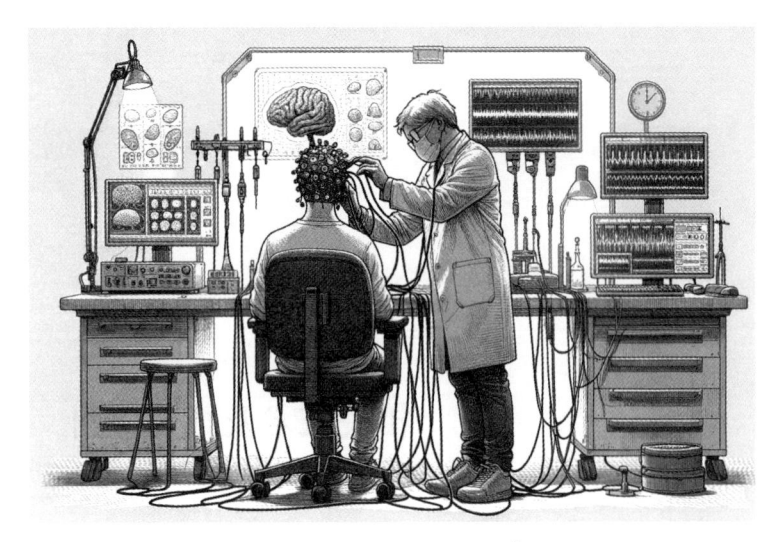

图11-1 脑机接口测试实验

等情况，该方式获得的信号强度和分辨率有限，但是测试成本较低，安全性较高。半侵入式脑机接口技术是将脑机接口植入颅腔内，但位于大脑皮层外部。它主要基于皮层脑电图进行信息的采集和分析，该方式获得的信号强度和分辨率质量介于侵入式和非侵入式之间。侵入式脑机接口技术是指通过手术等方式直接将电极植入大脑皮层以获得高质量的神经信号。异物侵入大脑皮层可能会导致免疫反应和疤痕组织等方面问题引起的电极信号质量干扰，该方式的安全风险和技术难度整体较高。

常见的非侵入性脑机接口技术如下：

（1）脑电图技术。脑电图（EEG，Electroencephalogram）是将电极放置在头皮表面，记录大脑皮层神经元活动产生的电信号,通过分析大脑活动电信号的规律模式转换成为相应的控制信号。

(2)功能性磁共振成像技术。功能性磁共振成像(fMRI,functional Magnetic Resonance Imaging)利用磁振造影来测量大脑神经元活动所引发的不同区域血液动力变化,进而实现对大脑活动情况的监测分析。

(3)功能性近红外光谱技术。功能性近红外光谱技术(fNIRS,functional Near Infrared Spectroscopy)使用红外光检测大脑皮层中血氧水平的变化,进而监测大脑活动变化情况。

脑机接口技术在康复治疗、心理健康等方面进行了探索实践。在运动康复方面,基于脑机接口技术和虚拟现实技术,运动障碍患者可以在虚拟环境中通过大脑的运动皮层活动,控制训练恢复受损的肌肉功能。在情绪调控方面,通过脑机接口技术监测大脑的情绪信号变化,根据监测情绪信号的变化,系统可以自动调节用户所处环境,例如温度、灯光、景观、音乐,减少焦虑、抑郁等负面情绪,帮助用户获得积极情绪体验。

227.什么是无线充电技术?

答:无线充电技术(WCT,Wireless Charging Technology)是指通过电磁感应等无线方式实现电池充电的技术。小功率设备(手机、平板等)通常采用电磁感应式无线充电方式(图11-2),而大功率设备(电动汽车等)通常采用谐振式

图11-2　手机无线充电设备

无线充电方式，供电设备不仅为用电设备提供无线充电能量，同时也会使用一部分能量用于自身运行消耗。

无线充电技术主流技术标准如下：

（1）全球首个推动无线充电技术的标准化组织——无线充电联盟（WPC，Wireless Power Consortium）提出的无线充电标准Qi，"Qi"意为"气"，代表着功率发射器和功率接收器之间的兼容性，任何一个Qi接收器能够适用于所有Qi发射器，目前Qi在我国主要用于手机终端设备。

（2）由Duracell Powermat公司发起的电源事务联盟（PMA，Power Matters Alliance）推出的PMA标准，该联盟致力于为符合电气电子工程师协会（IEEE，Institute of Electrical and Electronics Engineers）标准的便携式电子产品

打造无线供电标准,AT&T(美国电话电报公司)、Google(谷歌)、星巴克等均是该联盟成员。

(3)由美国高通公司、韩国三星公司以及Powermat公司共同创建的无线电源联盟(A4WP,Alliance for Wireless Power)推出的A4WP标准,该联盟致力于为电子产品(便携式电子产品、电动汽车等)无线充电设备设立技术标准和建立行业沟通机制。

由于充电设备(充电器)与用电设备(被充电设备)之间采用磁场方式进行能量传递,二者之间无需导体插拔接触,充电设备可以隐形,在空间占用、设备磨损、无束缚感等方面具有明显优势,但是由于无线能量传递存在磁场长距离损耗,充电设备二次能源转换所带来的自身消耗、转换消耗等问题,无线充电暂未得到广泛应用。

228.什么是生物识别技术?

答:个体生物特征通常具有普遍性(同类目标具有相同生物维度属性)、唯一性(任意两个人的特征不同)、稳健性(个体特征随时间变化相对缓慢)、可采集性(可通过传感器进行量化采集)、可分析性(采集数据通常可以数字化分析)的特点,因此在身份识别和验证方面具有较好的区分度、可信度和准确性。

生物识别(BR,Biometric Recognition)技术对个体的生理特征(指纹、掌纹、人脸、虹膜、静脉、基因等)或者行为特点(笔迹、声纹、步态等)进行特征提取,并将提取的特征与已有的个体特征库样本数据进行自动匹配分析，进而完成个体的身份认证识别过程。

通用生物识别系统一般包括数据采集、数据存储、数据处理（信号处理）、样本对比分析、决策匹配分析等环节。基于生物特征识别技术的软硬件产品和行业应用解决方案较传统的身份鉴定方法而言，在安全可靠、防伪性能、使用便捷等方面具有明显优势，因此在签证管理、银行金融、安全防护、电子商务等领域得到了广泛关注和应用。（表11-1）

表11-1　不同生物识别技术优劣势对比

技术类别	优势	劣势
指纹识别	价格低、简单易用	对指纹特征要求高、易受外界使用环境影响
人脸识别	抗侵扰、便捷友好、非接触	相似脸较难解决、年龄变化的影响
虹膜识别	持续唯一、生物活性	识别距离限制、依赖光照环境
静脉识别	准确防伪、特性稳定	受温度影响

从产业链条来看，生物识别产业链包括基础层（基础器件、基础硬件和基础软件）、技术层（模组、算法和识别系统）、应用层（产品和解决方案）3个层次。（表11-2）

表11-2 生物识别产业链

层次	细分领域	具体内容
应用层	产品	移动终端、自助设备、行业应用软件等
	解决方案	金融科技、民生服务、公共安全、教育考试、智慧交通等
技术层	模组	采集、去噪、识别、控制、显示、安全等
	算法	质量算法、特征提取、识别算法、查重算法等
	识别系统	前端系统、后台系统等
基础层	基础器件	传感器、芯片等
	基础硬件	服务器、存储、处理器、智能终端等
	基础软件	学习框架、开发工具、系统软件等

229.什么是静脉识别技术？

答：静脉识别（Vein Recognition）技术是基于生物组织中静脉血管纹理特征的红外生物识别技术。具体来看，静脉识别技术利用了静脉血液中脱氧血色素吸收特定波段红外线这一生物特性，首先使用近红外线照射手指、手背或手掌等包含静脉血管的生物组织，通过红外摄像头获取手指、手背或手掌内部的静脉分布图，对采集图像进行归一化、去噪等预处理后，再采用滤波增强、纹路分割、细化修复、特征提取等一系列图像分析技术，获得生物静脉特征数据，最后将分析获得的生物静脉特征数据与对比库中的预留数据进行比照，进而实现生物个体的身份验证。

静脉识别技术一般分为穿透式与反射式两种，检测区域可以是手指静脉、手背静脉、手掌静脉等部位。其中，指静脉识别通常采用穿透式成像原理，具有特征维度低、保存使用便捷、认证速度快、采集模块小等特点；手背静脉、手掌静脉识别通常采用反射式成像原理，具有特征提取范围广、特征信息丰富、非接触式检测等特点。

230.什么是虹膜识别技术？

答： 虹膜识别（Iris Recognition）技术是对提取的虹膜纹理信息进行特征编码，然后将编码结果与信息库内预存的身份信息编码进行比对识别。

虹膜识别技术首先通过专用图像采集设备获取个体的眼部图像，对眼部图像中的虹膜区域进行定位截取，获得圆环状虹膜区域原始图像，然后去除眼睑、睫毛、光斑等噪声图像部分，再将有效虹膜区域归一化并提取关键特征信息，最后将形成的虹膜区域特征信息与数据库预留特征信息进行比对，分析得到相似程度，实现身份识别。

231.什么是全球卫星导航系统？

答： 全球卫星导航系统（GNSS，Global Navigation Satellite System）是利用卫星和地面接收器来确定地球上任意位置的系统，将时间信息和地理位置相结合提供精准定位、导航和授时服务（图11-3）。多个国家或地区建立了全球卫星导航系统，例如美国的GPS（全球定位系统）、俄罗斯的GLONASS（格洛纳斯卫星导航系统）、欧盟的GALILEO（伽利略卫星导航系统）以及中国的BDS（北斗卫星导航系统）。

全球定位系统技术最初源于美国军方于1958年研制的子午仪（Transit）卫星定位系统，由美国联合计划局于1988年修改形成了GPS卫星工作模式，即21颗工作卫星和3颗备用卫星围绕地球形成互成60度的6条运行轨道。GPS导航系统包括3个部分：地面控制（主控站、地面天线、监测站、通讯辅助系统）、空间部分（24颗卫星分布于6个轨道平面）、用户装置部分（GPS接收机、卫星天线）。

图11-3　全球卫星导航系统

2000年10月31日，中国第一颗"北斗导航试验卫星"成功发射，我国开始逐步建立北斗卫星导航系统。2013年12月27日，北斗卫星导航系统正式提供区域服务一周年新闻发布会在国务院新闻办公室新闻发布厅召开，正式发布了《北斗系统公开服务性能规范（1.0版）》和《北斗系统空间信号接口控制文件（2.0版）》两个系统文件。BDS具备区域导航、定位和授时能力，实现了继美国全球定位系统、俄罗斯格洛纳斯卫星导航系统、伽利略卫星导航系统之后自主知识产权的全球定位技术突破。

232.什么是遥感系统？

答：遥感系统（RS，Remote Sensing）技术通过人造卫星上的遥测设备实现远距离、非接触探测功能，利用物体自身所特有的电磁波信息（电磁场、地震波等）进行探测，可实施感应遥测和资源管理等探测监控功能（图11-4）。一个完整的遥感系统包括信息源（探测目标自身所反射、吸收、透射及辐射的电磁波）、信息感知（利用遥感探测装置获取目标电磁波）、信息处理（通过光学理论、计算机技术对遥测数据进行校正处理和解译呈现）、信息应用（将遥感信息与应用领域相结合形成个性化信息挖掘、信息可视化等）。遥感系统技术具有观测面积广阔、数据时效性强、数据信息量全面、受限因素少等特点，在应急灾害监测、农业态势监测、环境污染监管、电力勘测设计等领域得到了广泛应用。就地理信息数据获取而言，全球

图11-4　卫星遥感图像

定位系统关注地理位置数据，而遥感系统获得的是地理本身的特征数据。

233.什么是能量收集技术？

答：能量收集技术（EHT，Energy Harvesting Technology）是指以综合分析电子信息系统或节点所处环境中规则或不规则的能量源为基础，将环境能量转化或存储为可供电子信息系统或节点使用的方法手段或电子装置。日常环境能量收集将储存在地球环境中的各种能流、能场转化为能源，例如辐射能（太阳能、电磁能）、热能、机械能（电磁感应、静电电容、压电转换）、流能（风能、水能）等。

能量收集技术可以大幅度提高无线传感网络、物联网的实际工程可用性和系统灵活性，同时降低维护成本，实现为快速消耗电能的手机终端和个人计算机及时补充电量，为暂未建设固定电力传输线路的特殊地区提供电力能源，为植入性医疗器械提供非接触式能量补给等。

234.什么是智能网联汽车？

答：智能网联汽车（ICV，Intelligent Connected Vehicle）是指搭载先进的车载传感器、控制器、执行器等装置，融合现代通信与网络技术，实现车与人、车、路、云端等各类主体的智能信息交换、共享，具备复杂环境感知、智能决策、协同控制等功能，可实现"安全、高效、舒适、节能"行驶，并最终可替代人来操作的新一代汽车（图11-5）。

图11-5 智能网联汽车

智能网联汽车技术逻辑的两条主线是"信息感知"和"决策控制",发展核心是由系统进行信息感知、决策预警和智能控制,逐渐替代驾驶员的驾驶任务,并最终完全自主执行全部驾驶任务。

235.如何实现自动驾驶?

答:自动驾驶利用车载传感器来感知车辆周围环境,并根据感知所获得的信息(道路规划、车辆位置、障碍物信息等),控制车辆的路线转向和速度快慢,从而使车辆能够安全行驶。自动驾驶车辆(AVs,Autonomous Vehicles)通常包括3方面数据信息系统:

(1)驾驶控制系统,根据环境情况决策控制是否行进;

(2)位置信息系统,评估计算当前位置和目的地位置;

(3)基于传感器的环境感知信息系统,用于感知车辆周围的环境情况。

自动驾驶涉及的传感器主要包括地理位置和环境感知两大类。地理位置传感通常是指全球导航卫星系统,使用比较广泛的包括中国北斗卫星导航系统、美国全球定位系统、俄罗斯格洛纳斯卫星导航系统。

车辆运动与位置信息是通过惯性测试装置(内含三轴加速度计、三轴陀螺仪)获得车辆的隐形状态,结合全球导航卫星系统提供的位置信息来进一步分析决策车辆行进规划。

环境感知传感一般包括相机、雷达、超声波和激光雷达，各类传感设备取长补短、互为补充。相机分辨率较高，擅长纹理识别和对比度分析，可用于交通灯、交通标示等近距离制动控制；雷达采用无线电探测方式，对恶劣天气的适应性较好，通常用于实时检测环境物体、跟踪其他车辆等；超声波传感器主要用于短距离（0—2米）检测，通常被安装在车辆保险杠的4个角落，用于防碰撞监测；激光雷达（LiDAR，Light Detection and Ranging）实现了光成像检测和测距传感，激光雷达通过释放可见的激光束产生精确的3D数据，进而形成0—20米范围内的车辆环境图像。

236.自动驾驶如何划分自动化等级？

答：根据国家标准委发布的《汽车驾驶自动化分级》相关技术标准来看，自动驾驶按照驾驶自动化系统对车辆行进过程中的控制程度，即驾驶自动化等级与划分要素的关系（表11-3），可以划分为0级驾驶自动化（应急辅助）、1级驾驶自动化（部分驾驶辅助）、2级驾驶自动化（组合驾驶辅助）、3级驾驶自动化（有条件自动驾驶）、4级驾驶自动化（高度自动驾驶）、5级驾驶自动化（完全自动驾驶）共6个不同的等级。各级别具体内容如下：

（1）0级驾驶自动化（应急辅助）。驾驶自动化系统不能持续执行动态驾驶任务中的车辆横向或纵向运动控制，但具备持续执行动态驾驶任务中的部分目标和事件探测与响应的能力。

（2）1级驾驶自动化（部分驾驶辅助）。驾驶自动化系统在其设计运行条件内持续地执行动态驾驶任务中的车辆横向或纵向运动控制，且具备与所执行的车辆横向或纵向运动控制相适应的部分目标和事件探测与响应的能力。

（3）2级驾驶自动化（组合驾驶辅助）。驾驶自动化系统在其设计运行条件内持续地执行动态驾驶任务中的车辆横向和纵向运动控制，且具备与所执行的车辆横向和纵向运动控制相适应的部分目标和事件探测与响应的能力。

（4）3级驾驶自动化（有条件自动驾驶）。驾驶自动化系统在其设计运行条件内持续地执行全部动态驾驶任务。

（5）4级驾驶自动化（高度自动驾驶）。驾驶自动化系统在其设计运行条件内持续地执行全部动态驾驶任务并自动执行最小风险策略。

（6）5级驾驶自动化（完全自动驾驶）。驾驶自动化系统在任何可行驶条件下持续地执行全部动态驾驶任务并自动执行最小风险策略。

表11-3 驾驶自动化等级与划分要素的关系

分级	名称	持续的车辆横向、纵向运动控制	目标和事件探测与响应	动态驾驶任务后援	设计运行范围
0级	应急辅助	驾驶员	驾驶员及系统	驾驶员	有限制
1级	部分驾驶辅助	驾驶员和系统	驾驶员及系统	驾驶员	有限制

续表

分级	名称	持续的车辆横向、纵向运动控制	目标和事件探测与响应	动态驾驶任务后援	设计运行范围
2级	组合驾驶辅助	系统	驾驶员及系统	驾驶员	有限制
3级	有条件自动驾驶	系统	系统	动态驾驶任务后援用户（执行接管后成为驾驶员）	有限制
4级	高度自动驾驶	系统	系统	系统	有限制
5级	完全自动驾驶	系统	系统	系统	无限制*

注：*排除商业和法规因素等限制。

237.什么是3D打印技术？

答：3D打印（Three-Dimensional Printing）技术以数字模型文件为基础，运用粉末状金属或塑料等可黏合材料，利用基于数字技术的材料打印机，采取逐层打印的方式实现快速构造物体。3D打印材料的状态可以是液体、固体、粉末，材料的属性以塑料、金属、生物材料等为主。

3D打印将材料逐渐累加，可以实现实体零件的加工生产，相对于传统材料"去除—切削"的加工方式，增材制造是一种"自下而上"的制造方法。简单地说就是，不同于传统的数控车床对材料进行切割，将产品以一层一层积累的方式制造出来。

3D打印机（图11-6）的外观和喷墨、激光打印机差不

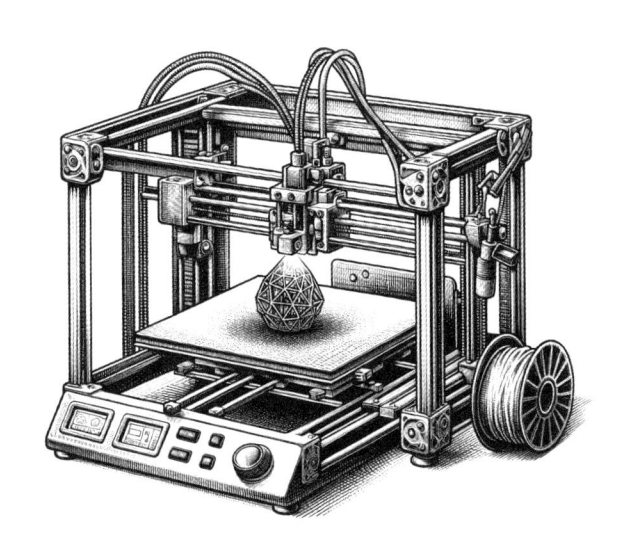

图11-6　3D打印机

多,但是能够处理塑料和金属这样的原料,使之一层层地形成目标形状。桌面制造也成为现实,而且不需要规模化投入就可以实现。因此,3D打印正在从工作室的产品原型设计工具逐步成为流水线上的重要工具。

238.什么是反向定制?

答:反向定制(C2M,Customer to Manufacturer)是指制造商根据客户的差异需求和个性偏好直接设计生产产品。较传统的从制造商到客户(M2C)的生产流程来看,C2M模式使产品服务更加灵活和个性化,主要特点如下:

一是客户驱动产品设计生产。消费者的需求反馈是产品设计生产的主导因素,最终产品是根据消费者对功能、设计、尺寸、颜色的要求来定制生产,这种方法与基于市场调研预测的生产模式具有明显差异,同时可以更大限度地满足高价值、个性化的订单需求。

二是提高生产价值并降低库存风险。C2M生产模式是基于实际客户订单而触发的,因此,可以显著减少过剩盲目生产和库存原料积压的风险,同时通过增材制造等新兴技术,可以进一步提升制造设备的单品附加价值。

三是提升供应链、服务链品质。C2M生产模式要求供应链更加灵活高效、服务链更加专业迅速,对供应端、设计端、制造端、测试端、服务端均提出了更高的能力要求,对产业链单点联动提质具有推动作用。

四是有助于数据驱动的敏捷洞察。C2M生产模式集聚了大量的个性化需求,通过分析用户需求数据,可以及时洞察市场变化趋势,通过共性需求定制来预先规划生产计划,提前形成市场产品储备,缩短上市时间。

C2M生产模式要求企业具备更加灵活的生产系统以及先进可靠的供应链管理水平,并能够与专业用户进行直接且有效的需求沟通,同时需要能够有效地响应需求并分析处理用户订单数据。

239.什么是人工智能城市?

答: 春秋战国时期《管子·度地》记载,"内为之城,外为之廓","城"主要是用城墙等围起来的地域,侧重于安全防御和行政划分;"市"主要是指用于交易的场所,侧重于商业活动。上述"城市"形成了最原始的城市形态。

现代化城市发展可以划分为4个阶段,即数字城市、信息城市、智慧城市、人工智能城市(智能城市)(图11-7)。数字城市(智慧城市1.0版本)是信息化社会的产物,其核心是计算机技术的推广和应用;信息城市(智慧城市2.0版本)以互联网技术为基础,实现了面向政府、企业、居民等各类对象的城市综合服务;智慧城市(智慧城市3.0版本)以物联网、云计算、大数据、4G/5G等信息技术为基础,围绕全程全时服务、高效有序治理、开放共享信息、绿色循环发展、活动空间安全(含虚拟空间、现实空间)主要目标,采取顶层设计、体系规划、信息主导、改革创新的建设思路,将新一代信息技术与现代化的城市治理相融合,实现国家与城市的协调发展;人工智能城市

图11-7 人工智能城市

（智慧城市4.0版本）以人工智能（包括机器学习、深度学习）、区块链、边缘计算等智能技术为基础，形成数据驱动的城市决策机制，根据城市实时产生的数据和各类型信息综合调度指挥公共资源，实现高效可靠的最优化城市协同管理。

人工智能城市实现了人工智能在安防、交通、能源、医疗、政务、服务机器人、楼宇、农业、零售、教育、生活娱乐、个人移动设备等各个层次的广泛深度融合应用。

240.什么是智能路灯？

答：智能路灯（IS，Intelligent Streetlight）又称智慧路灯、智慧照明（图11-8），运用先进的信息技术（计算机网

图11-8 智能路灯

络技术、自动控制技术、新型传感技术、自动检测技术等）实现路灯集中管控、运维信息化、照明智能化。智能控制型路灯能快速准确地对照明系统实现遥控、遥测、遥监、遥视、遥信、自动反馈报警等功能，能够了解路灯的运行、维修和保养情况，提高路灯运行质量和效率，节约资源成本。

路灯智能控制系统一般由控制中心主站、各点测控分站、通讯系统三大部分组成。主站由核心中控单元和外部网络构成，负责管理、控制整个系统的运行；通讯系统一般采用无线与有线相结合的方式；分站点通过内部信息处理单元和外部配套控制结构共同组成控制器，实现与主站信息交互、命令执行等功能。

智能路灯通常可集成环境感知、视频监控（安防、交通等）、信息发布（商业广告、时政新闻、实时路况等）、无线通信（WiFi无线热点、微基站、无线射频识别等）、充电桩等丰富的外部功能。

241.什么是智能电网？

答：智能电网（SG，Smart Grid）是以实体电网（超高压电网、特高压电网、高压电网等）为基础，与现代传感技术、信息通信技术、计算机控制技术等工业信息技术高度集成形成的电力传输网络，实现了电力运营"事前预警、事中监测、事后分析"的全面转型升级（图11-9）。智能电网技术实现了面向用户需求的电力规划设计、资源优化调度、实时监控预警等功能，同时能够适应世界化、

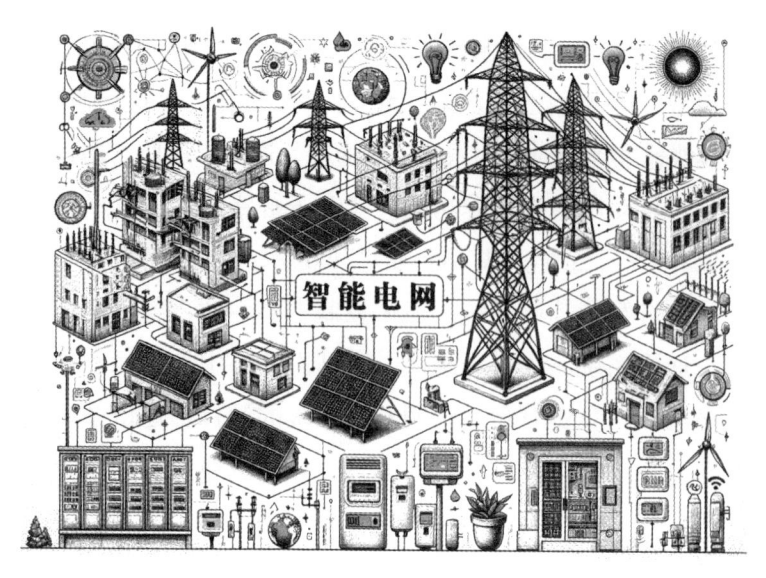

图11-9 智能电网

区域化电力市场的良性健康发展,即提供清洁稳定、可视化、可控化的电力资源服务。

　　智能电网的核心是构建一个围绕能量管理的智能化网络系统,该系统须具备智能判断和自适应能力,且多种能源能够统一入网并实现分布式管理,能够实时监控和采集电网与用户用电信息,从而选择最经济安全的方式将电能送至用户,对电能实现最优的配置与利用,提高电网运行的可靠性和对能源的利用率。智能电网中的发电生产(电力接入、运转状态监测等)、变电环节(生产管理、安全监管等)、输配电环节(用电指标采集、电力负荷监控等)、电力营销等方面都体现了现代化能量管理技术需求。智能电网的能量管理和数据管理成为智能电网科学管理的基础。能量管理系统（EMS，Energy Management System）和数据管理系统（DMS，Data Management System）反映出了智能电网中能量流与信息流的相互作用关系，而能量流与信息流在能量源（可再生能源、常规能源）、传输通道（输电网、配电网等）、负荷源（传统负荷、主动负荷）之间相互流动和转化。

智能电网全流程实时监测是电网运转的重要环节，通过全网指标监测，可以实现电力设备的状态预测、隐患排查、故障定位、指挥调度，在此基础上搭建电力生产与运维科学决策和营销智能分析体系，实现电力运营与电力用户信息互动，创造性地形成个性化增值电力服务项目，而这些都必须依托可靠的信息探测、稳定的信息传输、高效的系统结构以及具有海量信息处理能力的智能专家管理系统、差异化的数据处理手段，同时融入物联网技术、无线传感器网络技术等新型技术手段。

242.什么是灯光指数?

答：2018年10月，国家信息中心发布《大数据看改革开放新时代》，通过汇集来自网络舆情、市场招聘、卫星灯光、搜索引擎、投资融资、环境监测等方面的超过40亿条数据，采取指数分析、文本聚类、情感分析等十多种大数据方法开展研究，尽可能地直观展现各领域改革历程、进展及发展趋势。其中，卫星灯光就是一种反映城市繁荣程度的间接指标。

美国的国防气象卫星计划（DMSP，Defense Meteorological Satellite Program）在卫星上搭载了一种业务型线扫描传感器（OLS，Operational Linescan System），该传感器可以探测到城市夜间、小规模居民地甚至车流等发出的低强度灯光，通过光信号降噪处理，可以进一步消除夜间云层、短暂火光、极光、闪电等干扰影响，最终形成可以用于灯光指数分析的卫星灯光数据。

很多学者都证实了DMSP/OLS卫星灯光数据与国内生产总值（GDP，Gross Domestic Product）之间存在显著的正相关关系——夜间灯光越亮，GDP水平越高。因此，灯光指数被应用于评估国家或地区经济活动表现（图11-10）。灯光指数较传统的经济统计方式而言，精度高且基本不受人

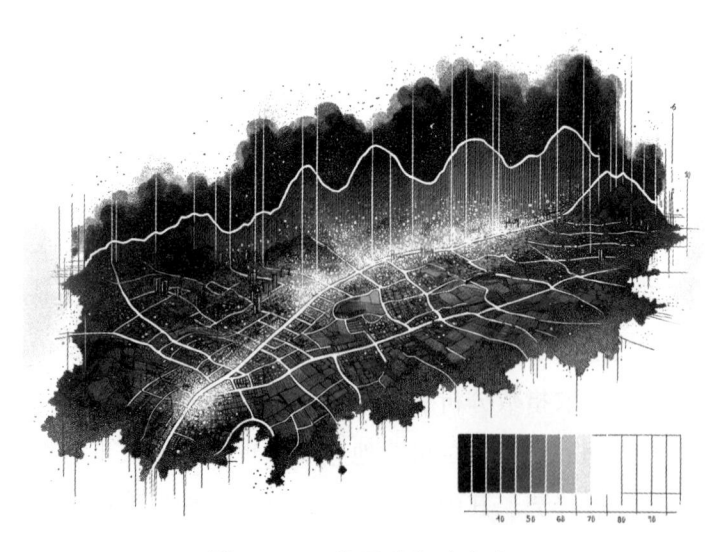

图11-10 某区域灯光指数

为主观因素的干扰，数据统计产生的偏差极低，而且该数据不受物价水平的影响，尤其适用于观察较长时间内不同地区的经济活动，因此更加可靠。

243.什么是国家级互联网骨干直联点？

答：国家级互联网骨干直联点（以下简称骨干直联点）作为国家重要的通信枢纽，主要用于汇聚和疏通区域乃至全国网间通信流量，是我国互联网网间互联架构的顶层关键环节。骨干直联点可以大量减少不同区域之间互联网流量的长途绕转，类似高速、国道、省道和县道的关系，原来从A市到B县需要经过省道和县道，经过道路建设后在B县设立了高速出入口（骨干直联点），则无需低速道路转乘切换，通过高速公路即可直达B县。

通过设立骨干直联点，可以提高网间流量疏通能力和网络安全性能，有利于推动云计算、数据中心以及各种互联网信源在各地区的聚集。

244.什么是国际互联网数据专用通道？

答：工业和信息化部于2009年印发《关于支持服务外包示范城市国际通信发展的指导意见》，启动专用通道建设工作，组织各基础电信企业积极对接地方产业发展需求，提升网络基础支撑服务能力。

国际互联网数据专用通道是面向外向型产业园区建设的直达我国互联网国际关口局的专用链路，以优化提升园区国际通信服务能力。此类通道由地方政府或园区管委会、归属通信管理局联合向工业和信息化部提出建设申报请求，由工业和信息化部组织行业专家进行评审，并根据评审会意见决策是否准许申报地建设通道，由中国电信、中国移动、中国联通3家基础电信运营企业负责建设运营。

国际互联网数据专用通道的建立可以实现国际互联网访问性能大幅提升，根据中国信息通信研究院监测，专用通道将有效提升国际互联网的访问性能（时延、丢包率分别下降约30%和50%），同时提升通信业对外向型企业尤其是中小规模和民营企业的服务支撑能力。

245. "N库一照"包括哪些公共基础数据库？

答：根据不同区域对基础数据库的需求差异，"N库一照"存在不同的数据类型库内容，但这些基础数据库均具有基础性服务功能、标准化数据格式、标示性属性差异和持续性更新维护等特征。

"四库一照"一般包括人口基础库、法人基础库、信用库、自然资源和空间地理库、电子证照库。"五库一照"一般包括人口基础库、法人基础库、信用库、自然资源和空间地理库、电子证照库、公共信用库。在此基础上，部分区域还包括宏观经济库、卫生健康库、生态环保库、安全生产库等细分领域主题数据库。

246. 什么是大中小微企业、规上企业？

答：工业和信息化部、国家统计局、国家发展和改革委员会、财政部联合印发《关于印发中小企业划型标准规定的通知》，对大型、中型、小型和微型企业进行了界定，涉及行业包括农、林、牧、渔业，采矿业，制造业，电力、热力、燃气及水生产和供应业，建筑业，批发和零售业，交通运输、仓储和邮政业，住宿和餐饮业，信息传输、软件和信息技术服务业，房地产业，租赁和商务服务业，科学研究和技术服务业，水利、环境和公共设施管理业，居民服务、修理和其他服务业，文化、体育和娱乐业等。

以工业、信息传输业、软件和信息技术服务业为例，大型、中型和小型企业需同时满足所列指标的下限，否则下划一档；微型企业只需满足所列指标中的一项即可。（表11-4）

表11-4 部分行业大型、中型、小型和微型企业

行业名称	指标名称	计量单位	大型企业	中型企业	小型企业	微型企业
工业	从业人员(X)	人	X≥1000	300≤X<1000	20≤X<300	X<20
	营业收入(Y)	万元	Y≥40000	2000≤Y<40000	300≤Y<2000	Y<300
信息传输业	从业人员(X)	人	X≥2000	100≤X<2000	10≤X<100	X<10
	营业收入(Y)	万元	Y≥100000	1000≤Y<100000	100≤Y<1000	Y<100
软件和信息技术服务业	从业人员(X)	人	X≥300	100≤X<300	10≤X<100	X<10
	营业收入(Y)	万元	Y≥10000	1000≤Y<10000	50≤Y<1000	Y<50

规模以上企业简称规上企业，分为规模以上工业企业和规模以上商业企业两大类，其划分标准如下：

（1）规模以上工业企业是指年主营业务收入在2000万元及以上的工业企业。

（2）规模以上商业企业是指年商品销售额在2000万元及以上的批发业企业（单位）和年商品销售额在500万元及以上的零售业企业（单位）。

247. 什么是"专精特新"中小企业？

答："专精特新"中小企业的具体含义如下：

（1）"专"是指采用专项技术或工艺通过专业化生产制造的专用性强、专业特点明显、市场专业性强的产品。主要特征是产品用途的专门性、生产工艺的专业性、技术的专有性和产品在细分市场中具有专业化发展优势。

（2）"精"是指采用先进适用技术或工艺，按照精益求精的理念，建立精细高效的管理制度和流程，通过精细化管理，精心设计生产的精良产品。主要特征是产品的精致性、工艺技术的精深性和企业的精细化管理。

（3）"特"是指采用独特的工艺、技术、配方或特殊原料研制生产的，具有地域特点或特殊功能的产品。主要特征是产品或服务的特色化。

（4）"新"是指依靠自主创新、转化科技成果、联合创新或引进消化吸收再创新方式研制生产的，具有自主知识产权的高新技术产品。主要特征是产品（技术）的创新性、先进性，具有较高的技术含量，较高的附加值和显著的经济、社会效益。

248.互联网服务提供商和内容提供商有什么区别？

答： 互联网服务提供商（ISP，Internet Service Provider）是面向互联网用户综合提供互联网接入业务、信息业务和增值业务的电信运营商。互联网服务提供商是经国家主管部门批准的正式运营企业，例如基础运营商、其他宽带运营商、有线电视公司等。

互联网内容提供商（ICP，Internet Content Provider）是向互联网用户综合提供互联网信息业务和增值业务的运营商。互联网内容提供商是经国家主管部门批准的正式运营企业，涵盖互联网新闻视频、游戏社交等相关企业。

249.什么是专精特新"小巨人"企业？

答： 根据工业和信息化部办公厅《关于开展专精特新"小巨人"企业培育工作的通知》文件，专精特新"小巨人"企业是"专精特新"中小企业中的佼佼者，是专注于细分市场、创新能力强、市场占有率高、掌握关键核心技术、质量效益优的排头兵企业。专精特新"小巨人"企业具备的基本条件如下：

（1）在中华人民共和国境内工商注册登记、连续经营3年以上并具有独立法人资格的中小企业，符合《中小企业划型标准规定》（工信部联企业〔2011〕300号），属于各省级中小企业主管部门认定的（或重点培育）"专精特新"中小企业或拥有被认定为"专精特新"产品的中小企业，以及创新能力强、市场竞争优势突出的中小企业。

（2）坚持专业化发展战略，长期专注并深耕于产业链中某个环节或某个产品，能为大企业、大项目提供关键零部件、元器件和配套产品，以及专业生产的成套产品。企业主导产品在国内细分行业中拥有较高的市场份额。

（3）具有持续创新能力，在研发设计、生产制造、市场营销、内部管理等方面不断创新并取得比较显著的效益，具有一定的示范推广价值。

（4）管理规范、信誉良好、社会责任感强，生产技术、工艺及产品质量性能国内领先。企业重视并实施长期发展战略，重视人才队伍建设，核心团队具有较好的专业背景和较强的生产经营能力，有发展成为相关领域国际领先企业的潜力。

相关技术及行业应用·专题自测

1.脑机接口技术的主要功能是什么?

A.控制外部设备　　B.分析大脑结构

C.生成虚拟现实　　D.测量心脏电活动

正确答案:A

答案解析:脑机接口技术的主要功能是将大脑的神经活动转换为可以控制外部设备的信号,实现人脑与外部设备之间的直接交互。

2.无线充电技术的主要原理是什么?

A.通过光学传输电能

B.通过电磁感应传输电能

C.通过机械振动传输电能

D.通过声波传输电能

正确答案:B

答案解析:无线充电技术主要利用电磁感应原理,将充电设备产生的电磁场转化为电能传输到接收设备,完成充电的过程。

3.静脉识别技术是利用生物组织中的哪种特征进行身份验证?

A.指纹　　　　　　B.虹膜

C. 静脉血管纹理　　D. 人脸特征

正确答案：C

答案解析：静脉识别技术是通过静脉血液中脱氧血色素吸收特定波段红外线的生物特性，利用生物组织中的静脉血管纹理特征进行身份验证。

4.虹膜识别技术通常利用什么进行身份验证？

A. 虹膜血管　　B. 虹膜纹路

C. 虹膜颜色　　D. 虹膜形状

正确答案：B

答案解析：虹膜识别技术通常利用虹膜的纹路进行身份验证，每个人的虹膜纹路具有高度的稳定性和唯一性。

5.以下哪个是中国自主研发的全球卫星导航系统？

A. GPS，Global Positioning System

B. GLONASS，Global Navigation Satellite System

C. Galileo

D. BDS，BeiDou Navigation Satellite System

正确答案：D

答案解析：北斗导航卫星系统（BDS，BeiDou Navigation Satellite System）是由中国自主研发和维护的卫星导航系统。

6.遥感系统包括哪几个环节？

A. 信息获取、信息处理、信息分析

B. 信息获取、信息传输、信息存储

C. 信息感知、信息处理、信息应用

D. 信息采集、信息传输、信息呈现

正确答案：C

答案解析：遥感系统包括信息源（探测目标自身所反射、吸收、透射及辐射的电磁波）、信息感知（利用遥感探测装置获取目标电磁波）、信息处理（通过光学理论、计算机技术对遥测数据进行校正处理和解译呈现）、信息应用（将遥感信息与应用领域相结合形成个性化信息挖掘、信息可视化等）。

7.能量收集技术主要利用哪些能量形式转换为可用能量？

A. 火焰能　　B. 电磁能

C. 化学能　　D. 原子能

正确答案：B

答案解析：能量收集技术主要利用环境中的电磁能，例如太阳能、辐射能等，将它转换为可用能量。

8.哪个级别的驾驶自动化系统可以在任何可行驶条件下持续地执行全部动态驾驶任务并自动执行最小风险策略？

A. 2级驾驶自动化（组合驾驶辅助）

B. 4级驾驶自动化（高度自动驾驶）

C. 5级驾驶自动化（完全自动驾驶）

D. 1级驾驶自动化（部分驾驶辅助）

正确答案：C

答案解析：5级驾驶自动化系统可以在任何可行驶条件下持续地执行全部动态驾驶任务并自动执行最小风险策略。

9.3D打印主要包括哪3种材料状态的增材制造工艺？

A. 涂料、气体、固体　　B. 液体、气体、固体

C.液体、固体、粉末　　D.气体、固体、粉末

正确答案：C

答案解析：3D打印按照材料状态来看，主要包括以液体、固体、粉末3种材料为主的增材制造工艺。

10.反向定制是指什么?

A.客户直接向制造商提供产品设计方案

B.制造商直接向客户提供产品设计方案

C.客户从制造商处购买现成的产品

D.制造商从客户处购买产品

正确答案：A

答案解析：反向定制是一种客户直接向制造商提供产品设计方案，制造商根据客户的需求进行定制生产的制造模式。

11.在智慧城市4.0版本中，城市决策机制主要是由以下哪些技术形成的?

A.云计算、大数据、4G/5G

B.区块链、人工智能、物联网

C.机器学习、深度学习、边缘计算

D.3D打印、生物识别、虚拟现实

正确答案：B

答案解析：智慧城市4.0版本的城市决策机制是由区块链、人工智能、物联网等数字技术实现数据驱动的城市治理和管理决策。

12."国家级互联网骨干直联点"主要用于什么?

A.提供互联网服务的节点

B. 加强国际互联网数据传输

C. 提升网络安全水平

D. 直接连接国家级网络骨干设施

正确答案：D

答案解析：国家级互联网骨干直联点是直接连接国家级网络骨干设施的节点，该直联点进一步提升了整体网络的传输效率和稳定性。

13. "国际互联网数据专用通道"主要用于哪方面的数据传输？

A. 国际货物贸易　　　B. 国际金融交易

C. 国际互联网数据传输　D. 国际航空运输

正确答案：C

答案解析：国际互联网数据专用通道旨在提升国际互联网访问和数据传输性能。

14. "四库一照"或者"五库一照"数据库是为了实现哪方面的管理？

A. 商业经营活动　　　B. 社会治理和服务

C. 文化传承和发展　　D. 环境保护和资源管理

正确答案：B

答案解析：建设"四库一照"或者"五库一照"数据库旨在加强城市社会治理和公共服务，提高城市治理的精细化和现代化水平。